监狱法学论丛

JIANYU FAXUE LUNCONG

中国监狱工作协会监狱法学专业委员会◎编

中国政法大学出版社

2022 · 北京

2021年监狱法学理论研究综述

2021年度，中国监狱工作协会监狱法学专业委员会（以下简称“专委会”）以“贯彻落实习近平法治思想、推进监狱法治建设”为主题，围绕全国监狱系统学习贯彻习近平法治思想，从监狱执法制度体系建设、监狱执法责任风险机制建设、监狱执法规范化建设、执法司法制约监督机制建设以及民警执法能力建设存在的问题等五个方面，在全国范围内开展征文活动，收到全国24个省（自治区、直辖市）监狱系统、燕城监狱以及中央司法警官学院、中央民族大学等高校共95篇文章。专委会选取其中部分优秀研究成果，形成如下研究综述。

一、监狱执法制度体系建设路径

2020年11月召开的中央全面依法治国工作会议，正式确立了习近平法治思想在全面依法治国工作中的指导地位。习近平法治思想是马克思主义法治理论中国化的最新成果，是中国特色社会主义法治理论的重大创新发展，是习近平新时代中国特色社会主义思想的重要组成部分，是新时代全面依法治国必须长期坚持的指导思想。习近平法治思想坚持依法治国、依法执政、依法行政共同推进，法治国家、法治政府、法治社会一体建设，坚持全面推进科学立法、严格执法、公正司法、全民守法。监狱刑罚执行工作作为全面依法治国的重要一环，需要持续规范完善制度体系建设，以适应推进全面依法治国的形势要求，全面回应人民群众对社会公平正义的新期待。

四川省监狱管理局屈直俊、何俊芳认为，建设新型现代文明监狱，需要以习近平法治思想审视监狱法治现状、思谋监狱法治全局、展望监狱法治远景，推进监狱法治发展建构，加快形成理念先进、规则完备、制度同守、执法精准的法治共同体。监狱法治是系统工程，既要坚持统分结合，以习近平法治思想指导监狱法治方向，提质监狱法治引领体系，又要破立相生，树立问题意识，深入分析新时期法治监狱建设出现的思想认识问题，妥善解决现代治理工程中法治目标与现实之间的矛盾，坚持监狱法治在继承中发展，在守正中创新。

河北省鹿泉监狱韩军芳认为，监狱法治建设是利用法治力量去推进监狱的改革创新，是监狱作为人民民主专政国家机器的阶级属性、作为国家刑罚执行机关的法律属性、改造罪犯并促进罪犯回归社会的社会属性的综合要求，同时提出了推进监狱法治建设坚持党建工作引领、强化监狱法治理念、完善监狱法律体系、规范干警执法行为、拓宽执法监督渠道等五条实践路径，构建科学规范的刑罚执行权运行体系，促进监管改造工作高质量发展。

湖南省怀化监狱向孙华、刘亚龙从完善监狱执法法律规范体系的角度，结合监狱工作实际，提出实体法层面，在刑法分则里增设狱内犯罪两个罪名："买卖、私藏、使用违禁物品罪"和"拒不执行人民警察命令罪"，并在"破坏监管秩序罪"的适用情形中增加一种情形：在一个年度内，3 次以上严重违法被依法处理的。程序法层面，制定出台"监狱对罪犯执行人身自由罚的若干规定""监狱办理刑事案件程序规定"，并完善《监狱提请减刑假释工作程序规定》。同时，从狱内各主体的权利、义务角度，全面完善《中华人民共和国监狱法》（以下简称《监狱法》），明确监狱及其人民警察的职责、权利、义务，明确罪犯服刑期间可以享有的权利，必须履行的义务。从执法监督的角度，完善《监狱和劳动教养机关人民警察违法违纪行为处分规定》。通过上述法律法规，健全完善监狱执法法律体系，确保罪犯从入狱到释放（死亡）整个服刑期间都有详细的法律规定，确保监狱内实现有法可依、执法必严、违法必究。

中央司法警官学院张倩、黄康轩、霍建云独辟蹊径，将《监狱法》置于国际背景下进行修改与完善，选取《纳尔逊·曼德拉规则》（以下简称《曼德拉规则》）这一域外刑事司法指导规则为对比对象，明确了《曼德拉规则》与《监狱法》完善应秉持的"惩罚""立足实际""合作"理念与原则，并且通过五类问题的对比分析，阐述了《曼德拉规则》对我国《监狱法》修改完善的有益之处。

青海省监狱管理局安玉海、何健、邱平祥、王永秀将如何在《中华人民共和国民法典》（以下简称《民法典》）引领下推进监狱法治化建设，最大限度地保障民警执法权利和服刑罪犯合法权利作为研究课题，分析了《民法典》对监狱法治化及监狱法律关系的影响，提出在思想层面拓宽对依法治监“法”的认识，树立依《民法典》行政的思维，在立法层面学习借鉴《民法典》规范构建理念，推动监狱法科学立法，在执行层面加强对公民权利的保护，在规范层面充分发挥规章制度的作为空间，对标《民法典》梳理制作应对指引，完善配套衔接机制。

二、监狱执法责任风险机制建设

全面依法治国进程的不断推进，为监狱法治建设带来巨大机遇，但同时也对监狱民警执法责任提出更高、更严的要求。监狱是国家的刑罚执行机关，依法对罪犯实施惩罚和改造，拥有一定的监管执法权力。行使权力必然需要承担责任，承担执法责任就不可避免地会产生执法风险。要提高监狱机关执法公信力，需要构建监狱执法责任风险机制，有效防范、化解、降低执法风险，促进社会公平正义。

中央民族大学李粱、王菡认为，监狱风险防控已经成为法治化背景下监狱制度建设的重点内容。在法治化背景下，监狱制度的风险来源包括制度缺陷风险、罪犯交叉感染风险、封闭环境风险、心理安全风险等，需要有针对性地运用风险预防、风险评估、风险规制等手段，从推进监狱治理的法治化、重视监狱内罪犯的改造方式、着力打造智慧型监狱、提高监狱警察人员的职业化、专业化水平等方面，降低监狱风险发生的频率和强度，力求动态化、系统化应对监狱风险活动。

陕西省安康监狱张勇认为，监狱机关执法责任风险是监狱机关及其人民警察在行使监管执法权过程中潜在的，因为执法主体的作为和不作为可能使监狱管理职能失效，或在行使权利或履行职责的过程中，因故意或过失，侵犯了国家或罪犯的合法权益，从而引发行政或法律后果，需要承担行政、民事或刑事等责任的各种危险因素的集合。其主要表现为社会责任风险、政治责任风险、行政责任风险、民事责任风险、刑事责任风险等形式，具有高危性、连带性、终身性、惩戒性、可控性等特点。因此，执法主体需要提高执法责任意识，从思想上防范、规范执法责任流程从行为上防范、严格执法责任监督从监管上防范、完善执法责任机制从制度上防范，同时要加强执法培训机制、规范机制、监督机制、评估机制、惩戒机制、保障机制建设，着力构建权责清晰、流程规范、风险明确、监督有力、制度管用、预警及时、保障有力的执法风险防控机制，对执法责任风险实行事先的自我预防、事中的自我遏制、事后的自我纠正，促进监狱机关公正文明执法和人民警察队伍建设发展。

司法部预防犯罪研究所贾晓文、湖北省襄南监狱方兰认为，在强调监狱执法规范化、标准化、法治化的大背景下，客观、全面掌握执法过程中的各类风险点，有利于民警提前研判、加强源头管控、规避风险，避免因执法风险带来的不利影响。着重从健全监狱执法责任风险预测预防预警机制和问责机制两个方面，就完善监狱执法责任风险机制提出建议措施。

三、监狱执法规范化建设

坚持依法治国、依法执政、依法行政共同推进，法治国家、法治政府、法治社会一体建设，是习近平法治思想的重要内容。监狱机关作为政法机关的重要组成部分，只有坚持严格规范公正文明执法，才能切实维护社会公平正义、提升监狱执法公信力，更好满足人民群众对公平正义的需求和对法律的信仰。随着全面依法治国的不断深化，推进法治建设下的规范执法才能实现监狱治理模式的彻底转变，构建起良法善治的依法治监运行模式，实现在法治的引领下，严格规范公正文明执行刑罚。

上海市吴家洼监狱吴彬、丁炎以监狱法治建设为视角，以监狱执法规范化建设为主题，明确了监狱执法规范化的内涵，阐述了执法规范化建设对落实依法治国战略、提高执法者的执法素养和执法水平、实现社会公平正义均具有重要意义，分析了监狱执法规范化建设中存在的问题及成因，即法律制度不健全、监狱管理体制不完善、多层社会关系阻碍监狱民警规范执法以及民警队伍建设不合理等，提出了完善监狱执法规范化建设的对策建议，即明确监狱本位职能、切实树立依法治监思想、深化监狱管理体制改革、健全监狱民警队伍职业化进程、建立科学的服刑人员惩处机制、建立监狱人民警察执法保障机制等。

河北省石家庄监狱侯国认为，监狱执法规范化是法治社会最基本的要求，是推进全面依法治国的客观需要、是促进国家治理体系和治理能力现代化的内在要求、是落实监狱职能的迫切要求和提升监狱执法形象的必然要求。近年来随着我国犯罪形势的变化和宽严相济刑事司法政策的实施，罪犯构成发生了较大变化，狱内改造与反改造斗争复杂性异常尖锐，监狱刑罚执行功能弱化，公平公正受到挑战。因此，必须通过健全完善执法基础、完善执法程序、跟进执法监督、完善执法保障等措施，实现监狱执法规范化的目标。

浙江省乔司监狱顾晓浪提出，监狱执法规范化的构成要件包括四个方面，即合法性要件、合理性要件、执法效果要件和执法安全要件。监狱执法规范化并不只是法治要求的细化，还包括更严格的内部要求，包含多种类型的行为规范，而法律规范只是其中之一，同时监狱执法规范化追求法律效果和社会效果的统一。特别是明确，监狱执法规范化建设继续推进的内部要素包括保证具有合法性、合理性的执法规范和注意监狱民警执法规范化的工作方式，外部要素包括立法制度的完善和外部建设的有效运行。

江苏省溧阳监狱吕长寿、密传银、吕海笑认为，建设现代监狱是实现监狱与社会同向同步发展的必然要求，是促进监狱职能充分履行的现实需要，是推动监狱事业整体跃升的战略选择。实现监狱执法规范化是现代监狱的应有之义，对于提高监狱执法质量和民警执法水平、提高监狱机关维护社会和谐稳定能力和执法公信力，有着十分重要的现实意义。现代监狱语境下的执法规范化其应然性可概况为：意识规范化、制度健全化、系统平台化、管理科学化、运行流程化、考核项目化，指出执法规范化建设需要关注的四个问题：执法规范化的标准问题、工作推进与民警发展的问题、预期目标与客观实效的问题、警务管理绩效衡量与评价机制。

福建省司法警察训练总队朱志娟认为，当前监狱“执法难、难执法”的现象依然突出，民警执法权益保障和罪犯维权意识高涨的矛盾依旧激烈，规范执法和执法过当的边界亟待厘清，全面、深度规范监狱执法势在必行。分析造成监狱执法困境的原因主要是：立法简单粗犷且相对滞后，无法适应司法实践；监狱功能扩张，主业意识不强；民警队伍能力素质参差不齐，教育培训机制不完善；民警维权渠道不畅通，难以激发监狱民警规范执法的主观能动性。规范监狱执法是一个系统工程，需要思想统一、制度保障、全警参与。要尽快完善立法或司法解释，为监狱民警执法赋权；要突破大墙思维，明确监狱主业，集中力量规范执法；要完善民警教育培训机制，提高全警规范执法水平；要加强监狱民警执法权益保护机制建设，激发民警规范执法意愿。从以上四个方面多管齐下，监狱规范执法才能开创新局面，进一步提高监狱执法的公信力。

广西桂林监狱卢有义、韦华结合2021年开展的政法队伍教育整顿暨监狱综合治理，梳理当前某些监狱人民警察执法规范化存在的法治观念淡薄、责任意识弱化、违规违法执法等问题，分析其原因，提出进一步增强监狱人民警察队伍执法规范化的思路和对策，即提高政治站位，全面加强学习，不断提升监狱人民警察队伍执法实践能力；强化责任担当，切实压实责任，不断提升监狱执法规范化工作水平；坚持问题导向，全面查纠整改，着力清除监狱人民警察中存在的顽瘴痼疾，全面提升监狱执法规范化水平。

四、监狱执法司法制约监督机制建设

2020年8月，中央政法领域全面深化改革推进会着重研究部署了加快推进执法司法制约监督体系改革和建设工作，把加快推进执法司法制约监督体系改革和建设作为政法领域全面深化改革的重要抓手，加快构建与新的执法司法权运行模式相适应的制约监督体系，在更高层次上实现执法司法权力与责任的平衡、放权与监督的结合、公正与效率的统一，力求推动政法领域改革再上新台阶，进一步增强人民群众在政法领域的获得感、幸福感、安全感。监狱是国家的刑罚执行机关，强化对监狱执法工作的制约监督，是完善司法制约监督体系的重要组成部分。

山东省齐州监狱李云东围绕监狱执法过程中的权力监督制约机制构建，从有效配置资源、充分利用资源和协调各方利益等三方面着手分析探讨了如何实现权力运行过程的信息及利益均衡，提出监狱执法监督分为外部监督和内部监督两类，外部监督包括主体监督和社会监督、侧重对监狱执法活动程序的监督，内部监督侧重对监狱执法行为人的监督。当前监狱刑罚执行监督还存在外部监督信息缺位、内部监督利益失衡、执法监督缺乏协调制约、监督效力不实等问题，需要通过优化监狱执法职权配置，以制度的形式固定规范执法信息的有效处理，保证决策的科学化。加强和规范对监狱执法活动的法律监督和社会监督，尽可能地公开执法信息，有效界定执法程序的信息实效，保证“裁判者”对执法程序的掌控，确保执行力的坚决，即权力行使不宜更改，确立“权威”。健全监狱执法权力分工负责、互相配合、互相制约的科学有效机制，构建信息的有效均衡，满足各方激励期望诉求，实现利益均衡和效率最优化。

上海市监狱管理局戴培胜、张亮认为，加强对监狱减刑、假释、暂予监外执行案件办理事前、事中、事后的有效监督，构建优化、协同、规范高效的制约监督体系，是严格办理减刑、假释、暂予监外执行案件，全面提升执法司法公信力，实现社会公平正义的必然要求。并以上海市监狱系统执法制约监督机制建设实际为例，分析了存在的监督制约内容不全面、标准不明确、责任不清晰等短板和盲区，重点就加强和完善罪犯减刑、假释、暂予监外执行监督制约机制建设提出优化案件提请模式、补齐监督制约事项的缺项和标准、建立证据办理核查交互系统、创立刑罚变更执行办案中心、理清部门监督制约责任、深化狱务公开、健全监督制约评价机制等具体举措。

广东省番禺监狱梁海斌、向敏、魏鹏认为，推进监狱执法体系监督体系建设，把制约与监督理念融入监狱减刑、假释、暂予监外执行的执法环节，解决传统执法监督中存在的不足，是提升监狱执法公信力、保证监狱执法司法公正的重要举措和必要保证。对监狱减刑、假释、暂予监外执行专项倒查所发现问题进行归纳，从理论和现实角度，深入分析问题成因和执法监督存在的内部监督职能不明确、重考核结果轻事中监督、责任追究与监督管理未完全衔接等短板问题，提出优化监狱内部执法监督智能化管理监督机制、建立三级执法监督自查机制、严格责任追究和奖惩兑现等进一步完善执法监督制约机制的建议。

北京市第二监狱陈丽明、周阔通过分析一年来监狱刑事赔偿案件，在案由、证据分类、争议焦点等方面理清问题重点，围绕如何完善党的领导监督、政法部门之间制约监督、政法各系统内部制约监督、社会监督、智能化管理监督等五大制约监督机制提出方法论。

五、民警执法能力建设

2019年1月，习近平总书记在中央政法工作会议上提出，要加快推进政法队伍革命化、正规化、专业化、职业化建设，旗帜鲜明把政治建设放在首位，努力打造一支党中央放心、人民群众满意的高素质政法队伍。监狱人民警察作为政法队伍的重要组成部分，依法执行刑罚，执法能力关系刑罚执行效能、关系社会公平正义、关系全面依法治国进程，加强监狱民警执法能力建设，锻造一支高素质的监狱人民警察队伍，有利于夯实全面推进监狱工作高质量发展的基础、全面推进党领导下的全面依法治国策略。

山东省监狱学会慕庆平、山东省潍北监狱刘文臣认为，新形势下监狱民警需要自觉运用法治思维和法治方式分析解决问题，坚持以法治化为引领，弥补短板、补齐弱项，全面提高执法能力建设，推进监狱治理体系和治理能力现代化。同时指出监狱民警执法能力建设存在尊法学法自觉性不够高、守法观念不够强、用法能力还不足、执法压力较大、支持系统不完善等问题，提出要健全权利义务运行保障机制、提升监狱民警履职尽责标准机制、规范执法工作程序机制、全面推行狱务公开机制、加强执法制度建设机制、建立执法协同机制、完善执法监督机制，全面提高监狱民警执法能力，推进监狱治理体系和治理能力现代化，助力监狱发挥服务新发展格局职能的实效。

青海省门源监狱李虹州认为，从当前监狱的执法大环境来看，监狱的执法总方向、总目标是向文明、公正、规范发展，但由于现阶段正处于传统的监管改造理念向现代监管改造理念转型发展的攻坚时期，监狱民警在具体的执法活动过程中普遍感受到来自社会舆论、监狱、罪犯以及民警自身方面所带来的执法压力，从而出现了执法高难度、高风险等困境，监狱民警执法要走出困境，就需要深入探索监狱执法方式的创新、对罪犯监管力度的加强、民警自身执法水平的提高等具体措施，有效推进监狱工作法治化进程。

贵州省遵义监狱李环聚焦监狱执法工作最基础、最关键的因素——监区民警，通过分析监区职能构成和现阶段监区民警执法困境，剖析存在问题的历史和现实原因，展望刑罚执行愿景，在“顶层设计”“监狱”“监区”“民警个体”四个层面提出分层级衔接建设和提高监区民警队伍执法能力，全面落实习近平法治思想，推进监狱工作高质量发展。

湖南省怀化监狱周升华认为，随着监狱体制改革的深入发展，以及监狱工作需求与警力不足的矛盾日益凸显，立足监狱实际，构建具有监狱特色的警务辅助人员队伍势在必行。建立警务辅助人员队伍能够解决监狱警力严重不足的现实问题、推进职工队伍改革，同时公安警务辅助人员队伍建设也为监狱辅警队伍建设提供了实践借鉴。他结合湖南省监狱系统实际，从辅警招聘、组织管理、培训管理、表彰激励、工资待遇、岗位设置等方面，构建了一个完整的警务人员队伍建设体系，具有较强的实践参考价值。

从整体研究情况看，广大监狱民警和专家学者对监狱执法制度体系以及执法规范化建设研究较多，成果占比近50%。对于执法责任机制以及监督制约机制的研究较少，占比约15%。从研究范围来看，大部分研究立足于本单位或者本省监狱系统，以小见大的同时却也缺乏国内外相关数据的比较分析，对研究成果的科学度有一定影响。从研究方法来看，立足监狱工作实际进行理论性研究较多，采取调查研究、比较分析、历史分析、定性和定量相结合分析等方法开展研究较少。总之，理论研究的逐步深入将推动监狱实践不断深化变革、监狱执法体系日益完善，从而实现监狱工作规范化、科学化、高质量发展。

目　录

CONTETNS

监狱执法规范化建设

执法司法制约监督机制建设

民警执法能力建设

监狱执法制度体系建设

习近平法治思想对监狱法治发展建构指引初探

屈直俊　何俊芳

摘　要：中央全面依法治国工作会议正式提出“习近平法治思想”，是高树法治中国坐标、厘定中国法治圭臬的庄重宣示。习近平法治思想是历史逻辑、实践逻辑、发展逻辑相互融通和系统集成的法治理论体系。新时代推进法治监狱建设，必须以习近平法治思想为根本遵循，深化监狱法治的法理表达，系统把握监狱的法治价值，从本体高度建构起关于监狱法治的认识论；深化监狱法治的实体阐释，系统把握监狱法治的现实进路，从实践层面丰富监狱法治的方法论，构建起以监狱法治的认知、制度、实施、协同、文化等为核心要素和鲜明标识的发展体系，为监狱现代之治提供法治动能。

关键词：习近平法治思想　监狱法治　发展建构

习近平法治思想作为当代中国发展的马克思主义法治理论，紧扣时代主题，系统回答了法治中国的时代之问，科学揭示了中国特色社会主义法治建设的本质规律，生动彰显了全面依法治国的实践伟力。监狱作为法治中国建设的重要场域，必须从历史的、实践的、发展的逻辑把握习近平法治思想的基本法理精神，切实增强深刻学习把握习近平法治思想的思想自觉、政治自觉和行动自觉，推进监狱法治的发展建构，提质监狱之治。

一、习近平法治思想的三大逻辑浅论

习近平法治思想是对社会主义初级阶段法治进程内在规律的理性认识，是改革开放尤其是党的十八大以来法治成就的理论升华，是 21 世纪法治中国建设的科学指引。辩证法的规律无论对自然界中和人类历史中的运动，还是思维的运动，都必定是同样适用的。[1]习近平法治思想的认识基础在于社会主义初级阶段法治道路的思想认同，核心是人民利益的法理表达和法治实现。其蕴含的历史逻辑、实践逻辑和发展逻辑，将认识论、实践论、方法论有机统一起来，成为理论与实践相生相成的法治辩证法，是推动国家治理现代化、实现民族复兴的强大精神力量。

（一）习近平法治思想融贯人类千古文明的历史逻辑

马克思指出，法的关系正像国家的形式一样，既不能从它们本身来理解，也不能从所谓人类精神的一般发展来理解，相反，它们根源于物质的生活关系。习近平法治思想承继马克思法哲学理论，将法治置于历史唯物论视域，以深刻的法治洞见穿越过往的迷雾，揭开历史的帷幔，理性透视人类文明变迁背后的社会矛盾运动，批判吸收人类法治文明中的合理成分，在历史逻辑的深刻把握中超越历史，推进理论创新。

一是科学借鉴世界法治文化的历史成果，开拓21世纪人类法治哲思新高度。从蒙昧到野蛮，从野蛮到文明，从西方延及全球的帝国更迭到东方波及全球的王朝更迭，治理成功的经验总与辉煌的文明相得益彰，治理失败的教训常与失落的文明相互缠绕，从古希腊亚里士多德的良法善治理想，到近代德国黑格尔的法哲学，习近平法治思想秉承历史唯物主义法治观，在“东西互鉴，文明融汇”中引领现代中国，推进全面依法治国，形成独具特色的当代中国法系。特别是面对2020年新型冠状病毒肺炎疫情的全球暴发，习近平总书记强调，要始终把人民群众生命安全和身体健康放在第一位，要把疫情防控工作作为当前最重要工作来抓。中国的抗疫行动，把人类法治思想对人权、自由、民主等法治话语的思考推向新高度。始终要把人民放在心中最高的位置，始终全心全意为人民服务，始终为人民利益和幸福而努力工作。[2]努力把我们生于斯、长于斯的这个星球建成一个和睦的大家庭，把世界各国人民对美好生活的向往变成现实。[3]习近平法治思想将维护世界和平作为国家责任，用现代中国法学话语体系为“构建人类命运共同体”贡献强大思想力

[1] 参见中共中央马克思恩格斯列宁斯大林著作编译局编：《马克思恩格斯文集》（第九卷），人民出版社2009年版，第539页。

[2] 参见习近平：《习近平谈治国理政》（第三卷），外文出版社2020年版，第139页。

[3] 参见习近平：《习近平谈治国理政》（第三卷），外文出版社2020年版，第433页。

量；带着实现中华民族复兴的伟大使命，用现代中国法治哲思为全面建设社会主义现代化国家指引光明前进方向。

二是科学汲取中华传统法治的历史智慧，开创新时代中国法治理论新形态。治强生于法，弱乱生于阿。观俗立法则治，察国事本则宜。诸子百家的法治洞见光耀古今，从战国末年韩非子的以法治国主张到清末沈家本的中西法律观，习近平法治思想秉承历史唯物主义法治观，在“古今相照、古为今用”的睿智思索中，抛弃神治、摒弃人治、穿越礼治、超越德治，挖掘和传承中华法文化中的合理内核，推动中华法治文明创造性转化和创新性发展，坚持依法治国与以德治国相结合，提出培育和弘扬核心价值观，有效整合社会意识，是社会系统得以正常运转、社会秩序得以有效维护的重要途径，也是国家治理体系和治理能力的重要方面，弘扬出礼入刑、隆礼重法的治国策略；传承民惟邦本、本固邦宁的民本思想，提出使法律及其实施有效体现人民意志、保障人民权益、激发人民创造力，强调人民是依法治国的主体和力量源泉；发展天下无讼、以和为贵的治理追求，要求推进社会治理现代化，坚持和发展“枫桥经验”，健全平安建设社会协同机制〔1〕，推进和谐社会建设；升级德主刑辅、明德慎刑的行刑理念，要求落实宽严相济刑事政策，创新推进刑罚制度改革，彰显了中国法治的人道主义精神，开创了新时代中国法治理论新形态。

三是科学把握社会治理发展的历史规律，开辟马克思主义法治思想新境界。马克思认为法的关系，是一种反映着经济关系的意志关系〔2〕。马克思恩格斯指出，社会生产力与生产关系、物质基础与上层建筑的矛盾是人类社会发展进步的动力，反映了人类社会发展的历史规律。在马克思主义历史唯物观中，人类社会复杂的斗争关系必然以法律作为重要的武器予以固化。习近平法治思想在坚持宪法确定的中国共产党领导地位上不动摇，在坚持宪法确定的人民民主专政的国体和人民代表大会制度的政体不动摇，就是在以宪法形式固化工人阶级的统治地位，以法权维护和实现民权，《民法典》的颁行正是以法权深化人民自由权利的法律典范。习近平总书记指出，当代中国的伟

---

〔1〕 参见习近平：《习近平谈治国理政》（第三卷），外文出版社 2020 年版，第 222 页。

〔2〕 参见中共中央马克思恩格斯列宁斯大林著作编译局编：《马克思恩格斯文集》（第五卷），人民出版社 2009 年版，第 103 页。

大社会变革，不是简单延续我国历史文化的母版，不是简单套用马克思主义经典作家设想的模板，不是其他国家社会主义实践的再版，也不是国外现代化发展的翻版。[1]中国深刻吸取苏联国家治理失败的经验教训，在伟大斗争中坚持和发展马克思主义，坚持和发展马克思主义法治理论。党的十八大以来，习近平总书记关于全面依法治国的一系列重要论述，科学回答了“党大还是法大”等重大法治命题，科学指引了法治与民主、法治与人权、法治与发展、宪法与法律、法治与国家治理现代化、法治与人类命运共同体等重大法治课题，这些具有原创性的社会主义法治理论开创了马克思主义法治理论的新境界。

（二）习近平法治思想融贯我党百年奋斗的实践逻辑

建立中国共产党、成立中华人民共和国、实行改革开放、推进新时代中国特色社会主义事业，是社会主义法治文明孕育发展的壮阔历史进程，习近平法治思想深刻透视社会主义法治文明历史演进的逻辑主线，搭建起社会主义法系的完整理论架构，推动社会主义法治文明不断前进、跃动、升华。

一是习近平法治思想是我国社会主义法治文明历史前缀的法理宣示。马克思恩格斯指出，在无产阶级统治的过程中必须要建立新的法律制度以消灭资本主义的生产关系和所有制，要通过完善法律制度，尽最大可能提高生产力，促进国家和社会的发展。人类历史的创造并非凭空捏造，而是以一定的社会条件为基础，受到必然性的制约。[2]我国社会主义法治文明演化轨迹的历史起点应向前回溯到中国共产党建立到中华人民共和国成立的历史时期，中国革命历史是最好的营养剂[3]，只有正确认识党奋斗的艰辛历程，才能准确把握中国特色社会主义法治历史逻辑起点，才能清晰完整呈现整个社会主义法治实践逻辑架构。无论是政治层面工人阶级领导地位的确立，还是经济层面以社会主义公有制取代官僚资本私有制，都是毛泽东的民主政治思想指引中国迈上社会主义康庄大道的体现。伟大革命精神跨越时空、永不过时，

---

〔1〕 参见习近平：“不断开辟当代马克思主义、二十一世纪马克思主义新境界”，载《习近平谈治国理政》（第三卷），外文出版社 2020 年版，第 76 页。

〔2〕 参见李颖：《马克思恩格斯法治思想及其当代价值研究》，中国社会科学出版社 2017 年版，第 99 页。

〔3〕 参见习近平：《论中国共产党历史》，中央文献出版社 2021 年版，第 24 页。

是砥砺我们不忘初心、牢记使命的不竭精神动力〔1〕，习近平法治思想深刻洞见到法律作为伟大斗争的重要武器所发挥的重要作用，强调用法治巩固人民革命的斗争成果，维护国家独立实现人的自由而全面发展，实现人的彻底解放。

二是习近平法治思想是社会主义法治文明历史探索的法理升华。1978 年改革开放后，我国社会主义法治建设进入加速发展的历史时期，邓小平的民主法治思想指引中国开辟改革开放发展坦途，江泽民的依法治国重要论述、胡锦涛的依法治国基本方略推动社会主义法治体系的总体框架基本建立。十八大以来，依法治国基本方略在宪法旗帜下全面发展，从十八届四中全会描绘全面依法治国宏伟蓝图，到十九届四中全会擘画治理现代化美好图景；从第一次全面依法治国委员会会议提出全面依法治国新理念新思想新战略，到中央全面依法治国工作会议深刻论述为什么要全面依法治国、怎样全面依法治国的时代之问，深刻揭示出中国特色社会主义“特”就“特”在其道路、理论体系、制度上，“特”就“特”在其实现途径、行动指南、根本保证的内在联系上，“特”就“特”在这三者统一于中国特色社会主义伟大实践上〔2〕的核心本质，习近平法治思想不断丰富着社会主义法治理论宝库，不断增强中国特色社会主义法治的理论自信。

三是习近平法治思想是社会主义法治文明历史成就的法理统括。法的运动和发展是辩证统一的。〔3〕社会主义法治进程总有其发展轨迹，但终归要走向法律体系的内部和谐性与一致性。1949 年 2 月，中共中央发布了关于废除国民党《六法全书》和确定解放区司法原则的指示，这意味着新中国成立后，国家的基本法律制度几近空白，五四宪法的起草颁行标志阶级斗争胜利后以法律形式确定了工人阶级的统治地位和维护工人阶级利益，然而法具有滞后性又必然导致社会主义初期法律落后于经济社会的发展，但总体仍然趋于理性与完善。习近平法治思想深刻把握法的运动规律，提出更好发挥法治对改革发展稳定的引领、规范、保障作用，不断克服法与经济的矛盾对立；对宪

〔1〕 参见习近平：《论中国共产党历史》，中央文献出版社 2021 年版，第 254 页

〔2〕 参见习近平：《习近平谈治国理政》（第三卷），外文出版社 2020 年版，第 9 页。

〔3〕 参见李颖：《马克思恩格斯法治思想及其当代价值研究》，中国社会科学出版社 2017 年版，第 103 页。

法巩固民主政权、人民主权等权利性保障进一步发展和深化，强调宪法是治国理政的总章程，提出全面贯彻实施宪法，是建设社会主义法治国家的首要任务和基础性工作。[1]体现了党和人民事业的历史进步，也深刻吸取法治建设中正反两方面经验教训，坚定坚固实施社会主义法治建设的法治意志与法治实践，实现无产阶级专政与个人民主自由法理上的辩证统一。

（三）习近平法治思想融贯当代世纪课题的发展逻辑

思想深邃才能法治中国，理想高远才能法安天下。马克思主义发展观认为社会发展是社会基本矛盾运动的结果，有其内在的客观规律性。习近平法治思想超越时空，总结过去、应对当下、远视未来，深刻揭示自然历史过程中人类治理的内在规律，审视全面依法治国的未来之路，引领中国走上民族复兴、人民幸福的治理现代化道路。

一是习近平法治思想是我国维护世界和平、实现和平崛起的强大思想武器。建立在生产力发展基础上的社会交往的历史更替，揭示了人类社会从隔绝走向互通，从封闭走向开放，从差异和对立走向合作与融合，并最终迈向“真正的共同体”的事实逻辑和历史趋势。随着信息社会迅猛发展，人类社会交往形式变得越来越紧密，国家之间的交往也存在利益竞争与合作。人类命运共同体的提出，秉持“和平发展、包容互进”理念，提出实现世界持久和平，让世界上每一个国家都有和平稳定的社会环境，让每一个国家的人民都有和平稳定的社会环境[2]，突破国家利益优先的狭隘考量，以法治保障和平发展环境，用法治维护国家安全与发展利益，提出维护自由、开放、非歧视的多边贸易体制，不搞排他性贸易标准、规则、体系[3]，充分尊重并融入国际法规则体系之中，以法治的权威性保障交往的正当性，巩固多极化趋势，保障多元化利益，让世界各国摒弃冷战思维和强权政治，跨越“国强必霸、天下纷争”的修昔底德陷阱，加强国际合作，克服单边主义、战胜霸权主义，为维护世界和平贡献现代成就。

二是习近平法治思想是我党坚守初心使命，确保依法长期执政的指导思想。我们的目的是在建立社会主义制度，这种制度将给所有的人提供健康有

---

〔1〕参见习近平：《习近平谈治国理政》，外文出版社2016年版，第138页。

〔2〕参见习近平：《习近平谈治国理政》（第三卷），外文出版社2020年版，第323页。

〔3〕参见习近平：《习近平谈治国理政》（第三卷），外文出版社2020年版，第337页。

益的工作，给所有的人提供充裕的物质生活和闲暇时间，给所有的人提供真正的充分的自由。[1]马克思主义对社会主义的畅想，其实也是中国共产党人立党的初心，与社会主义法治的目的具有同源性和一致性。习近平法治思想坚持以人民为中心，将人民作为全面依法治国的出发点和落脚点，对人民的需求进行理论与实践的深入论证，从法治层面辩证提出物质文化需要同社会生产力之间的矛盾的客观认识，提出消解“人民日益增长的美好生活需要和不平衡不充分的发展之间的矛盾”的重大课题，并以强大的理论洞察力，提出要打赢防范化解重大风险攻击战，必须坚持和完善中国特色社会主义制度、推进国家治理体系和治理能力现代化，运用制度威力应对风险挑战的冲击[2]，指引中国共产党跨越央地离心、官民相夺的桑弘羊陷阱，以法治思维和法治方式注入改革洪流，大刀阔斧推进法治领域改革，推进党的领导制度化、法治化，把坚持党的领导、人民当家作主、依法治国有机统一起来，提高依宪执政、依法执政水平，为现代政党政治贡献政治智慧。

三是习近平法治思想是我国全面依法治国，大步迈向民族复兴的行动指南。从中国第一哲人箕子提出的“洪范九畴”到柏拉图《理想国》中的“哲学王治国”，在人类发展长河中有很多种理想化的治国方略，为什么我们选择了法治的进路？根本在于我们所选择的道路与制度，所推进的改革与建设，都是为了实现中华民族伟大复兴的这一伟大梦想。这一伟大梦想必须以国家经济基础更加强劲，更加繁荣富强为鲜明标志。权利决不能超出社会的经济结构以及由经济结构制约的社会的文化发展。[3]习近平法治思想以强大的战略引领力，强调科学立法、民主立法则必须坚持立法与客观实际相联系，既要尊重和体现社会发展的客观规律，也要反映经济基础决定上层建筑的客观规律，处理好政府和市场经济体制改革的关键[4]，靠法治护航经济持续健康发展，凝聚全国人民跨越“强者恒强、弱者恒弱”的马太陷阱，以经济的高质量发展提质升级中国特色社会主义法治道路，强基固本社会主义法治大厦，

---

〔1〕 参见《马克思恩格斯全集》（第二十一卷），人民出版社 1965 年版，第 570 页。

〔2〕 参见习近平：《习近平谈治国理政》（第三卷），外文出版社 2020 年版，第 113 页。

〔3〕 参见中共中央马克思恩格斯列宁斯大林著作编译局编：《马克思恩格斯文集》（第三卷），人民出版社 2009 年版，第 435 页。

〔4〕 参见习近平：“长期坚持、不断丰富发展新时代中国特色社会主义经济思想”，载《习近平谈治国理政》（第三卷），外文出版社 2020 年版，第 235 页。

实现共同富裕、民生幸福的美丽梦想，为人类法治现代化贡献中国方案。

二、习近平法治思想对监狱法治的理论指引浅析

一种理论的产生，源泉只能是丰富生动的现实生活，动力只能是解决社会矛盾和问题的现实要求。[1]习近平法治思想作为马克思法治理论中国化的最新成果，为新时代中国特色社会主义建设凝聚法治伟力，为推动全面依法治国提供了全新理论指引。监狱作为全面依法治国中重要一环，为法治主导监狱现代治理提供强劲价值指引，为监狱法学提供深厚理论泉源。

（一）以党的全面领导为根本保证的监狱法治方向观

马克思主义法哲学观点认为法与监狱都是统治阶级意志的体现，国家存在决定监狱存在，国家性质决定监狱性质，社会主义中国的监狱必然是社会主义国家阶级属性的真实反映。党的领导是中国特色社会主义的本质特征，也是中国特色社会主义法治的本质要求。习近平总书记强调坚持党对全面依法治国的领导。党的领导是推进全面依法治国的根本保证。[2]“党的领导”无疑是中国特色社会主义法治之魂。习近平总书记明确指出，要坚持以新时代中国特色社会主义思想为指导，坚持党对政法工作的绝对领导[3]，根据马克思主义辩证哲学观点，从事物的本质联系上讲，事物局部与全体是辩证统一的关系。监狱作为国家整体的组成部分，党的领导对监狱始终起着支配、统领、决定作用。因此监狱作为国家政权机关和政法机关必须以党的领导为最高原则，将党的领导作为监狱法治根本，始终坚持监狱的社会主义法治方向，始终遵循党和国家的监狱工作方针，在党的旗帜下建设法治、提质治理。

（二）以人民中心精神为基本内涵的监狱法治主体观

马克思主义法哲学中的主体性是基于具体的社会的人来展开，将“人”作为考察社会法治实践的核心关键词，强调人的社会实践性。习近平总书记也特别强调坚持以人民为中心。全面依法治国最广泛、最深厚的基础是人民，必须坚持为了人民、依靠人民。“以人民为中心”成为中国特色社会主义法治

---

〔1〕 参见习近平：“全面贯彻新时代中国特色社会主义思想和基本方略”，载《习近平谈治国理政》（第三卷），外文出版社 2020 年版，第 63 页。

〔2〕 参见习近平总书记 2020 年 11 月 16 日至 17 日在中央全面依法治国工作会议上的讲话。

〔3〕 参见习近平：“维护政治安全、社会安定、人民安宁”，载《习近平谈治国理政》（第三卷），外文出版社 2020 年版，第 352 页。

之核。监狱对罪犯实施改造客观上是对人民权利的维护，习近平总书记指出要贯彻好党的群众路线，坚持社会治理为了人民[1]，监狱作为社会治理的特殊场域，对罪犯个体的改造的意境和旨趣则在于人的价值回归，更是通过对犯罪的惩治和改造，实现让天更蓝、水更清、空气更清新、食品更安全、交通更顺畅、社会更和谐有序[2]的为民目的。

（三）以公平正义价值为核心追求的监狱法治目的观

马克思主义法哲学强调公平正义是实质上的，是建立在物质基础上的，重视公平正义与人的需要紧密相关，而法治才是满足人所需要的基本条件和制度基石。公平正义作为社会主义法治的一种价值观要求，在物质上是对人的生存的最低保障，在精神上是对人实质正义的最低尺度，二者辩证统一于社会主义法治的实践要求中。公平正义对于人类，既要强调人生存条件的优先性，也强调人在法治实践中的获得感。习近平总书记强调必须牢牢把握社会公平正义这一法治价值追求，努力让人民群众在每一项法律制度、每一个执法决定、每一宗司法案件中都感受到公平正义。[3]监狱刑罚执行机关的法律定位，不能脱离社会主义法治的基本要求，须通过法治机制确保公正文明执法，通过法治约束规范公权力运行，让公平正义成为在监狱看得见摸得着的法治现实。

（四）以深化权利保障为内在要求的监狱法治重心观

马克思主义法哲学认为人权不是天赋的而是历史地产生的。习近平法治思想提升了人权的法治层次，丰富了法治的人权内涵，要求奉行以人民为中心的人权理念，把生存权、发展权作为首要的基本人权"[4]，强调人权是法治构建的重要因素，具有可感知的具体内容，须以国家强制力保障才能从应然走向实然，即法律既要确定公民权利的内容，也要确定公民权利的保障。法律规则设定的权利义务既是对公民权利义务的法治宣示，也是对公权力机

---

〔1〕 参见习近平："维护政治安全、社会安定、人民安宁"，载《习近平谈治国理政》（第三卷），外文出版社 2020 年版，第 352 页。

〔2〕 参见习近平："维护政治安全、社会安定、人民安宁"，载《习近平谈治国理政》（第三卷），外文出版社 2020 年版，第 353 页。

〔3〕 参见习近平：《习近平谈治国理政》（第三卷），外文出版社 2020 年版，第 284 页。

〔4〕 参见习近平："走符合国情的人权发展道路"，载《习近平谈治国理政》（第三卷），外文出版社 2020 年版，第 288 页。

关行为边界的法治限制，《中华人民共和国监狱法》（以下简称《监狱法》）第7条对罪犯的权利作出保障性规定，其法治本质是对人之为人的基本权利的尊重，既是在应然层面作出的具体规定，也是实然层面的保障性规范，与深化人的权利保障要求高度吻合，必须成为监狱刑事司法的重要内容。

（五）以规范制约权力为主要路径的监狱法治关键观

中国特色社会主义法治体系的有效运行，离不开公权力的规范高效运行。习近平总书记强调把权力关进制度的笼子，要加快构建规范高效的制约监督体系〔1〕，织密监督的“天网”、扎紧制度的篱笆〔2〕，显然，全面依法治国关键在于全面依法治权，让权力制约与权利保障二者在治国理政进程中统一起来。监狱握有刑罚执行的巨大权力，罪犯减刑、假释、暂予监外执行等执法权、“三重一大”决策权等法治关键环节必须进一步从程序上予以清晰规范，在实体上予以明确界定，才能确保监狱的法治底色。

（六）以改造为要宗旨为目标导向的监狱法治功能观

习近平总书记强调，要准确把握国家安全形势变化新特点新趋势，坚持总体安全观，走出一条中国特色国家安全道路。习近平总书记指出，维护国家安全，必须做好维护社会和谐稳定工作，做好预防化解社会矛盾工作，从制度、机制、政策、工作上积极推动社会矛盾预防化解工作。〔3〕要完善预防性法律制度，坚持和发展新时代“枫桥经验”，促进社会和谐稳定〔4〕。监狱作为社会治理重要领域，以“惩罚与改造罪犯”为宗旨，既要通过惩罚与改造的手段矫正罪犯，使其能回归守法公民的法治最底限要求，也要通过监狱行刑对社会公众进行教育警示，使其始终按照法治要求自我约束，从而做法律的自觉遵守者与维护者，最终达至整个社会的和谐稳定与安全。

（七）以共建共治共享为策略方法的监狱法治力量观

习近平总书记指出，全面依法治国是一个系统工程，要整体谋划，更加注重系统性、整体性、协同性。〔5〕社会治理是国家治理的重要方面。必须加强和创新社会治理，完善党委领导、政府负责、民主协商、社会协同、公众

---

〔1〕参见习近平总书记2020年11月16日至17日在中央全面依法治国工作会议上的讲话。

〔2〕参见习近平：《习近平谈治国理政》（第三卷），外文出版社2020年版，第97页。

〔3〕参见习近平：《习近平谈治国理政》，外文出版社2020年版，第203~204页。

〔4〕参见习近平总书记2020年11月16日至17日在中央全面依法治国工作会议上的讲话。

〔5〕参见习近平总书记2020年11月16日至17日在中央全面依法治国工作会议上的讲话。

参与、法治保障、科技支撑的社会治理体系，建设人人有责、人人尽责、人人享有的社会治理共同体。[1]习近平总书记这些论述从战略高度上指明多元主体在全面依法治国中的实践定位，也从策略方法上指明全面依法治国的方法路径，共建共治共享无疑在社会治理中具有战略方针地位。监狱治理现代化也不是监狱自说自话“唱独角戏”，需要各类力量参与监狱治理形成良性互动，充分发挥各类主体的功能价值，在宏观上实现法治力量的多元化、在价值取向上体现民主化，在方法上趋向协同化，推进实现监狱法治秩序。

（八）以科学民主立法为前提的监狱法治制度观

马克思恩格斯在对社会主义法治的构想中阐述了对立法的认识，在他们看来立法是关系法治运行效果的首要环节。[2]良法乃善治之前提，更是核心部分，十八大以来，习近平总书记多次阐述推进科学立法的重要性，指出不是什么法都能治国，不是什么法都能治好国；越是法治，越是要提高立法质量。[3]中国特色社会主义法治体系是推进全面依法治国的总抓手。我国要加快形成完备的法律规范体系、高效的法治实施体系、严密的法治监督体系、有力的法治保障体系，形成完善的党内法规体系。[4]我国社会主义法治更多地通过立法的方式将人民的权利确定在具体的法律条文中，是将抽象的民主、自由、平等转化为具体的法律权利，用明示的方式确认权利，并以法律的方式予以保障。监狱作为国家刑罚执行机关，关系刑法领域中人的自由与生命的限制或剥夺，更需要健全完善监狱法律体系，以良法为前提深化规则之治、制度之治。

三、习近平法治思想对监狱法治的实践指引浅谈

习近平法治思想为推进监狱治理法治化提供了根本的理论遵循和实践指引。建设新型现代文明监狱，我们需要以习近平法治思想审视监狱法治现状、思谋监狱法治全局、展望监狱法治远景，推进监狱法治发展建构，加快形成

---

〔1〕参见本书编写组编著：《党的十九届四中全会〈决定〉学习辅导百问》，党建读物出版社、学习出版社 2019 年版，第 21 页。

〔2〕参见李颖：《马克思恩格斯法治思想及其当代价值研究》，中国社会科学出版社 2017 年版，第 268 页。

〔3〕参见习近平 2013 年 2 月 23 日在十八届中央政治局第四次集体学习时的讲话。

〔4〕参见习近平总书记 2020 年 11 月 16 日至 17 日在中央全面依法治国工作会议上的讲话。

理念先进、规则完备、制度同守、执法精准的法治共同体，在推进监狱法治的宏大实践中服务平安中国、贡献法治中国。

（一）坚持统分结合，提质监狱法治引领体系

党政军民学，东西南北中，党是领导一切的。〔1〕习近平法治思想中的"十一个坚持"，首要就是坚持党对全面依法治国的领导，这也是我国国家制度和国家治理体系的显著优势。我国监狱的政治属性反映了社会主义监狱的政治本质，反映了社会主义国家对罪犯实施改造、预防犯罪、维护安全的法治目的、法治任务与法治要求，在监狱法治实践中，鲜明监狱的政治属性，坚持党对监狱工作的领导，与实现监狱法治价值具有内在同一性。监狱法治也是系统工程，强化党的领导需要统分结合，以习近平法治思想作为定海神针锚定监狱法治方向，提质监狱法治引领体系。一是坚持思想统领明航向。只有内心尊崇法治，才能行为遵守法律。只有铭刻在人们心中的法治，才是真正牢不可破的法治。〔2〕习近平法治思想突出强调党对全面依法治国的领导，深刻揭示中国特色社会主义法治之路的力量源于党的领导。党的领导是法治道路的坚强保障，是全面依法治国的逻辑条件，是源自内心的法治意识和践于操守的法治标线。推进全面依法治监，必须强化习近平法治思想统领监狱各项工作，坚持整体谋划、整体推进，高树理论灯塔、化为精神核弹，释放思想威力。二是坚持党委统领树航标，习近平总书记鲜明指出，"党大还是法大"是一个政治陷阱，是一个伪命题。对这个问题，我们不能含糊其词、语焉不详，要明确予以回答。〔3〕推进监狱法治建设，要将习近平法治思想的精神内涵融入监狱各项工作，紧扣新时代新型现代文明监狱建设与法治监狱建设的新形势新任务新要求，坚持党委掌舵领航，法治推动监狱现代治理工程，包括对法治工作布局、法治目标、法治任务等一系列法治工作的统筹协调，将刑罚执行、罪犯改造、狱政管理、综合保障等工作从法治的层面上予以统合，使各项工作在内涵上具有统一性、在目标上具有一致性、在成效上具有关联性，围绕"惩罚与改造罪犯"这个法治宗旨共同推进、形成合力。三要

〔1〕参见习近平：《习近平谈治国理政》（第三卷），外文出版社 2020 年版，第 9 页。

〔2〕参见习近平："各级领导干部要做尊法学法守法用法的模范"，载习近平：《论坚持全面依法治国》，中央文献出版社 2020 年版，第 135 页。

〔3〕参见习近平 2015 年 2 月，"在省部级主要领导干部学习贯彻党的十八届四中全会精神全面推进依法治国专题研讨班上的讲话"。

坚持分层突破定航线，全面推进依法治国，坚持依法治国、依法执政、依法行政共同推进，坚持法治国家、法治政府、法治社会一体建设，法治国家建设针对不同面向、不同层级周密部署。监狱法治工作也要全方位全领域考虑周全，尊重不同层级法治需求，找准不同职能法治重心，确立相应法治项目，攻坚对应法治难题，打造监狱法治新亮点。四要坚持分步推进抵航程，依法治国实践涉及立法、执法、司法、守法多方面工作。监狱刑罚执行虽然是刑事司法中的最后一个环节，但仍涉及依法立制、严格执法、主动普法、带头守法等法治项目，涉及法律适用、法治文化、法治保障等不同法治需求，要遵循法治渐进性成长规律，分阶段拟定和落实法治规划，通过找准不同职能法治重心，确立相应法治项目，攻坚对应法治难题，打造监狱法治新亮点，铸就监狱法治新优势。

（二）坚持破立相生，提质监狱法治认知体系

恩格斯说任何哲学只不过是思想上反映的时代内容。习近平总书记强调，问题是创新的起点和动力源。习近平法治思想立时代之潮头，发思想之先声，深刻认识到法治中国的现实问题，以强烈的问题导向推动法治中国更稳、更实。推动全面依法治监，依然要树立问题意识，深入分析新时期法治监狱建设出现的思想认识问题，妥善解决现代治理工程中法治目标与现实之间的矛盾，坚持破立相生，监狱法治才能在继承中发展，在守正中创新。一需破解监狱法治单一化倾向，立“法治主导”之基。《监狱法》出台后倒逼民警改变思维及行为模式，《中华人民共和国国家赔偿法》的诞生让民警深刻认识到罪犯的人身权利和财产权利也必须得到保障，一系列法律法规的相继出台，让民警充分认识到坚持严格规范文明执法的法治意义。法律政策颁行是一种自上而下的倒逼，是外部客观上的被动接受，并不是民警内在思想上的主动选择。因此必须破除管理思维误区，改变“一管打天下”认知模式，在监狱刑罚执行的具体实践活动中，坚持用法治思维重新定位监狱管理，坚持法治的理性与自觉付诸法治的实践活动，用法治方式提升执法效益。二需破解监狱法治模糊化倾向，立“依法行权”之要。国家之权乃是“神器”，是个神圣的东西。公权力姓公，也必须为公。只要公权力存在，就必须有制约和监

督。不关进笼子，公权力就会被滥用。[1]社会主义监狱的本质决定监狱的公权力属性。监狱刑罚执行权乃刑事司法权的组成部分，如果不平等运用规则，将权力关进制度的笼子，“法律用一个声音对所有人讲话”[2]则会变成模糊性语言，失去权威性。因此必须坚持人民中心、法律至上，坚持权力制约、权利保障，自觉将执法纳入法律的轨道，将权力关进制度的笼子，防范权力脱离法律轨道、游离制度笼子，将法治规则作为唯一规则去引导、评价、规范人们的行为，坚持依法行权，让越权、滥权失去生存空间。三需破解监狱法治简单化倾向，立“全面施治”之效。全面依法治国是一项系统性工程，需要全局性视野、整体性思维、协同性理念。推动法治监狱建设，也是一项系统工程，应对立法、执法、普法与守法进行全方位布局。监狱法治工作要坚持系统地而不是零散地、普遍联系地而不是单一孤立地观察事物，准确把握监狱法治客观实际，真正掌握监狱法治客观规律，运用系统论构建监狱刑罚执行理论与实务的法治通道，主动消除普法与执法两张皮怪相，坚决抵制法律认知与法治实践两条道怪事，防止法律束之高阁而虚置、制度挂于高墙而空转，通过理论与实践的深度结合、法律与执法的深入融合，提升监狱法治效益。

（三）坚持新陈互依，提质监狱法治制度体系

习近平总书记指出，制度优势是一个国家的最大优势。2020 年新型冠状病毒肺炎疫情的世界性暴发，给监狱系统带来巨大挑战，四川监狱以“1+14”标准体系构筑的监狱抗疫铜墙铁壁，再次证明良好的制度优势将形成强大的治理效能。一应正确树立制度观念意识。监狱法治要求不仅是理念层面的要求，制度层面的实践才是法治的基础性、长效性的工作。制度规范是监狱法治的集中体现，制度规范方面的程序性要求与实体性运用才能给监狱良法善治予以内在客观指引。要注重制度理性与实践理性结合，用心用力克服创新变革的制度焦虑，改变制度依赖，消解条块分割的制度碎片，释放制度红利，提升法治绩效。二应健全落实依法立制机制。监狱现代治理的实质就是法治，其先决要件乃是制度形式的理性规范化和外在化表现，其基本目标以制度的理性寻求刑罚执行秩序建构，这种秩序的达成则需要以法律这种至高无上的

---

[1] 参见习近平 2018 年 12 月 13 日在十九届中央政治局第十一次集体学习时的讲话。

[2] 参见张明楷：《刑法格言的展开》，北京大学出版社 2013 年版，第 71 页。

权威为基石。监狱法治应从科学立法立制着手，健全立制计划、起草、论证、审查机制，增强监狱立制的针对性、及时性、系统性、操作性，让制度“神仙下凡”，走下云端，解决好制度难生、超生、滥生问题，用具有“真”“善”“美”品格的制度，反映监狱法治规律、体现行刑正义价值、达成监狱执法目标。三应适时实现制度动态更迭。故治民无常，唯治为法。法与时转则治，治与世宜则有功。法律从本质上讲必须是稳定的，但绝不是一成不变，从事务的内在发展的矛盾规律出发，如果制度本身已不符合时代要求，甚至变成社会前进的阻碍，则要因地制宜地对此进行改变，才能让制度散发出持久的生命力。监狱要以制度更迭增强实践理性和法治动力，坚持立改废释并举，修改不合时宜条款、清除悖逆科学规则、释放制度效力空间，让制度始终具有真理的力量、正义的价值、完备的形制，用制度之治构筑良法善治大道。

（四）坚持行用同步，提质监狱法治实施体系

法律的生命力在于实施，法律的权威也在于实施。天下之事，不难于立法，而难于法之必行。如果有了法律而不实施、束之高阁，或者实施不力、做表面文章，那制定再多法律也无济于事。监狱法治的理性既要从规则理性上入手，也要从实践理性上着眼，抓好法律的实施，以准确的法律适用凸显法治的规则理性、逻辑理性和实践理性。一抓严密监狱刑事执法链条。监狱法治要围绕“惩罚与改造罪犯”的法治目标流转，要在罪犯从入监到出监的执法全过程中，以法治理性解读法律条文、标准规范，并自觉践行法规的逻辑理性、程序理性，坚持以标准化规范化为依托，运用规则技术对罪犯执法内容进行思考、推理、判断、运用，以形成准确的符合法律规范要求的理性结论，充分展示法律结论的确定性、稳定性和正当性。二抓严实合法权益救济保障。有权利就有救济。罪犯虽然是权益的侵犯者，但刑罚的惩罚性目的也只是对其法益侵犯的严厉回应，对于罪犯的权利，《监狱法》第 7 条以明示方式从法律上确认罪犯的人格权、人身权、财产权等合法权利，在分则的具体条文中也涉及了罪犯的体检权、健康权、教育权等多方面权利。罪犯囿于监狱这种监禁场所，依靠其个人的力量实现权利的保障往往力不从心，特别是狱外权利受到侵犯后的救济，更将罪犯置于无助境地。因此，需要健全罪犯合法权益保障制度，推行罪犯入狱权利告知，规范罪犯申诉、控告、检举处理，面向罪犯精准提升公共法律服务质量，支持律师帮助罪犯正当维权，

展现出慈眉善目式的法律温情。三抓严格监狱执法权力管控。法律以明确指引规范自己的行动，这种行为理性是建立在规则的约束理性之上，也需要强制力予以保障，好比没有武力，信约便只是一纸空文，完全没有力量使人们得到安全保障[1]一样，监狱作为国家刑事司法权的实施者，必须让权力控制的利剑出鞘才不至于权力任性妄为、滥用乱用。因此需要监狱制定执法权力清单，明确执法裁量基准，强化执法监督考核，加大违法问责力度，才能坚决根绝权力脱轨失控。

（五）坚持内外一体，提质监狱法治协同体系

更加注重各项改革的协同推进，加强党政军群各方面改革配合联动，使各项改革相互促进、相得益彰，形成总体效应，提高各类机构效率。[2]全面依法治国是一项复杂的系统工程，需全方位考虑、全领域推进、全员性共进，方方面面考虑周到周全，才不致在治理中“顾头不顾尾”手足无措、左支右绌。法治推进监狱现代治理应主动融入“法治国家、法治政府、法治社会一体建设”战略布局，激活更多资源，强化协同治理。一是强化法治思维的协同性。深入挖掘多元力量资源参与监狱法治建设，特别是信息社会飞速发展，各领域都需要有集成意识和团体意识，才能更好融入社会发展大变局之中。在盘活内部系统性资源上，必须强化党委领导的治理优势，积极推动形成党委领导、监狱负责、社会协同、群众参与、法治保障的监狱治理格局，共同树立监狱治理全局性思维，把监狱治理纳入社会治理的范畴一体布局、一体推进、一体落实，不让监狱成为自说自话的话剧舞台。二是健全法治体制的协同性。理性建构监狱治理的法治体系，梳理内外协同活动中标准规范的统一性与协调性，尽量保持监狱法治体系内部与外部在法律形式上不冲突，准确反映监狱治理的人和事、理与法，形成逻辑一致性。监狱刑罚执行要将“分工负责、互相配合、互相制约”协调原则予以落实，通过完善机制为内核，辅之以标准规范为法律方法的工具理性，发挥好监狱的主导作用。推进刑罚执行一体化、深化监狱工作社会化，不让监狱成为自我循环的资源孤岛。三是完善法治要素的协同性。监狱法治是包括法治理念、技术、规范、指引、评价等要素构成的整体性架构，最终要以治理的成效作为检验要素准确性的

---

〔1〕 参见［英］霍布斯：《利维坦》，商务印书馆1985年版，第128页。

〔2〕 参见习近平：《习近平谈治国理政》（第三卷），外文出版社2020年版，第171页。

标准。监狱治理罪犯在本质上是通过对罪犯科学合理的惩罚与改造活动，使其成为守法公民的法治目的得以达成，与全体社会的犯罪预防的法治目的在逻辑上具有一致性，须构建科学的监狱法治指标体系，科学评估监狱执法质效，促进监狱执法质量提升，增强人民群众安全感、获得感、幸福感，不让监狱成为罪犯暂住一宿的过路驿站。

（六）坚持根脉铸魂，提质监狱法治文化体系

文化自信是更基础、更广泛、更深厚的自信，是更基本、更深沉、更持久的力量。习近平法治思想是法治中国的光辉旗帜，是建设社会主义监狱法治的文化根脉。所谓监狱法治文化，是集监狱标准规范的制度文化、刑罚执行的改造文化、守法公民的回归文化于一体的精神文明总和。表象上看是“法律+文化”的简单相加，内在却是法治理性在精神上、行为上的有机统一。一靠厚植监狱法治文化道德底蕴。以习近平法治思想蕴含的博大情怀为指引，积极培育和践行社会主义核心价值观。在监狱惩罚与改造罪犯的法治活动中，把社会主义核心价值观融入监狱法治的价值规范，用高尚的追求夯实监狱法治文化的政治伦理根基、社会价值基础、人文道德基石。二靠提升法治文化浸润能力。以习近平法治思想内在精神张力为指引，强化监狱法治教化功能，不但要“谁执法谁普法”，也要“谁立法谁普法，谁用法谁普法”，以法律知识的普及作为法治文化的前奏与铺垫；结合法律适用情况，深化以案说法，拓展法治文化载体、丰富法治文化形式，创造高质法治文化产品，丰富优质法治文化供给，用真理的力量教育人、说服人。三靠营造监狱法治文化良好环境。监狱作为法治建设的特殊场域，以罪犯回归守法公民为法治目的，须以习近平法治思想强劲实践动能为指引，通过合理的制度设计引导监狱全员主动融入法治中国大局，激活监狱法治力量，提档监狱法治层次，以高质量的监狱治理效益注解监狱法治文化。

（七）坚持通专共进，提质监狱法治队伍体系

习近平总书记强调，全面推进依法治国是一项长期而重大的历史任务，要坚持中国特色社会主义法治道路，坚持以马克思主义法学思想和中国特色社会主义法治理论为指导，立德树人，德法兼修，培养大批高素质法治人才。监狱法学是一门理论性较强的学科，它的实践展开亟须建设德才兼备的高素质法治工作队伍，才能将监狱法治理论与实践这座“富矿”推向更加广阔的

前景。一重递进培养法治人才，对接国家法治战略需求，合理制定法治人才培养中长期规划，扩大法律专业学历民警招录比例，组织更多民警考取法律职业资格证，推进法律实务专业培训，构建教、学、练、战一体化法治专业培训机制，实现执法技能学习向执法技能习得转变，切实提高监狱法治人才与监狱执法实务需求的耦合度，使监狱法治理论人才更贴合惩罚与改造罪犯这个法治目的，更贴近犯罪与预防的法治要求。二重用好有限法治人才。监狱法治人才更多集中在监狱执法实践一线，高端性的法治理论研究性人才与实务研究性人才相对较少，以四川省监狱为例，四川省监狱近 2 万名民警，通过国家统一法律职业资格考试的人约 1%，全省公职律师仅 53 名，还有近十所监狱公职律师数量为 0。因此更应强化法治人才的平台建设，给有限人才提供更多平台支持，推进"法律人才库"支撑平台、"法治讲坛"宣传平台、"监狱法律服务中心"组织平台和"一监区一法律顾问"实战平台等建设，为有限法治人才提供法治实践舞台贡献监狱法治建设。三重关爱激励法治人才。监狱法学是一门综合性学科，不仅指刑罚执行部分，也包括法律咨询中刑事、民事及行政法学，如罪犯亲属急症需要罪犯捐献器官等法律问题，除涉及刑罚执行，还涉及民事法律关系中家庭亲权，涉及器官捐赠、诊治等系列法律问题，对民警的法律专业知识要求不可谓不高，必须运用法律思维和法律知识来解决具体问题，将法律付诸实施不可避免地会运用到法的概念、原则、逻辑及价值判断，更凸显出监狱法治法律人才不可或缺。有必要出台法治岗位分级指南，让专业的人干专业的事，加大干部选拔任用考核的"法治砝码"，让法治人才成为宣贯习近平法治思想、提质监狱法治的中坚力量，让他们的专业实力转化为无限的监狱法治魅力。

参考文献：

1. 中共中央宣传部：《习近平新时代中国特色社会主义思想学习纲要》，学习出版社、人民出版社 2019 年版。
2. 《党的十九大报告辅导读本》编写组编著：《党的十九大报告辅导读本》，人民出版社 2017 年版。
3. 本书编写组编著：《党的十九届四中全会〈决定〉学习辅导百问》，党建读物出版社、学习出版社 2019 年版。

4. 江必新、王红霞:《国家治理现代化与社会治理》，中国法制出版社 2016 年版。
5. 胡鞍钢等:《中国国家治理现代化》，中国人民大学出版社 2014 年版。
6. ［英］霍布斯:《利维坦》，商务印书馆 1985 年版。

作者信息:

屈直俊：四川省监狱管理局政策法规处处长、公职律师
何俊芳：四川省监狱管理局政策法规处一级主任科员、公职律师

新时代中国《监狱法》的完善与借鉴

——基于联合国《曼德拉规则》的比较研究

张　倩　黄康轩　霍建云

摘　要：中国进入了新时代，新时代背景下坚持和发展中国特色社会主义必须依靠法治。随着《中华人民共和国社区矫正法》（以下简称《社区矫正法》）的制定、颁布与施行，针对《中华人民共和国监狱法》（以下简称《监狱法》）修改完善的呼声也越来越高。不同学者基于不同视角对于《监狱法》的修改与完善进行了思考，但在相关研究中，较多的是以中国思路立足当前刑事司法实践来思考《监狱法》修改完善的问题，而对于该领域内的域外法律、规定借鉴价值的研究则较少。基于“中国知网”平台进行数据统计与分析，笔者通过研究选取《纳尔逊·曼德拉规则》（以下简称《曼德拉规则》）这一域外刑事司法指导规则为对比对象，明确了《曼德拉规则》与《监狱法》完善应秉持的理念原则，并且通过五类问题的对比分析，阐述了《曼德拉规则》对我国《监狱法》修改完善的有益之处。

关键词：《监狱法》　《曼德拉规则》　借鉴与完善

《监狱法》指导着中国刑罚执行工作，其从制定至今已有近30年，期间只进行过一次修改，而中国刑事司法实践在这期间已经发生了巨大变化，《监狱法》的修改与完善已十分必要。《监狱法》修改与完善不但要立足中国国情更要有国际视野。进入新时代，我们必须树立新发展理念，坚持开放的原则，只有将《监狱法》置于国际背景下进行修改与完善，借鉴域外优秀的法律、规定才能使其更具生命力和先进性。

《曼德拉规则》渊源于1955年联合国第一届预防犯罪和罪犯处遇大会通过的《囚犯待遇最低限度标准规则》。2015年联合国大会通过了重新修订的《囚犯待遇最低限度标准规则》并批准称其为《曼德拉规则》。其作为联合国大会通过的关于罪犯待遇与监所管理的指导性文件目前已经得到了联合国各会员国的认可。并且对于联合国各会员国的监狱法、监狱政策和监狱做法发展都有巨大的价值和影响。[1]因此在《监狱法》的修改完善之中有必要对于《曼德拉规则》进行研究与借鉴。

一、研究现状

通过“中国知网”平台，以篇名为“监狱法”进行检索，共计有 215 条中文搜索结果（当然这 215 条中文搜索结果里面包括一些年鉴及一些报纸文章）。[2]之后笔者又对于自 2012 年以来的发文进行了深度剖析，排除了一些无效文献，发现自 2012 年 1 月到 2021 年 6 月，与《监狱法》修改完善相关的论文在“中国知网”平台共发文 63 篇并制作折线图如下：

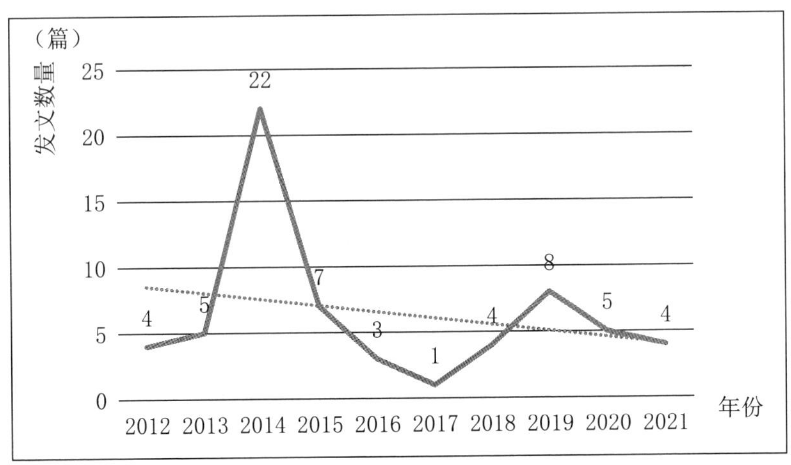

图 1　2012 年～2021 年监狱法修改完善相关论文发文量折线图

通过对于折线图的分析我们不难发现，我国与《监狱法》修改完善相关论文的发表数量并不多，大多数年份仅有几篇的发文量。在折线图上出现 2014 年发文量的激增，很大一部分原因是 2014 年是《监狱法》颁布 20 周年，

[1] 参见 https://www.un.org/zh/events/mandeladay/mandela_rules.shtml，最后访问时间：2021 年 3 月 29 日。

[2] 仅限于“中国知网”平台公开发表的文章，截至 2021 年 6 月 20 日。

很多期刊和机构在《监狱法》颁布20周年之际针对其修改与完善进行了征文，监狱实务和理论界也是掀起了一场对于《监狱法》的“研究热”，并且对于《监狱法》的修改与完善提出了很多切实的建议。2019年论文发文量出现了一个小高峰主要是由于在2018年底之时，司法部将《监狱法》的修改提上议程，成立了专门修法小组。2019年修法小组及部分高校、实务界专家在江苏省常州市、北京市、云南省安宁市举行了三次修法座谈会〔1〕，在当时也是掀起了一场关于《监狱法》的完善修改的热潮。

但是我们通过对于自2012年至今的63篇完善修改《监狱法》的相关论文的研究不难发现，这部分论文主要是立足于中国实际，从《监狱法》同其他法律的衔接，《监狱法》的语言运用等立法技术层面，《监狱法》内容的细化与心理矫治等新内容的添加等方面来提出各自的关于《监狱法》完善修改的建议。虽然大部分学者都提出《监狱法》的修改要有国际视野，要思考借鉴域外监狱法律制度与规范性文件，但是在论文中利用大篇章而且较为系统地介绍域外相关法律、文件对于修改完善《监狱法》借鉴价值的论文却不多。并且《曼德拉规则》正式修改完成于2015年，2015年之后对于《监狱法》研究热度已不如从前，对于域外监狱法律、文件的系统性研究寥寥无几。通过论文整理，仅仅发现三篇文章〔2〕中对于《曼德拉规则》进行了较为详细的介绍，并提出了如何借鉴《曼德拉规则》的想法。而上述三篇文章中只有一篇文章使用全部篇幅研究《曼德拉规则》。所以说目前学界在《曼德拉规则》对《监狱法》的完善与修改借鉴价值等方面研究还并不充分。

二、《曼德拉规则》与《监狱法》完善均应秉持的普适性理念

任何事物都有其特殊性，《曼德拉规则》虽然是由各个国家及组织一同参与制定的国际刑事司法指导规则，但是并不是其所有的条款都适用于中国。在《监狱法》借鉴《曼德拉规则》的过程中，一定要坚持和树立“惩罚”“立足实际”“合作”的理念与原则，使《监狱法》在借鉴《曼德拉规则》的

〔1〕 参见张晶：“《监狱法》修改若干问题探究”，载《犯罪与改造研究》2019年第7期。

〔2〕 参见司绍寒：“《曼德拉规则》与我国监狱法发展——评《联合国囚犯待遇最低限度标准规则的最新修订》”，载《犯罪与改造研究》2015年第11期。吴宗宪等：“论我国监狱法修改的若干问题”，载《刑法论丛》2018年第1期。司法部预防犯罪研究所课题组：“近年来国外监狱法规发展变化对我国《监狱法》修改的思考借鉴”，载《中国司法》2019年第6期。

过程中不脱离中国国情和刑事司法实践。

（一）惩罚的理念

《曼德拉规则》制定修改的初衷在于更好地保障罪犯的权利和待遇、保障罪犯的人权，其对于罪犯人权保障的措施有很多是中国修改完善《监狱法》可以借鉴的。但是我们在吸收域外优秀的经验的同时应当明确监狱的惩罚属性，惩罚属性是监狱与生俱来的天然属性〔1〕，也是社会公平正义的内在要求。罪犯在监狱中是在服刑，其目的就在于接受因其先前所犯错误而致的惩罚并且接受对于其的改造与矫正，当然这种惩罚在现代国家一定是建立在对于罪犯基本人权保障的基础上。所以不管《监狱法》如何修改完善，对于域外规定进行多大程度的借鉴，监狱的惩罚属性是必须要明确的。所以在对于《曼德拉规则》进行借鉴的同时我们一定要坚定保持监狱的惩罚属性。

（二）立足实际的理念

《曼德拉规则》在其序言部分 2 中就已经明确，鉴于世界各国的法律、社会、经济和地理情况差异极大，并非全部规则都能够到处适用，也不是什么时候都适用，这是显而易见的。《曼德拉规则》关于罪犯权利保障的规定众多且全面，不过其内容虽然规定得很详细，但每个国家都有自己的特殊国情，都有自己行刑实践的特殊性。所以正如序言部分 2 中所提到的一样，并不是所有的规则都可以到处适用，因此包括中国在吸收借鉴《曼德拉规则》的过程中，一定要立足本国实际，不脱离新时代的大背景，坚持以习近平法治思想为指导，不盲目吸收域外的法律或规定。

（三）合作的理念

《曼德拉规则》中不仅仅阐述了监狱部门如何管理罪犯和监狱，而且也在规则 4、83、84、108 等众多条款中明确阐述了除监狱部门外的其他机构应该承担的工作任务。对于罪犯的管理改造不应该仅仅是监狱部门的任务，对于罪犯改造质量的保障与提升也绝非监狱部门一己之力可以做到的，需要有关各个部门进行深度合作和有效衔接。所以《监狱法》在修改完善的过程中要明确的一个理念就是《监狱法》并非仅仅只是监狱的法，《监狱法》所涉及的行政主体不仅仅有监狱，还应该有其他部门，只有当监狱和其他机关或民

〔1〕 张晶："从国家治理现代化的视角论《监狱法》修改的基点和导向"，载《犯罪与改造研究》2020 年第 2 期。

间组织对于罪犯的改造工作一起发力，对于罪犯的改造才是系统的、有质量保障的改造。这也符合新时代国家治理体系和治理能力现代化的要求。

三、《监狱法》对《曼德拉规则》的批判性借鉴

站在新的历史方位，我国始终秉持开放的姿态，学习借鉴国际法治发展的有益经验。[1]《监狱法》的修改与完善离不开吸收和借鉴，而《曼德拉规则》作为国际刑事司法指导规则说明了什么是人们普遍同意的罪犯待遇和监狱管理的优良原则和惯例。[2]通过《曼德拉规则》和《监狱法》对比，以期对于我国《监狱法》的修改完善有所裨益。

（一）内容的详细程度

从总体上看，《监狱法》规定较为笼统，全文仅 5800 余字，原则性规定较多。因其制定时间较早，所以对于当前刑事司法实践中已经普遍开展的工作缺乏相应的规定。这在一定程度上限制了对于罪犯改造工作的进行。而《曼德拉规则》规定的内容十分详细具体，该规则的中文版本就有近 1.6 万字，共有 4 个序言及 122 条规则[3]，大部分规则之下还有多款规定。由此在《监狱法》的修改过程中需要思考：在“宜粗不宜细”的立法惯性[4]之下是不是也要考虑对《监狱法》内容进行适当适度的补充，使《监狱法》有粗有细、详略得当、适应实践。对于一些在立法惯性下被忽略的细节是否应在修改的过程中明确规定在《监狱法》之中。对于一些在《监狱法》中过于原则性的规定是否进行细化从而使之更具实操性。另外即使是对于《监狱法》内容进行适度的扩充，仍然会有规定不够细化、过于原则化，所以对与《监狱法》配套的“监狱法实施办法”的制定也必须足够重视。

（二）罪犯档案管理问题

罪犯档案管理问题是当前《监狱法》并没有明确规定的问题。监狱的档

---

〔1〕 参见 http://www.legaldaily.com.cn/commentary/content/2019-12/05/content_ 806657 8.htm，最后访问时间：2021 年 6 月 20 日。

〔2〕 参见 https://www.un.org/zh/events/mandeladay/mandela_ rules.shtml，最后访问时间：2021 年 6 月 20 日。

〔3〕 司法部预防犯罪研究所课题组：“近年来国外监狱法规发展变化及对我国《监狱法》修改的思考借鉴”，载《中国司法》2019 年第 6 期。

〔4〕 戴艳玲：“《监狱法》修改‘细节’之我见”，载《犯罪与改造研究》2019 年第 9 期。

案主要包括监狱工作人员的档案、事务性工作档案和罪犯的档案，其中最为重要的就是罪犯的档案问题。罪犯档案有效、系统、完整的保存是对罪犯档案进行分析利用的前提，其对于罪犯进行的犯因性分析、人身危险性评估，对于罪犯的分级管理、循证矫正，对于罪犯的再社会化和再犯可能性评估，对于刑事司法研究等工作的开展都具有重要意义。对于罪犯档案的系统管理与有效保存是行刑个别化工作开展的重要保障，也是提升罪犯的改造质量的重要保障。

《曼德拉规则》将罪犯的档案管理部分放在了基本原则之后的第一个部分，利用规则 6~规则 10 等 5 条规则对于罪犯的档案管理进行了详细具体的规定。《曼德拉规则》首先明确提出，凡是监禁犯人的场所都要具备标准化的囚犯档案管理系统。其次分别从入监时和监禁中两个时段对于罪犯档案管理的具体收集内容进行了详细的规定，然后对于罪犯档案管理的保密性和重要性进行了阐述。当然在中国刑事司法实践中对于罪犯的各种信息是有进行收集和管理的，但是对于罪犯的档案管理并没有受到应有的重视。我国在《司法部、国家档案局关于罪犯、劳教人员档案管理暂行规定》（以下简称《暂行规定》）中将罪犯的档案分成了正、副两卷，并阐述了归档材料的内容，但其关于罪犯归档材料的范围规定太小。对于罪犯的档案整理收集与分析不仅要停留在对于其进行刑罚执行的相关文件之上，更应该有所延伸与细化。应当参考《曼德拉规则》中规则 6~10、30、51 规定将罪犯亲属的信息、财物的目录、评估与分类情况、干警和罪犯的教育谈话、罪犯的病历、会见与通话情况、对于罪犯监舍进行的搜查情况、罪犯申诉情况等一并进行整理归档。

除了对于罪犯档案管理的内容进行详细规定之外，《曼德拉规则》在规则 6 之中还提出了“囚犯档案管理系统可以是电子记录数据库”。结合中国当前大数据时代及电子政务推行的大背景，中国必须要加强监狱信息化建设，才能打造智慧监狱。Roskes E 也认为监狱信息化为解决监狱安全职能的实现提供了更便捷、更科学的途径。[1]因此中国在罪犯档案管理方面要推动罪犯电子档案系统的建设，通过科技手段提高工作效率，为一线干警减负。

罪犯的档案是罪犯改造工作的依据，对于狱内犯罪的防治也具有重要意义，但是当前我国不管是关于罪犯档案管理的法律法规依据，还是在实务中

---

〔1〕 Roskes E, etl., “A prerelease program for mentally ill inmates”, *Psychiatric Services*, 2001, Vol. 52, No. 1.

关于罪犯档案收集整理的程度，都不能与罪犯档案管理应发挥的重要作用相匹配。反观《曼德拉规则》对于罪犯的档案管理内容之重视、方式之多样、规定之具体确实值得我们进行思考与借鉴。由此，罪犯的档案管理问题包括罪犯档案管理的方式及内容应该在中国的法律层面上有所体现，即在《监狱法》中进行规定，除此还需要对《暂行规定》进行适时的补充与修改，使得《监狱法》与《暂行规定》两者规定详略得当、互为补充、相互配合。

（三）罪犯医疗问题

《监狱法》第 54 条规定，监狱应当设立医疗机构和生活、卫生设施，建立罪犯生活、卫生制度。罪犯的医疗保健列入监狱所在地区的卫生、防疫计划。这是《监狱法》规定的罪犯医疗保障制度，而在我国监狱工作实践中，对于罪犯的医疗保障一般实行全额保障，罪犯在服刑期间因疾病产生的治疗费用由监狱全部承担。而我国普通公民的医疗保障则大多通过城乡医疗保险进行保障，每名公民参加城乡医疗保险需要缴纳一定的费用，而且城乡医疗保险只能报销一定的比例，其余部分治疗费用还需要每名公民自己自费缴纳。而作为监狱服刑的罪犯看病问题则不需要担心费用的问题，可以说罪犯在医疗保障上享受了“超公民待遇”〔1〕。罪犯医疗的全额保障滋生了很多的问题，加之 2012 年《监狱法》修改之后取消了监狱的“拒收权”，因此出现了一些身患疾病但无资金治疗的人故意犯罪进入监狱，使得监狱之中病犯增加，警力紧张，受限于监狱医疗条件，很多病犯需要到社会医疗机构治疗，这也导致了监狱经费紧张。而《曼德拉规则》中规则 24 明确指出为囚犯提供医疗保健是国家的责任。囚犯享有的医疗保健标准应与其在社区中能够享有的相同。因此综合来看当前我国监狱工作中对于罪犯的全额医疗保障制度规定得并不合理，有失社会的公平与正义。〔2〕我国应当借鉴《曼德拉规则》的有关规定，将罪犯的医疗保障标准与普通公民享受到的医疗保障标准接轨，将城乡医疗保险等保险制度引入监狱，同时制定对于极特殊困难罪犯的救济帮扶制度，从而将《监狱法》第 54 条规定明确细化。

除了罪犯的医疗保障标准问题之外，《曼德拉规则》规则 69 还阐述了囚

〔1〕 参见韩鑫：“《监狱法》修改相关问题研究”，载《中国司法》2019 年第 10 期。

〔2〕 参见杨木高：“监狱民警对修改《监狱法》的认知与期待——以全国监狱系统 139 名民警问卷调查为视角”，载《中国司法》2019 年第 12 期。

犯的疾病、死亡通知制度，如果囚犯死亡，监狱长应立即告知囚犯的至亲或紧急联系人。监狱长应向囚犯指定接收其健康信息的个人告知囚犯的严重疾病、受伤或移送至医疗机构的情况。若囚犯明确要求在生病或受伤时不通知其配偶或最近亲属，应予以尊重。《监狱法》第55条规定了罪犯死亡通知制度但是并没有规定罪犯的疾病通知制度。结合实际中出现的现实情况，罪犯的疾病通知制度理应在《监狱法》中有所规定。首先，罪犯也是“人”，在其患有疾病时也需要亲人的关心。其次，近些年来频频发生罪犯在监狱死亡而罪犯家属认为是非正常死亡，从而引发监狱舆情事件。如果建立完善的疾病通知制度，并将罪犯的疾病、受伤史整理存档，如果一旦出现上述监狱舆情事件，监狱方与罪犯亲属就可以进行有效且有证据的沟通以平息舆情。在《监狱法》明确罪犯的疾病通知制度过程中还需要确定适用疾病通知制度的所患疾病程度，患有轻微疾病不应适用该制度。

（四）罪犯教育及法律责任问题

《曼德拉规则》规则104第2款规定，在可行范围内，囚犯教育应同本国教育制度相结合，以便囚犯出狱后得以继续接受教育而无困难。《监狱法》第66条也规定罪犯的文化和职业技术教育，应当列入所在地区教育规划。但是该项规定在实施过程中却不尽如人意，直至2015年未成年罪犯文化教育才成功纳入地方国民义务教育体系。2019年，司法部将罪犯的文化教育与职业技能培训纳入地方整体规划的“双纳入”工作作为监狱改革的重要事项。在2020年11月广东省广州监狱才实现了“双纳入”，成为广东省首个实现“双纳入”的监狱。[1]对比《曼德拉规则》可以看出中国罪犯教育“双纳入”推进缓慢的一个重要的原因就在于《监狱法》的制定没有突出不同单位“合作”的理念，我们应该明确《监狱法》不仅仅是监狱的法，还需要很多机构协助完成对于罪犯的改造。而且《监狱法》对监狱和有关部门没有规定在其不作为、乱作为时的法律责任，因此在实践中《监狱法》的有关规定对于有关机关难以形成“威慑力”。所以在《监狱法》修改过程中应在包括第66条在内的涉及各部门协作的规定部分增加“法律责任”部分[2]，使得《监狱

〔1〕参见微信公众号“广东司法行政”：“‘广东首个！’广州监狱实现罪犯文化和职业技术教育双纳入地方发展规划”，最后访问时间：2022年3月1日。

〔2〕参见韩鑫：“《监狱法》修改相关问题研究”，载《中国司法》2019年第10期。

法》有关规定得以真正实施。

（五）其他问题

1. 惩罚区分问题

《曼德拉规则》规则 45 第 2 款中规定在涉及妇女和儿童的情况下禁止使用单独监禁和类似措施。由此我们可以看出《曼德拉规则》对于不同人群的惩罚措施适用是有区别的，这是考虑到女性罪犯和未成年罪犯的特殊性进行的规定。女性罪犯和未成年罪犯无论是从身体状况还是心理承受能力都不比成年男性罪犯，所以对于罪犯的惩罚措施应该有所区分。而《监狱法》在罪犯惩罚部分并未区分性别和年龄，因此在《监狱法》修改之中建议明确区分成年男性罪犯、女性罪犯及未成年罪犯的惩罚措施和强度。

2. 外籍犯与无国籍罪犯规定

进入新时代，我国日益走向世界舞台的中央，我国与国外的交流与联系也日益增多，这在促进我国经济发展的同时也在一定程度上导致了外国人犯罪数量日益增多。《曼德拉规则》规则 62 规定了对于外籍犯和无国籍犯应该给予的通讯便利。当然对于外籍犯与无国籍犯仅通过此规定并不能实现有效管理，但是通过此条规定，可以给予我们关于外籍犯与无国籍犯这一特殊类型的罪犯管理的思考。随着我国外籍犯和无国籍犯的增多，对于其管理的规定也是《监狱法》需要进行完善补充的地方。如现行《监狱法》就没有明确外籍罪犯和无国籍罪犯在收监时如何通知罪犯家属。

3. 新犯服刑监狱的分配问题

犯罪嫌疑人在接受法庭审判前一般被羁押在看守所，在被法院判处刑罚之后除剩余刑期在三个月之内的罪犯由看守所代为执行刑罚外其余罪犯被送交至监狱服刑。这里就出现了罪犯在离开看守所之后分配至哪个监狱的问题。新犯服刑监狱的分配问题属于看守所与监狱工作交接的模糊地带，《中华人民共和国刑事诉讼法》（以下简称《刑事诉讼法》）、《监狱法》《中华人民共和国看守所条例》（以下简称《看守所条例》）等都对此没有明确的规定。在实践中一般是各省监狱局出台规定，按照各个监狱的罪犯情况进行分配。以河北省为例，河北省监狱管理局出台规定，对于新犯服刑监狱的分配，首先按照属地原则确定监狱与法院的对应关系，比如保定地区的监狱负责关押保定市、廊坊市各级法院判处的罪犯。其次以刑期 15 年为界，将罪犯分为重刑犯和轻刑犯两类，再依据罪犯刑期的不同确定关押在不同戒备度的监狱。上述分配方法也是全国各省比较通行的方法只不过各地标准有所不同。另外，针对涉黑罪犯，通常跨市甚至跨省关押，并且同案犯一般不关押在同一所监狱或监区。除此之外，因为京津冀一体化的推动，北京、天津与河北还签订了“京津冀司法协议”，河北还负责关押北京地区法院判处的非京籍罪犯，在这一点上河北具有特殊性。

同样《曼德拉规则》规则 59 也规定应尽可能将囚犯分配至接近其家庭或恢复社会生活的地点的监狱。对于新犯服刑监狱的分配问题涉及罪犯的服刑心态、会见等众多问题，应该借鉴《曼德拉规则》有关规定，至少在《监狱法》之中将新犯服刑监狱分配进行一个原则性规定，指导各省对新犯服刑监狱的分配工作，然后尽快制定“实施办法”予以细化，最后各省再根据本省实际具体实施。在《监狱法》之中确定新犯分配服刑监狱的属地原则，涉黑涉恶等特殊类型罪犯的异地关押原则，同案犯关押分离原则，新犯入监后进行调犯的原则，明确是否统一设立入监监狱或监区。

4. 罪犯特殊离监情况

《监狱法》在第 57 条规定了对于罪犯的带有奖励性的离监探亲制度，但是在司法实践中，罪犯的离监情况绝非仅此一种。《曼德拉规则》规则 70 规定罪犯可以出监探望重病的近亲或重要的人，也可以出监参加其葬礼。在实践中，当出现近亲死亡的情况下罪犯是被允许出监的，这是符合习近平新时代法治思想关于人权保障的理念的，但是各省无论是在看护人员配备还是在近亲范围标准上规定都略有不同，有失公平，对于罪犯的特殊离监情况缺乏全国性统一标准。因此在《监狱法》修改的过程中就有必要适度借鉴《曼德拉规则》对某些特殊离监情况比如出监参加亲人葬礼进行规定。这也体现了监狱执法的人性化。

结　语：

新时代要有新作为，新时代更要坚持依法治国。《监狱法》制定距今已近 30 年，现行《监狱法》不仅缺少很多方面的规定，已有的规定也大多过于原则性，所以未来对于《监狱法》的修改完善势在必行。习近平法治思想要求不仅要在中国的实践中探索适合自己的法治道路，同时也要借鉴国外法治有益成果。通过数据分析，笔者发现学界在域外法律、规定对我国《监狱法》修改完善借鉴方面的研究并不丰富，因此以期通过对《曼德拉规则》的研究对我国《监狱法》的完善进行思考，也希望可以抛砖引玉引起学界对于域外刑事司法领域法律、规定的重视，使得未来《监狱法》的修改完善既符合中国实际又有全球视野。

作者信息：

张倩：中央司法警官学院纪委办公室、博士、编审、硕士研究生导师
黄康轩：中央司法警官学院 2020 级法律硕士研究生
霍建云：中央司法警官学院研究生教育部分团委副书记、助教

对完善监狱执法法律体系的思考

向孙华　刘亚龙

摘　要：完善监狱执法法律体系，从《中华人民共和国刑法》（以下简称《刑法》）实体法层面，需要增添两个狱内犯罪罪名，修改一个狱内犯罪罪名条款。从程序法层面，需要增加“监狱对罪犯执行人身自由罚的若干规定”“监狱办理刑事案件程序规定”，完善《监狱提请减刑假释工作程序规定》；从狱内各主体的权利、义务角度，需要全面完善《中华人民共和国监狱法》（以下简称《监狱法》），明确监狱及其人民警察的职责、权利、义务，明确罪犯服刑期间可以享有的权利，必须履行的义务；从执法监督的角度，完善《监狱和劳动教养机关人民警察违法违纪行为处分规定》。该法律体系能够确保罪犯从入狱到释放（死亡）的整个服刑期间，都有详细的法律规定，确保人民警察对罪犯的管理、监督、奖惩等行为都有法可依，在监狱内完全实现有法可依、执法必严、违法必究。

关键词：监狱　法律　思考

监狱是国家暴力机关，是实行专政的重要工具。新中国成立之后，在党的领导下，监狱工作实现了翻天覆地的变化。从历史的纵向看，监狱的性质发生了根本变化，从阶级压迫的暴力工具变成了人民民主专政的武器。从世界范围的横向看，我国监狱的管理水平、对罪犯的身心改造效果、对罪犯权利的保护均是世界一流水平。但是，从全面推进依法治国的角度评价，监狱的执法相对于其他国家机关，还有很大差距，特别是在法律规范体系建设方面差距巨大。本文拟从完善监狱执法法律规范体系的角度探讨，为监狱法律规范体系，特别是为酝酿修订中的《监狱法》提供参考。

一、在《刑法》分则里增设狱内犯罪两个罪名，修改一个罪名的条款

目前《刑法》分则罪名涉及的脱逃罪、破坏监管秩序罪、组织越狱罪、

暴动越狱罪、聚众持械劫狱罪、劫夺被押解人员罪与监狱执法密切相关。这些罪名的设立，对维护正常的监管秩序发挥了重要的作用。但随着监狱监管实践和监狱执法法治化要求的提出，非常有必要增设或修改罪名适应这种变化。

（一）增设“买卖、私藏、使用违禁物品罪”

以监内罪犯禁用的手机为例，监狱系统已经多次发生罪犯利用手机上网实施诈骗等犯罪，造成特别恶劣的影响。必须认识到，网络这个虚拟空间已经成为人们工作、生活的一部分，和现实世界一起构成人们工作、生活的社会环境。刑罚剥夺罪犯的人身自由，就是为了让罪犯脱离社会，接受被完全剥夺人身自由的惩罚。如果罪犯依然能上网，在网络世界实施违法犯罪的行为。如果这种情况出现，与刑罚剥夺罪犯人身自由完全背离。所以《刑法》必须对这类现象进行立法预防和打击。执法实践中，对买卖、私藏、使用包括手机在内的违禁物品，对罪犯的处罚目前停留在“监规监纪处分”层面，对涉及的责任民警一般也是纪律处分，对涉及监狱相关合作方的“外协人员”以经济处罚为主。这些应对方式已经难以控制违禁物品流入监内，要做到违禁品进不了监、罪犯不想使用、不能使用、不敢私藏匿，杜绝工作人员徇私舞弊，必须用《刑法》规范进行调整，才能足够震慑打击。

（二）增设“拒不执行人民警察命令罪”

与公安民警、司法民警的执法环境与对象不同，监狱人民警察在高墙电网内执法，面对的是判刑后思想情绪心理都十分复杂多变的罪犯。一线执勤民警通常是在人数占绝对“优势”的罪犯群中，履行管理教育职责。“改造与反改造”斗争的矛盾性、复杂性和长期性，决定了监狱民警执法的极大风险性，罪犯暴力袭警、顶撞民警依法管理等时有发生，甚至直接危及民警人身健康安全。从另外一个角度讲，罪犯是被刑罚完全剥夺人身自由的，他们的行动必须听命于执勤民警。在新的形势下，扫黑除恶专项斗争投入监狱的黑恶势力罪犯大量增加，加之其他被法律限制减刑的严重暴力罪犯，这些罪犯的大量累积，本身就对监管安全提出了很大挑战。一旦出现聚集不服从执勤民警命令的事态，必然对执勤民警的人身安全构成巨大威胁。如果出现此类行为，只能对罪犯按照监规处理，不仅给执勤民警使用警械等带来法律上的障碍，而且会不断助长此类抗命行为发生，长此以往，必然会造成非常恶劣后果。如在执法实践中，罪犯在劳动改造现场发生纠纷时，有的演变为地域性或者帮派性罪犯之间群殴，现场执勤民警在控制过程中也面临巨大的人身危险。如果上述两类人也在其中，那潜在的风险会更大。当前对这类情况的处理方式是，如果斗殴造成伤害的，按照伤情严重程度，以破坏监管秩序罪或者故意伤害罪对直接实施伤害的罪犯立案，其他人员按照监规处理。这种处理方式，肯定难以预防类似事情的发生。如果设立“拒不执行人民警察命令罪”，当现场执勤民警发现情况不对，为预防事态进一步的发展，及时发出相关命令，如果相关罪犯不服从命令，并造成较为严重后果的，就应该按照“拒不执行人民警察命令罪”追究这些罪犯的刑事责任。这样规定，可以在法律层面有效威慑罪犯参与到其他罪犯的违法犯罪，从而有效制止群体性违法犯罪的发生。

（三）破坏监管秩序罪

在《刑法》第315条“破坏监管秩序罪”的适用情形中增加一种情形，即在一个年度内，3次以上严重违法被依法处理的。监狱执法实践中，经常碰到一些罪犯，特别是刑期特别长对未来不抱希望或者是刑期特别短对监管改造无所谓的罪犯，经常大事不犯、小事不断，严重影响了正常的监管秩序，但这些行为又都不属于《刑法》第315条“破坏监管秩序罪”四种表现形式之一，因此不能按照这个罪名立案侦查。但是对这类行为不及时打击处理，一旦更多人效仿，那会极大危害监管秩序。一个罪犯，在监狱强力约束下还经常违法违纪，说明这种人规矩意识特别淡漠，相当具有危险性，一旦出狱，对社会秩序是潜在的危险源。所以，无论从维护监管秩序，还是社会整体利益上来说，都需要对这类人的这类行为进行打击处理，要通过刑罚矫正这种随意破坏规矩的行为。

二、制定一部“监狱对罪犯执行人身自由罚的若干规定”

罪犯是被刑罚剥夺了人身自由的罪犯。也就是说，罪犯完全没有人身自由。那监狱应该具体怎样执行，才算达到完全剥夺了罪犯的人身自由呢？要实现对罪犯人身自由的完全剥夺，不是将罪犯关到监狱内就能实现的。要实现在监内对罪犯人身自由的完全剥夺，就需要从罪犯的作息时间、作息场所、罪犯日常行为规范、劳动行为规范等方面进行具体规定，以及当罪犯违反这些规定时，监狱及其人民警察可以采取的措施，当然还应该包括监狱及其人民警察错误采取这些措施时，罪犯的法律救济方式和渠道。目前执法实践中，这些规范内容主要体现在每个监狱的内部规定和监狱服刑人员行为规范之中。通过本监狱的规定给罪犯设立一些行为规范，有利的是规范恰好能因地制宜，对症下药；不利的地方是，监狱规定不是法律，罪犯违反了规定，不需要承担法律责任，只能受纪律处理，对罪犯这类违纪缺乏刚性制约。《刑法》第277 条第 5 款规定，暴力袭击正在依法执行职务的人民警察的，处 3 年以下有期徒刑、拘役或者管制。这是《刑法》对袭警罪的明确规定。袭警罪适用的情形就是暴力袭击正在依法执行职务的人民警察，强调的是正在依法执行职务，如果监狱执勤民警正在执行的是监狱的监管规定遭到罪犯的暴力袭击，能否构成袭警罪呢？适用这个条款总感觉有些勉强。因为全面理解此处依法执行职务：首先，人民警察实施的特定的行为有法律的授权，即依照法律具体条款明确授权而采取的执法行为；其次，当时的情形符合人民警察执行这个职务行为的具体法定条件；最后，执行职务的人民警察遵循了执行这种职务行为的法定程序，这才能称之为“正在依法执行职务的民警”。监狱人民警察在监内执勤的时候，事实上就是在执行刑罚所确定的对具体罪犯的人身自由罚，自然应该理解为正在依法执行职务。但是监内执勤民警在处理监狱内罪犯违反监规的时候，谁能找出是依据那哪部法律的哪个条文，需要遵循怎样的程序？显然目前是找不到这样具体的法律规定的。这就是在监狱内适用袭警罪的尴尬之处。监狱外一般公民采用暴力袭击正在执行职务的人民警察都构成犯罪，监狱内正在服刑的罪犯暴力袭击执勤中的监狱民警，危害更大，构成袭警罪的门槛应更低。所以，必须通过立法明确监狱人民警察在监内的职权、执法程序等，确保监内执勤民警的任何执勤行为都有法可依。对于暴力袭击执勤民警的行为，当然也可能按照破坏监管秩序罪的第一种情形，“殴打监管人员”立案侦查，但在实践中，这条罪的成立门槛过高，对于打击罪犯袭击执勤民警的效果不是非常理想。

《监狱服刑人员行为规范》虽然算广义的法律，但是这个规定只是对罪犯需要遵循的行为规范的宣示和指导，并没有对违反这些行为规范怎么处理进行规定。监狱基层实践中，对违反上述规定的罪犯，创造性地设计了严管教育和单独关押等方法，对维护监管改造秩序，预防、制止、震慑违规行为意义重大，遗憾的是缺乏明确的法律依据。这正是制定对罪犯执行人身自由罚相关规定的迫切需要。通过上述规定，让遵循这些行为规范都成为罪犯的法定义务，民警在执行、监督、约束这些行为的时候，都变成有法可依的执法行为。

三、制定一部“监狱办理刑事案件程序规定”

依《中华人民共和国刑事诉讼法》（以下简称《刑诉法》）第 308 条、《监狱法》第 59 条、《最高人民法院关于适用〈中华人民共和国刑事诉讼法〉解释》（以下简称《刑诉法解释》）第 654 条的规定，监狱对狱内犯罪和部分漏罪、脱逃期间的犯罪有侦查权，这些犯罪理论上可能涉及《刑法》分则大部分的罪名。也就是说，监狱可以对很多犯罪行使侦查权。既然对那么多的犯罪种类都有刑事侦查权，那么就需要制定一个监狱执行《刑诉法》的细则，以确保监狱在执行《刑诉法》的过程中，正确履行职责，规范办案程序，确保案件质量和办案效率。为全面、正确执行好《刑诉法》，公、检、法三部门分别结合本部门的实际情况制定了详细规定。公安机关制订了《公安机关办理刑事案件程序规定》共计 388 条；检察机关制订了《人民检察院刑事诉讼规则》共 684 条；《刑诉法解释》共 655 条。从三部门制订的条文总数那么多，可以看出公、检、法为执行好《刑诉法》，很多地方都进行了细化规定，否则不足以全面地执行好《刑诉法》。监狱有刑事案件的侦查、移送起诉权，也是刑罚执行的主要机关，理论上同样应该有一部监狱系统执行《刑诉法》的细则，确保监狱及其人民警察能全面完整地执行好《刑诉法》。

司法系统应该作为执法的表率，在立法方面不能落后。全面推进依法治国，总目标之一是建设中国特色社会主义法治体系。这个法治体系涵盖的内容中，排在最前面的就是建设完备的法律体系。这个总目标决定了应该为监狱系统制订一套完善的法律体系，规范监狱执法，确保监狱及其人民警察严格依法办事。所以，这个细则的制定势在必行。需要特别提出的是，监狱系统不仅需要一部执行《刑诉法》的实施细则，同样需要制定一套全国统一的刑事法律文书。全国监狱系统至今没有一套全国统一的法律文书，实在令人遗憾。统一的法律文书，是刑事执法公信力的一部分，公安机关为了解决这个问题，制定了全国统一的法律文书式样，法律文书种类达一百余种，极大地规范了执法，这点需要借鉴。监狱执行《刑诉法》具有自身的一些特点，在制定《刑诉法》相关实施细则时，笔者以为，至少应该在立撤案监督、强制措施的使用、犯罪嫌疑人权利的保护、律师及其他代理人行使权利的保护等方面作出具有监狱特色的规定。

四、完善《监狱提请减刑假释工作程序规定》

在《刑诉法》没有对监狱减刑假释做出具体规定的情况下，司法机关为了规范监狱办理这类案件的程序，制定了《监狱提请减刑假释工作程序规定》。这个规定解决了部分问题，但是还不完善。主要体现在以下几个方面：

第一，没有规定立案环节。案件立案的意义在于，一旦达到法定立案条件，就必须立案，立案以后必须按照执法程序进行下去，非因法定理由法定程序不能中止案件的办理；达不到立案标准，就不能立案。立案程序旨在破除呈报减刑假释案件的随意性，不能因为某个或者某些的人意志就立或者不立案。《刑诉法》对刑事案件的立案进行了详细的规定，目的就是对达到立案标准的刑事案件，必须立案侦查，启动案件的侦查程序，没有法定理由和经过法定程序就不能终止案件的侦查。如果说侦查立案是启动对犯罪嫌疑人的“入罪”程序，那么提起的减刑假释程序就类似启动罪犯的“脱罪”程序，前者需要那么严格的立案程序，为何对后者的立案环节不进行规定呢？

第二，没有规定撤案环节，没有赋予罪犯对退回案件的法律救济渠道和方式。《监狱提请减刑假释工作程序规定》第 9 条第 2 款规定了不符合条件案件的退回，没有说明案件退回以后应该怎样处理。减刑假释案件对立案、撤案程序没有进行明确规定，根本原因是没有厘清一个问题，那就是减刑假释到底是不是罪犯的法定权利？《刑法》第 78 条和第 81 条对减刑和假释的条件专门进行了规定，当满足一定条件时，罪犯就可以获得减刑或者假释。有人认为这两个条文里规定的“可以减刑”“可以假释”是授予人民法院对罪犯是否可以减刑假释的自由裁量权，罪犯能否获得减刑或者假释，由人民法院决定。这种认识其实并不全面，因为如果罪犯没有被赋予减刑假释的法定权利，人民法院又怎么能够给没有这项法定权利的罪犯减刑和假释呢？对这两个法条的全面理解应该是，罪犯达到法定条件后，有获得减刑假释的权利，但是最后能否获得，由人民法院裁定。人民法院只有减刑假释的裁量权，但是减刑假释却是符合条件的罪犯应有的权利。既然减刑假释是符合条件的罪犯的权利，那么，是否行使这项权利就是自认为符合减刑假释条件罪犯本人的事情。如果他不想行使这项权利，监狱就不能依职权给该罪犯提请减刑假释；如果罪犯认为自己符合减刑假释的条件了，向监狱要求行使这项权利，监狱就应当立案，启动提请减刑假释的程序，当监狱发现罪犯还没有达到减刑假释的条件，可以撤销案件终止此案的继续办理。此时如果罪犯认为撤案错误，应该给予其适当的法律救济渠道，比如向上级机关申诉或者向驻监狱检察机关反映。当监狱认为提起减刑假释申请的罪犯满足减刑假释条件了，就应当依法向人民法院提出提请对该罪犯的减刑假释建议，由人民法院最后裁定是否对该罪犯减刑或者假释。这才是一个合理的程序。

第三，《监狱提请减刑假释工作程序规定》可以考虑设立“证据”一个章节，就证据的形式、全面客观收集作出规定。监狱在办理减刑假释案件中承担的职责主要是举证和证明的责任。那么必须首先清楚减刑假释案件的证明对象是什么，即待证法律事实是什么。《刑法》第 78 条规定了减刑的条件，第 81 条规定了假释的条件。《最高人民法院关于办理减刑假释案件具体应用法律的规定》对减刑假释条件进行了具体解释：第 3 条对“确有悔改表现”作出了具体规定，第 22 条对假释“没有再犯罪的危险”作了具体规定。从证明理论上看，上述法律规定列出的减刑假释条件，构成了减刑假释案件的证明对象，即待证法律事实。监狱在办理减刑假释案件的时候必须收集证据去证明这些事实。从办案实践看，要收集能证明上述事实的证据，有很大的难点。因为对罪犯执行刑罚是一个连续的漫长过程，收集罪犯认罪悔罪的直接证据难度大，效率低。为了提高效率，监狱就创造性地把罪犯日常认罪悔罪的事实转化为考核分数，利用考核分这个间接证据去证明罪犯有或者没有认罪悔罪的法律事实。司法部印发的《监狱计分考核罪犯工作规定》第 6 条和第 7 条详细规定了如何将罪犯的日常改造表现转化为考核分数，第 5 条又明确规定，计分考核结果作为监狱提请减刑假释的重要依据。从这三条规定的法律内在逻辑可以看出，监狱办理减刑假释案件正是利用“考核分”这个间接证据来证明罪犯是否具备认罪悔罪等法定减刑假释条件的。所以，对罪犯日常的计分考核，实际就是一个连续的收集罪犯是否具备减刑假释条件证据的过程。既然考核计分的过程就是收集证据的过程，那么《监狱提请减刑假释工作程序规定》要在程序上确保这个取证过程的合法性、客观性、充分性。证据的合法性，就是要求罪犯分数的取得必须有法定依据、法定理由，遵循法定程序；证据的客观性，要求罪犯正常分数的取得、奖分、扣分都有事实依据。对于奖励分数，必须有充分的证据证明具有法定奖分的法定事由：对于扣分，也必须有充分的证据证明有可以扣分的法定事由。在扣分的程序上，可以参考行政处罚的当场处罚和一般处罚程序。对于小额扣分的，可以在听取罪犯申辩后，根据具体情况当场做出扣分或者不扣分的决定；对于大额扣分的，应当在扣分之前听取罪犯的申辩。被大额扣分以后，罪犯不服的有权向监狱有关机构申诉，相关机构应当做出处理。证据的充分性，就是要求执法民警全面收集罪犯是否具备减刑假设条件的一切证据。就计分考核来说，既要做好罪犯正常的计分，也要全面收集罪犯扣分奖分情况，不能遗漏。在民警考核计分的实践中，扣分奖分随意性太大，所以不仅需要在制度上严格规范奖、扣分，而且要让执法民警在内心深处认识到并认同扣分奖分是一项严肃的刑事取证的行为，必须做到实事求是。另外，是否可以考虑把暂于监外执行程序也归入这个程序。减刑假释是改造罪犯的最重要的激励制度，而计分考核又是这个激励制度运行的最重要的环节。这个环节一旦出现问题，结果往往是非常严重的。云南“孙××案”等监狱系统违规减刑假释案件，都是在计分考核中出了问题，才使这些罪犯顺利获得了减刑假释。必须建立一套严格的计分考核规定，确保这个刑事取证过程切实做到公平公正。

五、全面完善《监狱法》明确各方主体的权利义务

《监狱法》1994 年 12 月 29 日颁布实施以来，已经过去了近 30 年，我国政治、经济、社会等方面都发生了翻天覆地的变化，《监狱法》已经不能适应当前的执法实践。现在中央推行全面依法治国，司法部也已经启动《监狱法》修订的相关工作，笔者对《监狱法》的修订提出以下不成熟的意见：在任何一部法律中，权利和义务都构成该部法律的核心内容。《监狱法》也一样，权利和义务是《监狱法》的核心内容。监狱是刑罚的执行机关，担负执行对罪犯人身自由罚和强迫劳动的职责。这个职责其实包含了两个法律关系，一是刑事执行法律关系，另外一个就是劳动关系。两对法律关系决定了法律关系主体彼此的权利义务关系。笔者重点讨论以下几点：

第一，通过立法，明确罪犯的劳动报酬权、劳动保护权、参加社会保险（基本养老、基本医疗、工伤保险）权三项最重要的权利。从法理上讲，宪法赋予公民的权利，扣除在刑事判决书列明被依法剥夺了的公民权利，剩下的公民权利，罪犯都自然享有。也就是说，宪法赋予了中华人民共和国公民的权利，除了被刑罚剥夺的人身自由权或者政治权利，其他所有公民权，罪犯都应该享有。监狱应该确保罪犯的其他公民权能够得到正常的行使（当然与人身自由或者政治权利高度密切相关联的权利的行使，一定程度上会受到影响）。从法律关系上讲，罪犯在监狱劳动，其权利和义务受两个法律关系制约，一是刑事法律关系，二是劳动法律关系。对前者大家意见比较统一，但就罪犯和为之提供劳务的企业是否构成劳动关系，估计会产生不同意见。如果认为相互之间构成劳动关系，则罪犯应该享有劳动者的权利；如果认为相互之间不构成劳动关系，则罪犯不享有劳动者的权利。客观地说，两种意见都有可取之处。出现这两种观点根本原因在于这两对法律关系有交叉之处，这个节点就是罪犯的劳动是强制劳动，限于篇幅就不详加讨论。但是，无论怎么说，罪犯是一个劳动者，这点应该没人会否认。既然《中华人民共和国劳动法》（以下简称《劳动法》）、《中华人民共和国社会保障法》（以下简称《社会保障法》）没有对罪犯参与劳动禁止享受普通劳动者的待遇作出特别规定，按照公民“法无禁止即可行”的原则，罪犯这类劳动者在没有被剥夺的权利范围内应该享受同等的公民权利。既然罪犯应该享有这些权利，那么《监狱法》的修改就要考虑到和相关法律的衔接问题。监狱罪犯在参加基本养老保险以后，怎么确保罪犯得到相应的医疗服务，这也是一个重点，需要作出规定。监狱罪犯享受养老保险，对社会舆论也会产生一定冲击。一个罪犯坐了十多年牢，交够了社保。到了退休年龄居然可以和其他人一样领退休金。这种情况一般人也许理解不了，实质是没有意识到，罪犯一旦刑满释放，就是一名普通公民了。只要交足了社保，就可以享受相应待遇。这是宪法给予公民在年老、疾病或者丧失劳动力的情况下，有获得物质帮助的基本公民权，应该得到尊重。我们是社会主义国家，实现老有所养、病有所医、住有所居也是我们的奋斗目标，应该人人都能平等地享受。再简单谈一下罪犯履行劳动的义务的问题。《刑法》第46条和《监狱法》第7条都规定，劳动是罪犯的义务。所以罪犯必须参加劳动，如果不履行这个义务，就可以强迫罪犯履行。劳动意愿总体不是很高的罪犯，是否可以采取一种间接强制执行的方式，即把劳动意愿不高的罪犯单独或者采取其他方式羁押，同时相对减少实物量的供给，通过罪犯活动物理空间的缩小和实物量的减少，间接迫使罪犯主动提出参加劳动的申请，经审查同意才能参加劳动。

第二，《监狱法》要对患精神病的罪犯的管理作出具体规定，确保这类罪犯合理的医疗权利得到保障。《中华人民共和国精神卫生法》（以下简称《精神卫生法》）第 52 条规定，监狱、强制隔离戒毒所等场所应当采取措施，保证患有精神障碍的服刑人员、强制隔离戒毒人员等获得治疗。这条规定属于原则性规定。现在每个监狱都有相当数目这类罪犯，给监狱的日常管理带来了很多执法新问题，对这类罪犯如何依法管理，需要修订《监狱法》进行细化规定。

第三，对监狱民警的职权特别是现场执法、警械具使用、对违法违规的处理等方面需要进一步作出详细规定。这里特别要提一下《监狱法》第 58 条，这条对监狱内一些违法违纪行为设立了“禁闭”的处罚。这条本来可以写很多内容，限于篇幅就简而言之，只谈一个争论焦点：这到底是属于行政处罚还是刑事执行中的临时措施？其实出现这两种观点的根本原因在于，如果承认监狱内罪犯有相对的“人身自由”，那“禁闭”就是行政处罚，因为“禁闭”处罚剥夺了违法违纪罪犯的相对“人身自由权”；如果不承认监狱内罪犯有相对的“人身自由”，那就是一种刑事执行措施。因为罪犯本来就是被剥夺了人身自由的人，在罪犯集体监舍还是禁闭室执行，都是一样达到了刑罚对罪犯人身自由的剥夺的效果，都没有违反法律规定。况且，第 58 条第 1 款第（八）项规定，有违反监规纪律的其他行为的，也是可以“禁闭”处罚的情形。按照现在的法律理论，违法才能受到行政处罚，违反纪律怎么能够受到行政处罚呢？假如一旦已经被执行的“禁闭”最后被依法撤销，能否引起国家赔偿？如果不能引起国家赔偿，那撤不撤销有何区别？最后，对罪犯的违法行为，到底怎样处理才最符合执法实践的需要？

第四，对使用罪犯劳动企业的性质和管理作出规定，以确保各方的权利得到保障。限于篇幅，不再讨论。

第五，监狱附属医疗机构的性质和管理，也需要进行规定，以确保相关主体的合法权利。限于篇幅，不再讨论。

六、修改《监狱和劳动教养机关人民警察违法违纪行为处分规定》，确保监狱民警权力得到全方位的监督和约束，同时需要明确民警应当免予处分的原则

在监狱这样一个封闭的空间，权力一旦得不到有效监督，必然会导致各种权力腐败行为。现在劳教机构已经撤销，这个规定需要因应《监狱法》的修改作出相应规定。《中华人民共和国法官法》（以下简称《法官法》）和《中华人民共和国检察官法》（以下简称《检察官法》）都明确了法官和检察官只有在出现故意和重大过失的时候才能给予处分，《中华人民共和国警察法》（以下简称《警察法》）也作出了同样规定。该规定如果通过，肯定也适用监狱民警。监狱的发展必须建立在法治的轨道上，建立一套完备的监狱执法体系势在必行。

作者信息：

向孙华、刘亚龙：湖南省怀化监狱民警

关于监狱法治建设的思考

韩军芳

摘　要： 法治是现代社会治国理政的基本方式，在国家和社会治理中发挥着引领、规范和保障作用。监狱是基层执法单位，行使刑罚执行权。虽然监狱内部各业务部门的工作内容不同，但都是执行刑罚这一总体任务的组成部分，因而监狱每一项工作从本质上说都是执法工作的具体化。法治对监狱来说既是手段又是目的。就手段而言，法治是实现依法治监的手段；就目的而言，法治是为了建设法治监狱。监狱法治建设是利用法治力量去推进监狱的改革创新，构建科学规范的刑罚执行权运行体系，促进监管改造工作高质量发展。

关键词： 监狱　法治建设　执法　法律体系

一、加强监狱法治建设的意义

（一）监狱阶级属性的要求

监狱是国家机器的重要组成部分，是统治阶级维护自身阶级利益和统治秩序的工具，具有鲜明的阶级性。在我国，监狱是人民民主专政的工具之一，反映党和人民意志，为人民民主专政的国家政权服务。当前，面对国外大国博弈、科技竞争、战争冲突以及恐怖主义威胁，我国需要强化国家机构体系，保障综合国力快速发展。面对国内进入全面建成小康社会、全国人民凝聚智慧集中发力的冲刺阶段，我国需要营造良好的法治环境，保障经济社会的快速发展。监狱是维护国家安全和保持社会稳定的重要力量，必须提高政治站位，强化监狱法治理念，提高依法治监水平，切实落实治本安全观和总体国家安全观，打造世界最安全监狱，为新时代中国特色社会主义事业保驾护航。

（二）监狱法律属性的要求

监狱是国家的刑罚执行机关，依法惩罚和改造罪犯。从刑事司法活动的程序看，监狱处于最后一个环节，负责执行生效的判决裁定，将刑事处罚变成现实。虽然监狱执法是最后一关，但是监狱的作用不容忽视。如果监狱不依法履行职责，执法不力，无论前期公安机关的侦查预审如何缜密，检察机关的审查起诉如何严格，审判机关的审判如何公正，都难以达到刑事司法活动应有的效果，无法实现特殊预防和一般预防的刑罚目的，甚至有的滥用职权、贪污腐败，造成极坏的社会影响。因此，监狱要规范管理，优化流程，加强监督，以问题为导向，查漏洞补短板，完善刑罚执行工作，管好刑事司法活动的“最后一公里”，形成与公检法部门分工合作，侦查权、检察权、审判权、执行权合理配置和有机衔接的刑事司法体系，保障司法公正落到实处。

（三）监狱社会属性的要求

监狱是罪犯再社会化的场所，罪犯是社会化失败的个体，监狱通过对罪犯进行教育和训练实现再社会化，使他们转变成守法公民复归社会。加强监狱法治建设，有利于充分发挥“五大改造”体系的作用，转变罪犯的思想和行为。在政治改造方面，推进监狱法治建设有利于加强政治统领，引导罪犯学习习近平新时代中国特色社会主义思想、社会主义核心价值观、爱国主义教育等内容，增强对党、对祖国、对民族、对文化、对道路的“五个认同”，促进罪犯的思想转化；在监管改造方面，完善监狱法律制度，强化监管体系，有利于矫正罪犯的行为，促进遵纪守法行为养成；在教育改造方面，加强监狱法治建设有利于罪犯学习掌握法律知识，提高认知能力，促进法治观念内化于心并外化于行动；在文化改造方面，法治文化具有教化作用，能够对罪犯进行思想熏陶和潜移默化，实现以文化人；在劳动改造方面，健全劳动管理制度，优化劳动激励机制，有利于罪犯遵守劳动纪律，培养劳动习惯和劳动技能。此外，科学完善的规章制度，严格规范的民警执法行为，公开透明的制约监督机制，对罪犯来说是最好的法治教育，有利于罪犯认罪伏法改过自新，转变成遵纪守法的公民。

二、推进监狱法治建设的路径

（一）坚持党建工作引领

党的领导是推进监狱法治建设的最根本保证，必须加强党建工作，坚持党对监狱法治建设的全面领导，确保监管改造工作沿着法治轨道运行。一是增强领导力。以党委为统领推进监狱全面工作，由党委明确工作目标和方向，制定安排工作任务，协调职能部门关系，准确掌握工作进展，确保工作推进落实，做到领导班子引领示范，领导干部以身作则。二是增强执行力。党员干部是党的路线方针政策的践行者，是全面依法治国基本方略的践行者，要增强使命意识和法律意识，提升依法履职水平，做到知行合一，发挥模范带头作用，确保党的绝对领导落实到监狱执法工作的全过程各方面。三是增强创新力。创新党建工作的运行机制和方式方法，打造党建品牌，发挥基层党组织的战斗堡垒作用，实现全面从严治党与严格执法深度融合，奠定监狱法治建设的思想根基。

（二）强化监狱法治理念

监狱法治理念是监狱执法工作的指导思想和价值取向，是新时代法治精神、法治原则在监狱执法领域的体现。监狱法治理念是构成监狱法治工作的基石，监狱的法律制度、执法活动和传统习惯都是监狱法治理念的外在表现，是监狱法治理念在实践工作中的展开。因此，强化监狱法治理念是推进监狱法治建设的治本之举。一是尊重宪法法律权威。监狱干警要强化法治信仰和法治思维，维护宪法法律权威，捍卫宪法法律尊严，使刑罚权的行使不超越宪法和法律的界限范围。二是坚守安全底线。安全是一切监管改造工作开展的前提条件，监狱执法过程中要时刻绷紧安全这根弦，不能有丝毫放松。三是践行改造宗旨。监禁惩罚不是目的，监狱要通过改造使罪犯转变成守法公民，减少重新犯罪。四是坚持公平正义。监狱遵循法律面前人人平等的原则，公平公正地对待每一名罪犯，通过严格执法，实现司法公正，提高执法公信力。五是保障合法权利。监狱执行刑罚不仅要实现对被害人权利的保护，也要保护罪犯没有被剥夺和限制的合法权利，监狱还通过各种途径优化执法工作、提高执法效能，保障干警的合法权利。

（三）完善监狱法律体系

监狱法律体系是监狱执行刑罚的法律依据，承担着规范刑罚执行权行使的任务。《中华人民共和国监狱法》（以下简称《监狱法》）是监狱法律体系的主体法，反映国家和社会关于监狱执法工作的基本价值取向。《监狱法》于1994年颁布，至今已经二十多年，这期间罪犯和监狱的情况发生了很大变化，《监狱法》部分条文和内容相对简单滞后，不能满足监狱发展的需求和法治社会的要求。当前，罪犯构成出现了新情况，罪犯数量高位、结构复杂，重刑犯、累惯犯、职务犯、老病残犯和涉黑涉毒涉恶罪犯比例增大。同时，随着改革发展的深入推进，监狱工作面临着新形势，监狱分级分类和罪犯等级处遇日益精细，监管改造手段和模式日益多元，监狱体制更加科学。《监狱法》应根据改造需求和形势变化进行修订完善，监狱工作的成功经验和发展成果也应在《监狱法》中固定下来。此外，近年来有一些相关的法律法规颁布或修改，其中有的规定与《监狱法》不一致。修改《监狱法》成为业内共识，司法部已将修改《监狱法》作为一个重点工作。值得注意的是，修法完成后，还需要以《监狱法》为指导，健全完善指导各项业务工作的配套法规和部门规章，利用这些规范性文件为监狱执法工作提供具体指导，促进《监狱法》落地，增强《监狱法》的可操作性。

（四）规范干警执法行为

法谚说：徒法不足以自行。必须有良好的执法行为才能实现法治的精神和价值，监狱要对干警进行严格管理，用严密的管理制度引导、约束干警执法行为，实现良法善治。一是推进规范化管理。规范执法行为必须通过制度来落实，监狱要完善各项业务工作的管理制度，明确岗位的职责，细化操作流程，建立内容齐全、结构科学、程序严密的监狱管理制度体系，涵盖全部业务系统和执法环节，实现执法过程全覆盖无死角。二是推进标准化管理。标准是各项制度对业务工作的具体要求，监狱要全面推进标准化工作，完善监狱建设标准、管理标准、工作标准、技术标准和标识标准，建立科学严谨的标准体系，以标准化促进规范化。三是推进系统化管理。不同地域不同监狱有些业务管理规定不一致，造成跨地域执法障碍，工作推进没有连续性，应统一不同地域的规范性文件，实现省内全部统一，逐渐推广到全国范围，使执法工作有效衔接。四是推进信息化管理。新一代信息技术与监狱执法的结合，极大提升执法工作效能。监狱要优化信息化执法平台，加快各业务系统互相对接及各业务部门与上级业务部门的对接，实现信息存储、业务协同、资源共享、科学研判、辅助决策功能，推动执法管理升级。五是推进科学化考核。科学的考核机制有利于提高干警执法水平，监狱要细化考核指标，建立量化考核，规范考核程序，重视奖励兑现，激发干警的工作动力。

（五）拓宽执法监督渠道

监督是权力正确行使的保证，不受监督的权力容易产生腐败。监狱要深化狱务公开，加强执法监督，约束干警执法行为，保证执法活动公开公正公平。一是加强监狱内部监督。内部监督是监督工作的重点，监狱要有效利用狱内公共区域和接见室的显示屏和查询终端向罪犯及家属公开罪犯刑罚变更、分级处遇、考核奖惩和个人钱款账务等事项，使家属了解罪犯服刑情况，以公开促公正，使监狱执法活动处于监督之下。二是加强上级机关督察。建立常态化的督导检查机制，由上级机关对减刑假释暂予监外执行案件和涉黑涉恶涉毒案件等执法重点领域进行专项检查。三是加强国家机关监督。改进检察机关、人大、政协的监督制度，创新监督的方式方法，加大监督力度，增强监督的实效性。四是加强社会监督。通过监狱门户网站公布法律制度、监狱基本情况、执法信息和重大事项，公示减刑假释法律文书，接受公众和媒体的监督，约束自由裁量权，减少执法随意性；随着移动互联网技术的发展，监狱可尝试利用手机客户端、微信公众号宣传监狱工作，公开执法情况，增加执法透明度。五是实现执法全程留痕。监狱通过信息化平台对收监离监、考核奖惩、减刑假释等执法工作实行网上流转审批，防止人为操作；利用视频监控、音频监听、智能执法终端全程记录执法过程，促进执法证据保全。六是建立问题反馈机制。监督离不开反馈，及时反馈信息才能保证监督真实有效。监督部门必须反馈监狱执法中存在的问题，并督促整改，对突出问题进行追责问责。

三、强化监狱法治建设的保障

（一）健全监狱组织机构

监狱组织结构是执法活动的载体，监狱组织机构的架构体系是否科学，对于实现监狱执法效益起着至关重要的作用。党中央多次提出深化司法体制改革的新要求新部署，监狱必须深化体制机制改革，完善经费保障、职能定位、机构设置、人员编制、警力配置，建立公正廉洁文明高效的新型监狱体制，形成集成联动协同共享的工作机制，保障各个业务系统有序运转。一是完善经费保障。为了弥补监狱经费缺口，应建立健全监狱经费全额保障动态运行机制，保障经费及时足额到位，保持经费保障与监狱改革发展需求、物价上涨水平、政策性增支和实际支出科目情况相适应，满足监狱实际需求。二是完善分级分类制度。深入推进全国监狱分级分类改革，构建等级合理、功能完善的监狱分级分类体系，强化监狱职能；完善罪犯分级管理、分类教育和个性化矫正制度，优化罪犯分级处遇和考核奖惩机制，提高改造质量，增强激励效应。三是优化监狱和企业的组织体系和运行机制。统筹推进“五大改造”新格局，推动心理矫治和罪犯危险性评估的发展完善，提高狱内危险性和再犯可能性预测能力和化解能力；加强监狱企业的组织管理，优化劳动项目选择，科学发放劳动报酬，实现经济效益和社会效益双赢。四是合理提高警囚比。随着监管压力增大和改造途径多元化，原来法定的警囚比偏低，不能满足当前的监管改造需求，应调整警囚比例，确保警力与罪犯规模、监狱警戒等级和职能及改造需求相适应。五是科学配置警力。由于历史原因和地理条件的限制，小城市监狱的警力明显低于大城市，尤其是监区警力明显不足，造成民警工作时间过长，占用休息时间，因此应调整警力分布，下沉警力充实基层一线。

（二）加强民警队伍建设

罪犯是实施了犯罪行为、被判处刑事处罚并且具有一定危险性的特殊群体，所以监狱常被称为“火山口”。鉴于执法对象的特殊性，在推进监狱法治建设过程中，打造一支政治坚定、业务娴熟、作风优良民警队伍极为重要。一是提高政治素质。当前我国面临着严峻的国际国内环境，意识形态领域斗争尖锐。监狱民警是国家机器的一部分，必须和党中央保持高度一致。同时，在以政治改造为统领的“五大改造”新格局中，政治改造是改造手段的重中之重，打铁必须自身硬，监狱民警作为执法者、管理者、教育者，必须坚定政治方向，站稳政治立场，提高政治能力，提升政治素质。二是提高法律素质。民警的工作岗位和专业背景不尽相同，但是不论什么岗位和专业，都必须掌握监狱执法工作相关的法律知识和技能。特别是随着社会公众法治意识的增强、罪犯和家属维权意识的增强以及网络舆情形势的复杂化，民警必须正确适用法律法规，准确把握执法边界。因此，民警必须不断充实法律知识，提高执法能力。三是提高业务素质。监狱要创新人才培养机制，建立多层次的民警培训体系，在培训对象上，决策层、管理层和执行层全体参与，提高全员业务水平；在培训内容上，业务培训和职务培训相结合，全面提高民警的综合能力；在培训方式上，理论提升和实战训练相结合，开展岗位练兵，增加系统内外交流考察和派遣援建活动。通过学习培训改善民警队伍的知识结构、专业结构和梯队结构，提高民警的业务素质和履职能力。

（三）强化监狱物理设施

监狱物理设施是指监狱的物理形态，由独特风格的建筑物及附着的设施设备构成。监狱物理设施是保障监狱法治建设的物质基础，也是传递监狱法治信息的文化符号，极具象征意义。往日高墙电网意味着监禁的威慑性和惩罚的严厉性，当代的监狱不再神秘，而是对社会开放，向人们展示改造的成果和法治的文明。推进监狱法治建设，必须改进和完善监狱物理设施。一是进行合理布局。监狱选址和建筑要体现科学和人文精神，有利于民警做好执法工作，促进罪犯再社会化，发挥监狱对社会的警示作用，充分展示刑罚执行的社会效果。二是完善安防设施。按照监狱警戒等级、功能和罪犯类型的不同，配置相应的警戒设施设备，做到科学、先进、牢固、实用，筑牢物理防线，为执法工作提供安全保障。三是改进改造设施。科学配置教学设施设备、心理矫治设备和危险性评估设备，提高教育改造的科学性；合理设置劳动车间和实训基地的设施设备，为罪犯劳动改造创造良好条件。四是改善物理环境。依法配置监舍的生活设施，建立图书室、阅览室、运动场、活动室，设置盆景、展台、标语等人文景观，美化环境，宣传法治文化，促进罪犯文化改造。五是加快智慧监狱建设。将物联网、云计算、大数据和区块链等新一代信息技术应用到监狱领域，推进监狱物理设施更新换代，实现监狱执法工作精准化、智能化、智慧化，为监狱执法活动打牢物质基础。

（四）争取社会力量支持

监狱执法离不开监狱外的社会组织和公民个人的配合和支持，社会力量参与罪犯改造工作，增加了监狱的开放程度，有利于实现监狱社会化和罪犯再社会化。一是教育社会化。社会教育机构参与罪犯教育改造能够提高教学质量，更好地实现罪犯的教育权和劳动权。因此，应将文化教育纳入国家教育规划，将职业技术教育纳入国家职业技能培训，由社会教育部门及培训机构提供师资、教学和实训设施设备，或者尝试开设远程教育，帮助罪犯学习文化知识和劳动技能，增强社会适应能力。二是医疗社会化。罪犯的医药费给监狱带来巨大的经济压力，外诊还要消耗大量警力。因此，需要建立健全罪犯医保医疗工作，将罪犯纳入社会医保范围，将罪犯医疗纳入国家卫生防疫规划，由卫生部门给监狱提供医务人员、医疗设备和药品，减轻监狱的压力。监狱还可以和地方医院开展共建，由地方医院派出医务人员到监狱为罪犯诊治，或者开设远程门诊在线诊治。医疗社会化有利于改善监狱的医疗条件，提高罪犯的医疗保障水平。三是建立罪犯社会保障制度。将罪犯服刑阶段纳入社保，能够提高罪犯的社会经济权利保障水平，解除罪犯后顾之忧，减少社会不安定因素。四是推进亲情帮教。对于绝大多数罪犯来说，亲情帮教是一把万能钥匙，能够解决很多改造难题。监狱建立远程视频会见系统，与各地司法部门联网开展远程会见，能够落实便民服务工作，解决异地服刑罪犯会见难问题；另外，假释和离监探亲对于罪犯有很好的激励作用，但由于各方面原因，在我国的应用不够广泛。应进一步扩大假释和离监探亲的适用范围，充分发挥亲情帮教对罪犯的教育感化功能，激励罪犯积极改造。

作者信息：

韩军芳：河北省鹿泉监狱干警，一级警长

新收犯监狱深化法治建设的实践与探索

李伯刚　王宝石

摘　要：本文旨在分析法治思维和法治方式在基层监狱具体实践中的运用，探索刑罚执行理论与监狱执法实践的切入点和着力点，达到建设法治监狱的最终目的；采取规范分析方法与实证研究方法相结合的法学研究方法，通过制刑权、求刑权、量刑权、行刑权的刑罚实现与行刑变革，推导出行刑规范化的命题与结论；紧扣自由刑执行的本质属性，将管理标准化、服刑同质化、权利清单化作为行刑规范化的内在特征和外在体现，介绍津西监狱在规范管理和入监教育上的工作成效。

关键词：监狱　法治建设　实践

法治思维和法治方式，是党中央和习近平总书记在新时期提出并反复强调的一个新命题。党的十八大报告指出，提高领导干部运用法治思维和法治方式深化改革、推动发展、化解矛盾、维护稳定能力。习近平总书记指出，谋划工作要运用法治思维，处理问题要运用法治方式。党的十九大报告指出，增强政治领导本领，坚持战略思维、创新思维、辩证思维、法治思维、底线思维，科学制定和坚决执行党的路线方针政策，把党总揽全局、协调各方落到实处。可见，党中央把法治思维作为重要思维之一，放在同战略思维、创新思维、辩证思维、底线思维并列的位置上，统揽在增强政治领导本领的旗下，体现了新时代治国理政的理论与实践对“法治思维”在认识上的重大提升。监狱机关承担惩罚与改造罪犯的特殊职责，具有政治属性、法律属性和人文属性的三种属性，是政治机关、法律机关和人文机关。监狱机关要从社会发展和长治久安的大局来着眼，发挥监狱机关在社会治理中的职能作用，必须坚持运用法治思维来推进法治监狱建设，这是现阶段乃至今后较长一段历史时期内监狱工作的政治之根、思想之魂、行动之本。

一、监狱行刑中的法治思维运用

法者，国之重宝；刑者，国之利器。刑罚是国家创制的、对罪犯适用的特殊制裁方法，是对罪犯某种利益的剥夺，代表国家对罪犯及其行为作出否定性评价，并起到惩罚罪犯、保护社会和预防犯罪的综合作用。对于刑罚的本质，目前国际主流法学界的认识尚未完全取得一致，对报应刑主义还是教育刑主义仍有一定争议。但是，在矫正机构具体实践上，基本统一为综合刑主义为指导的行刑观。作为刑罚实现的权能，刑罚权是国家维护阶级统治和组织社会管理的工具，是国家基于犯罪行为对罪犯权利进行合法剥夺的最严厉、最严肃、最严格的统治权力的终极体现。刑罚权具体包括制刑权、求刑权、量刑权、行刑权等四方面内容，形成“四位一体”的运行机制，由立法机关、司法机关、刑罚执行机关依职权分别行使。

作为治国理政的核心思维，法治思维在刑罚中的运用和体现包括规则至上、权利本位、权力控制、程序优先和技术理性等思维。法治思维下的刑罚，是以刑罚规范化为架构的刑罚权的实现。刑罚规范化既是历史进步的趋势和必然，又是社会文明的体现和标志，具有价值观和方法论的双重意义。可以实事求是地说，一部刑罚制度的演进史就是一部社会进步的法制文明史。具体而言，刑罚规范化包括制刑规范化、量刑规范化和行刑规范化，三者缺一不可，制刑规范化是刑罚规范化的基础和标准，量刑规范化是刑罚规范化的路径和尺度，行刑规范化是刑罚规范化的实现和终点。刑罚规范化是涉及多个国家机关职能和多种权力设置的体系化建设，任何短板都会形成“木桶效应”，即一只木桶能盛多少水，并不取决于最长的那块木板，而是取决于最短的那块木板。

目前，中国特色社会主义法律体系已基本建成并日益完善，其中，刑事法律体系完整而有序，在制刑层面上基本实现了规范化，为刑罚规范化奠定了坚实的基础。在刑事司法中，量刑规范化最受瞩目，也是当前司法体制改革的焦点和热点问题之一，最高人民法院为此先后多次发布和修正量刑指导意见，并授权各高级人民法院结合当地实际制定实施细则，并将“对于同一地区同一时期、案情相似的案件，所判处的刑罚应当基本均衡”作为量刑规范化的基本原则和目标，经过十余年的探索和实践，量刑规范化已有所建树但仍有一定提升空间。

行刑规范化是刑罚规范化的最后一环，也是最重要一环，正如拉丁法谚有云“执行乃法律之终局及果实”。行刑，是刑罚执行的简称，是指国家刑罚执行机关根据已经发生法律效力的刑事判决或者裁定，依照法律规定的程序，将其付诸实施的执行活动。从广义上说，行刑就是对所有刑罚种类的执行活动，包括所有的监禁刑、非监禁刑、监禁刑与非监禁刑之间的变更执行措施、暂缓执行措施以及死刑、财产刑的执行等。狭义的行刑主要指监狱行刑。我国目前处于一个以自由刑为中心的历史时期，百分之八十以上的罪犯由监狱行刑，而在押罪犯人数从 1979 年的 72 万上升到 2013 年的 180 万。因此，监狱行刑是行刑规范化的重中之重。监狱行刑是集政治活动、法律活动和人文活动于一体的系统活动。行刑规范化是法治思维视角下的监狱工作的集中体现，可以称之为监狱法治思维，即以法治主义为原则、以规范权力运行为手段、以体现惩罚属性为基础、以实现改造效果为目标的监狱功能的系统构造，涵盖了监狱围绕惩罚与改造的两大任务展开的一系列活动，对监狱工作进行了宏观的构建和微观的规制。刑罚效果主要取决于社会政治、经济、文化、道德的发展水平和成熟程度，而不可能超越该社会的各种基本条件，而监狱法治思维即行刑规范化的着眼点，追求实现“罪犯在一定历史时期内、在一定区域内、在不同服刑场所之间，所受刑罚基本相一致”的刑罚效果。

二、监狱法治思维的精神实质和具体内涵

行刑是一项系统工程，具体到每一个环节和步骤都互为整体。从奴隶制五刑“墨、劓、剕、宫、大辟”，到封建制五刑“笞、杖、徒、流、死”，无不带有规范的基因。例如，在封建社会对肉刑的行刑中，汉景帝制定《棰律》，对笞刑行刑的刑具规格、受刑部位等都明确了标准，同时规定在行刑时中途不得换人。这种行刑规范化的技术精神，在当代新加坡的鞭刑行刑中体现得更为淋漓尽致。从肉刑到自由刑，历史将监狱推上了行刑的舞台中央。没有规范化行刑的监狱，就没有刑罚。法律格言有云，“监狱是一个社会的良心”，正是恰如其分。清末法学家沈家本在监狱改良时，曾说觇其监狱之实况，可测其国程度之文野。监狱行刑是国家刑罚权运行机制中的最后一道屏障，行刑规范化是社会底线的保障。监狱行刑不仅依靠法律法规，还要依靠

操作技术、行为规范、经验实践、制度设计等综合运用。在自由刑为主要行刑方式的今天，监狱法治思维的精神实质和具体内涵，包括管理标准化、服刑同质化和权利清单化。天津市津西监狱作为新收犯功能性监狱，在具体实践上进行了一定的探索和努力。

（一）管理标准化是行刑规范化的基础

监狱行刑权的法源是刚性的法律法规和确定的刑事裁判，在刑事司法权中具有较强的被动性和行政性色彩，这是监狱行刑权（刑事司法权、民警权）区别于一般行政权和治安民警权的重要特点之一。我国监狱行刑体现出执法刚性强、回旋余地小却又具体操作依据不足的整体现状，在许多具体事务的处理和把握上处于“似可又似不可”的模糊化状态，一旦出现监管事故，就有执法偏差的风险。而监狱行刑是最容易受形势政策影响的刑事法治环节，既脱离了社会一般认知的具体范畴，进入抽象意识形态的疆界，又因长期自行其是的封闭式和经验式的管理模式，而本能地排斥外部评价与影响。因此，监狱行刑的隐蔽性是监狱工作的最大困境，必须从标准化为切入点，结合狱务公开，建立对监狱管理活动和日常运行的共同认知，这也是“打开大门办监狱”的逻辑起点。津西监狱对新收犯进行集中收押、管理和教育，立足集体教育，关注个别教育，使罪犯在入监即感受到监狱管理的标准化，不受歧视，消除顾虑。

（二）服刑同质化是行刑规范化的尺度

罪犯服刑期间的处遇是最受关注的问题之一，我国监狱实行分押分管、区分监狱戒备等级和罪犯处遇分级的原则。对于同一区域、不同监狱、同一处遇级别的罪犯，服刑应达到基本统一标准和待遇的同质化状态。服刑同质化，既是惩罚同质化，又是处遇同质化。简言之，社会上的人因天生之脑力体力、后天之财富地位等而自然形成差距，但是监狱行刑对罪犯的惩罚、罪犯服刑所受之处遇均不能脱离抽象的同质化范畴，如罪犯每周沐浴一次，不能随意依个人表现增减处遇。而监狱需为符合某一处遇标准的所有罪犯提供相同的处遇，不能因设施、人员、技术等原因而区别对待，如新收犯在入监教育期间处遇级别为二级严管，津西监狱坚持以此为标准统一新收犯的处遇级别，尤其在供应站商品购买限额、定置物品配发等方面，一律平等，坚定了经济条件较差的罪犯的服刑信心和改造信念。

（三）权利清单化是行刑规范化的边界

监狱行刑是国家刑罚权的实现，是国家权力体系中重要的组成部分，其性质是典型的刑事司法权，因而区别于行政权。因其执法相对人的特殊性，监狱惩罚权和罪犯权利构成一个“硬币”的两面，前者扩张的程度止于后者保护的限度。监狱法治思维下的权力意识和权利意识，都是监狱行刑应有的意识。概言之，罪犯权利可以分为三个层次，第一层次是被剥夺与限制的权利，体现了其罪犯的身份属性，并保证国家惩罚权的实现；第二层次是一般权利，即基本人权所赋予的任何时候都不得被剥夺或限制的权利，以我国监狱法规定的生命、健康、人格等权利为核心，是罪犯作为“自然人”的资格体现；第三层次是特许权利，即并不必然享有而通过表现可获得的具有奖励和鼓励性质的权利，如分级处遇、计分考核、行政奖励、刑事奖励等各类权利。三个层次分别对应“必须无”“应该有”和“可以有”三个方面的权利，形成三份“清单”，为监狱工作厘清了职权和责任的边界。津西监狱在新收犯入监教育时，围绕服刑期间的权利制定教育手册，并采取课堂讲授的方式，引导罪犯正确看待和运用个人权利。

监狱行刑因罪犯权利的剥夺和限制而实现，是监狱惩罚的基本属性。罪犯一般权利不得因服刑而消灭，而服刑期间的特许权需通过积极表现和主观努力方可以获得，监狱行刑须充分保障前者的无条件无差别实现，并为后者获得的可能性创造条件。一般权利和特许权利的界限，是国内外监狱理论界和矫正实务界长期实践和研究的问题，美国的一些州自20世纪70年代起将其归入特许权利，实行夫妻会见制度（conjugal visit），至90年代又持反对态度，认为性权利因监禁而被剥夺，服刑期间不得享有，进而普遍废除。我国监狱系统对夫妻同居的理论认识也曾经有过类似的摸索过程。

三、法治思维视角下新收犯监狱的卡位与站位

罪犯改造是综合多种手段的系统工程，具有客观性、规律性和科学性。平心而论，“改造人”可谓是天下第一难事，问题层出不穷，发展没有止境。人是活物，不是机器，没有固定程序，更没有控制密码。因此，监狱机关必须以精益求精、与时俱进的精神开拓创新。

天津市津西监狱上承天津市22家公安看守所，下启10所分流监狱，是

天津监狱系统唯一一所具有新收犯入监教育的功能性监狱，准确把握新收犯监狱的定位，立足罪犯改造科学分期的第一道“防火墙”，从源头上抓早抓小，围绕教育和监管一明一暗两条主线，抓好抓牢入监教育工作。经过建狱十年以来的规范化发展和体系化建设，津西监狱充分实现了上级党委对新收犯监狱的功能定位，高度树立了以悔罪教育为核心和引领的罪犯改造的“大教育观”，围绕目标阶段性、功能基础性和流程承接性的入监教育三大特性，创造了华北领先、全国一流的“四二四二”入监教育模式。

（一）围绕“教育线”，突出悔罪与转化

罪犯初入监，不论是身体上还是心理上都有着巨大的压力和落差，绝大多数的罪犯背负着刑期、家庭、婚姻、子女、经济等多方面的沉重思想包袱，思想悲观，精神不振，对前途充满未知和迷茫，心理产生波动和不安。同时，初入监罪犯处于心理上最敏感和心灵上最脆弱的时期，具有群体可塑性强、个性化应激性弱的整体特点，在全类型罪犯的群体中个性不明显，有从众的心理，容易被氛围打动，在行动上有服从和观望的倾向。恰恰新收犯群的这种“混编式”的群体特点和心理状态，决定了入监教育是悔罪教育的最佳时期。

天津市津西监狱经过探索实践，根据人的改造和发展的客观规律，把悔罪教育作为入监教育的核心，由此推动新收犯的“正心态、明身份、懂规矩、学养成”思想和行为的初步双重转化。所谓“悔”，就是表示懊恼、心里觉得过去做得不对，而悔罪就是对所犯罪行的后悔、忏悔、悔悟。通过全方位的系统教育，帮助新收犯在入监伊始就自我反思、自我剖析，认清犯罪危害，深挖犯罪根源，将思想上的认罪、悔罪，转化为行动上的改造、赎罪。在此基础上，帮助新收犯尽快明确身份、转化思想，消除思想疑虑、恐惧心理和不信任态度，放下思想包袱，端正服刑态度，顺利度过思想和情绪上的迷茫困惑期和疑虑波动期，从而塑造合格的“监狱人”，为下一步的服刑生活找到明确的方向，也为分流监狱的下一步深入改造打牢基础。

（二）围绕“监管线”，狠抓控制与适应

新收犯监狱的管理，由于改造对象的特殊性和流动性，体现出犯群类型广泛、犯情研判困难、突发情况复杂、回旋余地有限、惩罚手段缺乏、激励措施不足等整体特点，为监管安全增加了不稳定因素。新收犯初入监接受改造，疑虑大、顾虑多，表面“无声”服管与顺从，内心“有意”防范与对抗，长罪犯监狱的一些常用改造手段和管理方法难以对症下药。因此，基于新收犯两至三个月的改造期限，津西监狱立足对新收犯的“控制”和“适应”，维护新收犯监狱的动态中的平衡，保障监管安全的持续稳定。控制就是以防脱逃、防自伤自残、防狱内犯罪、防严重违纪为重点，构筑空间和时间上的立体防范体系，以包夹监控和互监互帮为基本手段，突出板块化移动的群体监管思路，让新收犯无缝可钻，化“有意”为“无行”。适应就是以罪犯日常改造三大现场的规范化管理为基础，以行为模式规范推动思维模式转变，以高压态势强化新收犯对监管环境和改造生活的适应。

作者信息：

李伯刚：天津市津西监狱监狱长

王宝石：天津市津西监狱办公室副主任

刍议对外国籍罪犯法律制度的完善

肖玮彬

摘　要： 加强涉外法治建设作为习近平法治思想的重要内涵，是在党的十八大之后逐渐形成的，也是以习近平同志为核心的党中央全面推进依法治国战略布局的一个重要方面，是构建人类命运共同体和推进“一带一路”倡议有效实施的重要举措。近年来，外国籍罪犯的数量快速增长、外国籍罪犯构成日益复杂化，但我国目前针对外国籍罪犯的管理问题还没有明确且完善的法律制度。本文从法律、管理角度分析，完善外国籍罪犯在我国的法律制度，突出对外国籍罪犯的管理特色。以近年来外国籍罪犯犯罪率剧增作为切入点，分析D监狱在外国籍罪犯管理方面的特点、现状，了解监狱在外国籍罪犯管理方面所面临的法律、实践问题并探索解决办法。

关键词： 法治建设　外国籍罪犯　管理　法律

根据相关数据显示，D监狱在近年来的外国籍罪犯的改造工作中呈现出了一些新情况、新特点：一是外国籍罪犯增加迅猛。自2016年起5年，外国籍罪犯平均每年增长约12%，截至2020年年底，D监狱在押的外国籍罪犯达到1000多人，给监狱日常管理及刑满释放的遣送工作带来了不小的挑战。二是外国籍罪犯的犯罪动机和构成日趋复杂。外国籍罪犯涉及50多个国家，语言达20多种，涵盖的宗教信仰较为广泛。外国籍罪犯文化程度参差不齐，文盲占5.26%，小学占20.09%，初中占38.54%，高中占23.51%，大学及以上占12.6%。刑期长的外国籍罪犯偏多，被判处无期徒刑、死缓的占35.02%。三是D监狱的涉外事务较多，管理工作较为敏感，很多国家驻华使领馆的领事高度关注其国家罪犯在狱内服刑的待遇，监狱公务会见较为频繁。针对以上种种管理弊端，监狱在涉外执法方面的法律法规亟待完善，“涉外执法”环节成为当前监狱外国籍罪犯管理亟待解决的问题。

一、当前外国籍罪犯特点、改造基本情况

(一) 罪犯构成复杂，素质参差不齐

目前，D监狱收押的外国籍罪犯来自50多个国家，既有欧美等发达国家，也包括了亚非拉等经济欠发达的第三世界国家。由于地域、文化的差异，容易造成罪犯之间的误解和隔阂，并会伴随改造生活中的一些琐事引发冲突。又比如，由于国家之间经济发展水平的差异，一些经济发达国家的罪犯自恃过高，对一些经济较为落后国家的罪犯进行行为上的歧视和语言上的侮辱，并容易由语言的谩骂引发为肢体上的冲突，严重影响监狱改造秩序。

受地域、文化的影响，罪犯的改造过程中也会呈现出鲜明的国家、民族特点。除此之外，外国籍罪犯的文化程度也会影响罪犯个人素质的差异。以D监狱为例，外国籍罪犯文化程度以中等学历为主，具有大学以上高学历的罪犯相对较少，高、中、低文化程度整体呈现纺锤式的形状分布。罪犯性格上的差异不能单纯归咎于国籍、种族，更重要的是源于罪犯的个人整体素质，整体素质较高的罪犯会较为注重环境卫生、善于和他人沟通，人际关系较为融洽；整体素质较低的罪犯容易与他人起争执，做事较为极端、自私。由此，在外国籍罪犯的管理中存在很多实际困难或问题，对“涉外执法”规范性提出了严峻挑战。

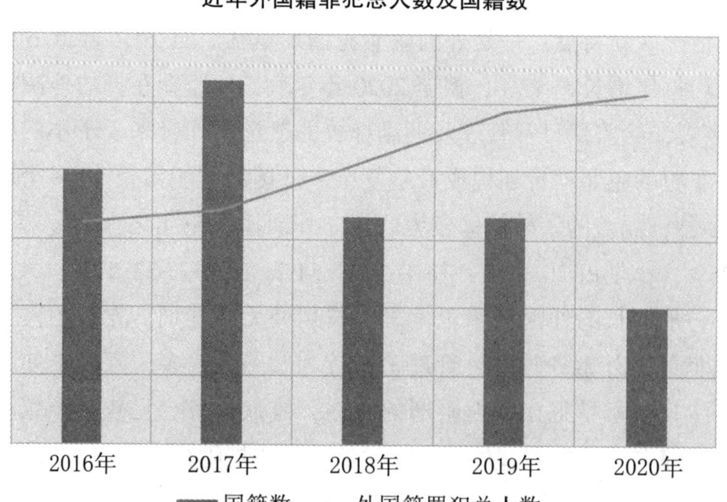

(二) 语言众多，信仰庞杂

据D监狱对其所关押的外国籍罪犯所持语言种类的统计，外国籍罪犯所包含的语言大概有二十多种，造成了罪犯之间语言无法互通，民警与罪犯交流存在语言障碍，管理难度增大等问题。虽然英语作为使用频率最高的语言，成为外国籍罪犯间最主要的交流语言，但是有个别国家的外国籍罪犯不会讲英语，而且各国罪犯英语水平也是参差不齐，也存在一定的交流难度。例如，民警与外国籍罪犯交流时，如果罪犯不会使用英语或汉语，就必须通过两次甚至是多次转译才能理解罪犯所表达的语言含义。交流的信息在转译中容易被扭曲、遗漏或误解，继而造成沟通障碍，无法准确地表达语言含义，增加执法风险。

同时，外国籍罪犯的信仰情况也较为复杂，相对集中的宗教为基督教、伊斯兰教。基督教徒有过圣诞节、感恩节等主要节日的习俗，伊斯兰教徒有过斋戒月、每天祷告的习俗。这些宗教活动是外国籍罪犯精神生活的组成部分，但由于宗教信仰的历史渊源和文化背景不同，罪犯间容易因此产生口角、摩擦。与此同时，外国籍罪犯的一些宗教活动会影响其他罪犯的正常活动和作息，容易与没有宗教信仰的罪犯间产生矛盾，影响正常改造秩序。

(三) 涉外信息敏感性决定了“涉外执法”重要性

加强涉外法治建设作为习近平法治思想的重要内涵，是在党的十八大之后逐渐形成的，也是以习近平同志为核心的党中央全面推进依法治国战略布局的一个重要方面，是构建人类命运共同体和推进“一带一路”倡议有效实施的重要举措。从加强涉外法律的角度，首次明确提及“中国法域外适用”的概念，将中国法的域内适用与域外适用有机地统一起来，为全面推进依法治国提出了新要求、明确了新任务。

在此背景下，我们对外国籍罪犯的管理就相当于一个对外展示的“窗口”，妥善、谨慎、合理处理外国籍罪犯的改造工作，既是监狱民警执法的本职工作，也关乎我国的国际形象。外国籍罪犯在改造过程中的行为举动、合法权益的保障、改造效果的好坏都会涉及一个国家的外交外事问题，甚至影响国家间的外交关系。面对逐年增加的外国籍罪犯，如何根据他们的性格特点、文化背景进行科学、系统的管理，探索一套行之有效的改造计划，并逐步完善“涉外执法”的有关法律规范，加强对外国籍罪犯的管理工作，成为现阶段关押外国籍罪犯监狱的重要研究课题。

二、对外国籍罪犯管理过程中存在的弊端

（一）外国籍罪犯管理过程中的特殊性

我国关于外国籍罪犯的立法工作有所滞后，司法部门虽然已经下发了实施细则等文件，作为《中华人民共和国监狱法》（以下简称《监狱法》）在执行层面的规定，必须由法律授权，所以只有在修改《监狱法》的前提下，实施细则才能合法有效地发挥其规范功能。[1]我国法律相对于外国籍罪犯并没有制定相对应的并且足够明确的法律方案，对我国监狱监管、改造外国籍罪犯带来了一定的难度。外国籍罪犯是我国监狱罪犯群体中的一个特殊的部分，由于其远离祖国，身处陌生的国度，与他国罪犯混居，语言沟通上存在较大障碍，生活习惯存在较大差异，加之由于地理位置的因素，他们无法实现与亲人的会见，因此对其管理存在着特殊性。

目前，对外国籍罪犯的管理工作由于客观条件、硬件设施的限制，有些工作无法进行全面铺开，外国籍罪犯与中国籍罪犯在权利和义务上存在差异，对外国籍罪犯施以同中国籍罪犯一样的管理规定，难免引发外国籍罪犯的异议，产生怨恨情绪。例如，由于大多数外国籍罪犯一般都是远离家乡，在中国没有亲人，除了领事馆派人探视，很少会有家人过来会见。外国籍罪犯身处异地无法直接了解其家人近况，在得知中国籍罪犯有远程视频会见等电子通讯而他们由于客观原因暂时还无法普及使用时，外国籍罪犯往往感到自己的利益被剥夺、权利受到了限制，他们往往会在情绪和思想上出现波动，容易把不满情绪发泄在改造生活上，对民警提出各种带有个人主观想法的问题和请求以期达到自己的目的。

（二）外国籍罪犯管理模式的不健全

围绕监狱法律制度建设存在一个问题，就是我们不给予外国籍罪犯区别对待，把他们当作普通罪犯跟中国籍罪犯一样对待，在管理过程中不搞双重标准。但是我们在具体工作中就涉及法律规范、管理制度的问题，保护外国籍罪犯合法权益，有必要建立相关的管理制度来保证“涉外执法”工作有法可依。

对外国籍罪犯实时适用有特点的管理方针，并不是低规格对待外国籍罪

犯，外国籍罪犯的日常管理跟中国籍罪犯一样，所以不涉及他们的日常管理教育、劳动改造等问题。但是在会见通讯、刑满释放、死亡、移送管辖等问题上，因观念、地域、法系的差异在管理上存在一定区别，比如会见通讯问题，《外国籍罪犯会见通讯规定》在2003年已实施，但是由于制定规定的时间较早，而且规定的内容较为笼统，不能适应新形势远程视频会见、电子邮件的管理实际，需要设立专门的章节，补充完善相关规定。又如外国籍罪犯死亡、移送管辖问题，《监狱法》《中华人民共和国国际刑事司法协助法》（以下简称《国际刑事司法协助法》）也有涉及，但是没有具体的管理规定，没有针对在押外国籍罪犯的现实需要，只有一部宏观性的法律。这些制度建设不能凭空捏造，必须根据客观情况，借鉴外国相关法律规范，制定专门的制度来规范填补这些法律空白，我们才能完善“涉外执法”工作，加强这一块的制度建设，制定适合一般监狱有效对外国籍罪犯进行管理的对策。

三、完善外国籍罪犯立法、管理模式

（一）完善外国籍罪犯立法制度

在《监狱法》修订中，要增加有关外国籍罪犯管理的相关内容，特别是要增设专门的章节，外国籍罪犯自我保护意识、法律意识较强，往往拿领事条约和国际条约说事，对我们的执法管理水平要求增高。在此背景下，需要通过增设对应章节完善《监狱法》对外国籍罪犯管理的相关法律法规，规范对外国籍罪犯管理工作。在具备专门的章节基础上，围绕着《监狱法》中对外国籍罪犯管理存在的问题制定一些专门的条例和管理规定，针对外国籍罪犯管理工作中存在的具体问题制定专门的管理规定、条例，以司法部令的形式颁布增设章节及规章、条例。以国务院公报的形式权威发布专门针对外国籍罪犯具体管理工作的规定、条例，补充对外国籍罪犯的管理细则、制定外国籍罪犯的管理规定，强调法律的重要性，保证执法工作能够在法律框架之下执行，使发生争端时有规可循，避免执法风险和外交风险。

同时，细化《监狱法》中对外国籍罪犯管理的规定，仔细分析《监狱法》的条文，就会发现其中的很多规定由于制定的年份较早，已经不适宜现在的形势，存在法律规定真空地带，致使这类规定缺乏作为保障其执行的约束性措施。例如，外国籍罪犯会见、通讯问题，基本是参照中华人民共和国司法部令第76号《外国籍罪犯会见通讯规定》进行管理，但是该规定是于2002年11月26日通过，2003年1月1日实施，制定的时间较早，且有些内容已经不适宜现在监狱的管理需要，亟须更新、完善相关管理条例，以规定、条例这种形式发布一些专门针对具体工作的管理要求。在外国籍罪犯会见方面，《外国籍罪犯会见通讯规定》只是简单规定外国籍罪犯的会见时长、次数和家属人数，特别是现在中国籍罪犯已经开始普及应用电子邮件、远程视频会见等互联网软件，就外国籍罪犯的电子通讯特别是有关远程视频会见、电子邮件等的管理问题，主要包括国外远程视频会见的微信或第三方软件的安装和适用、电子通讯软件涉密问题以及外国籍罪犯家属会见存在的通讯网络兼容问题等。针对以上问题进一步完善外国籍罪犯远程视频会见的相关规定，解决外国籍罪犯家属会见难以及现今疫情防控常态化罪犯家属无法到达现场会见的问题。对于违反规定的行为，要规定相应的法律责任和追究法律责任的具体机制，明确法律责任。在明确规定了对违法行为的法律责任后，应以国家强制力为后盾，迫使违法者承担相应的法律责任。

（二）完善外国籍罪犯死亡处理、刑满释放规定

外国籍罪犯在服刑期间死亡的，对于其死亡认定、尸体处理、遗物处理等善后事宜，目前我们的处理流程参照的是《最高人民法院、民政部、司法部监狱罪犯死亡处理规定》和《外交部、最高人民法院、最高人民检察院、公安部、国家安全部、司法部关于处理涉外案件若干问题的规定》，没有制定一个专门对外国籍罪犯在华死亡的管理规定，导致处理环节存在法律漏洞，容易被领事馆、外国籍罪犯家属提出异议，引发国际舆论。例如，《监狱罪犯死亡处理规定》第19条规定，尸体火化自死亡原因确定之日起15日内进行。死亡罪犯的近亲属要求延期火化的，应当向监狱提出申请。监狱根据实际情况决定是否延期。尸体延长保存期限不得超过10日。这一条规定仅仅考虑了问题的一个方面，即罪犯死亡后尸体处理的时间问题，规定了一定的时间给罪犯家属处理。但是外国籍罪犯家属远居海外，家属对罪犯的死因存疑，如要求其到场尸检、处理尸体，且可能存在家属身患重疾、年事已高等无法参与罪犯死亡处理活动的客观情况，导致超过规定仍未火化的情况。以及罪犯火化后尸体接运、存放环节存在罪犯国籍不明、无家属认领、无法确认其真实身份信息等，存在罪犯骨灰无人认领甚至冒领的可能性。因此，可以考虑

在修改《监狱法》时，制定专门章节规定外国籍罪犯骨灰的接运、存放问题，规范处理流程，妥善处理外国籍罪犯在服刑期间死亡的后续问题。

与外国籍罪犯在服刑期间死亡同样棘手的是外国籍罪犯刑满释放问题，因为罪犯刑满释放的规定、条例，或者是管理规定，涉及公、检、法多个部门协调的问题。比如说外国籍罪犯刑满但是被剥夺政治权利，按照规定在剥夺政治权利期间其不能离开中国，如何处理其剥夺政治权利期间在华的安置问题？其刑满释放后去向的后期监管工作怎么落实？另外，对一些外国籍、无国籍罪犯，有国籍没有护照、护照遗失或者自己扔掉了被认定是无国籍，或原来的所属国不认可其是自己国家的公民，如何处理其刑满释放和安置、驱逐出境费用等问题。因此，如何解决《监狱法》有关外国籍罪犯刑满释放的法律冲突，是一个值得思考的问题。从管理监狱的实际需要来看，刑满释放是一个必要的环节，需要相应的法律法规做支撑，在未来修改《监狱法》的过程中，应当完善这方面的规定。

（三）完善《国际刑事司法协助法》有关规定

《国际刑事司法协助法》里面有一个专门的章节针对外国籍罪犯移送管辖问题，如何办理移送管辖问题需要再细化制作一个相关的管理条例，解决不同的法域之间的法律适用问题。不同国家之间有个别法律规定存在冲突，被判刑人根据中外不同法律可能存在不同的刑事处罚，量刑差距较大甚至会存在在中国是犯罪情形而在国外不作为犯罪处理的情况。如果单纯依据“有利于被判刑人原则”，容易导致外国籍罪犯通过移送管辖钻法律漏洞达到脱罪、逃避刑事处罚的目的，此类被判刑人在移送管辖后的法律适用应以哪个国家法律为准有待商榷。

移送管辖的成功案例以“移出式”居多，成功案例基本都是将在中国服刑的外国籍罪犯移送管辖回到其国籍国服刑，几乎没有出现从移送管辖在国外服刑的中国籍罪犯回国服刑的案例。主要的问题在于各国对刑事管辖权的理解不同，承认和执行外国法院对本国公民的刑事审判是开展被判刑人移送管辖合作的前提和基础。如何搭建双向移送管辖的相关制度和程序，准确跨法域衔接罪名、刑罚转换等都需要在《国际刑事司法协助法》中进行进一步的规定，推动移送管辖实践的发展。

参考文献：

1. 翟中东、孙霞："《监狱法》立法不足及修改原则"，载《犯罪与改造研究》2014年第10期。
2. 黄化："我国对外籍罪犯监管法律问题研究"，大连海事大学2014年硕士学位论文。
3. 王泰：《现代监狱制度》，法律出版社2003年版。

作者信息：

肖玮彬：广东省东莞监狱办公室一级警员

用好民法典加快推进监狱法治化建设

安玉海　何　健　邱平祥　王永秀

摘　要：党的十九届四中全会明确指出，要完善以宪法为核心的中国特色社会主义法律体系，加强重要领域立法，要抓紧制定国家治理体系和治理能力现代化急需的制度、满足人民对美好生活新期待必备的制度。2020 年 5 月 28 日，十三届全国人大三次会议表决通过《中华人民共和国民法典》（以下简称《民法典》），正式宣告我国迈入“民法典时代”。《民法典》作为一部固根本、稳预期、利长远的基础性法律，一部社会生活的百科全书，与每一名普通公民的切身利益息息相关。在加强监狱依法治理的同时，如何在《民法典》引领下，加快推进监狱法治化建设，最大限度地保障民警执法权利和服刑罪犯合法权利，将成为一个时期重要的理论课题。

关键词：监狱　法治化　民法典　法律体系

一、《民法典》对监狱法治化的宏观影响

《民法典》对监狱法治化的影响是多方面、全方位的。《民法典》保护公民“从生到死”的全部合法权利，其核心是保护，以公民拥有人身自由为前提；《中华人民共和国监狱法》（以下简称《监狱法》）调整的是犯罪的公民从入监服刑到刑满出狱过程中的特殊社会关系，其核心是惩罚或者叫再社会化矫正，以限制人身自由为要件。

（一）《民法典》与监狱治理的关系

《民法典》关于公民权利的系列规定其实都是宪法中公民权利的具体化，是宪法法律化的具体体现。监狱必须在不断完善执法工具的前提下，结合法治政府建设要求，不仅要贯彻好《监狱法》和行政法律规范，同时要将《民法典》作为衡量执法公正与否的重要依据。在实施减刑、假释、暂予监外执行以及办理种类案件时，要以最大的效率和公平保障民事权利；在切实保障

罪犯合法权利的同时，更要依法保障民警的执法权益。

（二）《民法典》与刑罚执行的关系

十八届三中全会提出全面深化改革的总目标是完善和发展中国特色社会主义制度，推进国家治理体系和治理能力现代化。这就意味着国家治理形式将从一元管理向多元社会主体共建共享治理转变。随着《民法典》的颁布实施，监狱通过刑罚执行对服刑罪犯施加的民事权利影响不再是单向的或者是单一的管理与被管理的法律关系，而同时要受到《民法典》实体条文的影响。因此，监狱在执行刑罚维护安全稳定秩序的同时，更多的时候必须为监狱管理中日益丰富的民事权利诉求提供充足的服务保障，以确保依法治监目标的实现。《民法典》的颁布，提升了对人民群众私权的保障，但在监狱这个特殊的法律环境里，监狱主要通过执行刑罚影响罪犯的民事权利而与《民法典》产生了联系，但是监狱执行的刑罚措施是主要依据《中华人民共和国刑法》（以下简称《刑法》）制定的，因此监狱的刑罚执行活动一定程度上不可避免地会与《民法典》的规定在制度上、理念上、体制范畴甚至是基本制度基本地位上产生一定的冲突，特别是对于罪犯一些未被剥夺的合法权利的限定上，需要《监狱法》《刑法》及《中华人民共和国刑事诉讼法》（以下简称《刑事诉讼法》）及时作出相应的调整。

（三）《民法典》对监狱机关的影响

《民法典》包含的大量行政法规范，使得监狱机关自身在落实《民法典》时不能置身事外。比如，随着法治政府、服务型政府理念的深入，特别是社区矫正工作的持续深入，原有的监狱社会化工作越来越多地体现出公共性、服务性、预防性的社会职能。这就要求监狱管理与时俱进，为了实现刑罚执行目标或者维护社会稳定大局目标，及时对罪犯服刑期间的人身关系、劳动关系以及监狱参与社区矫正工作时具有行政法意义上的权利义务关系等进行调整。

概括起来说，监狱在实施《民法典》的过程中，《民法典》诸多精神会被监狱执法实践不断地吸收与融合。

二、《民法典》对监狱法治化的具体影响

（一）《民法典》将推动监狱提升执法规范化水平

《民法典》作为平等民事主体之间法律关系调整的部门法，虽不能直接用

于指导民警日常执法管理活动，但《民法典》的颁布实施对《监狱法》的修订完善工作、民警执法理念的转变、工作方法的改进具有重大深远的意义。如《监狱法》在修订中应着眼罪犯权利义务的清晰界定、民警合法权益的强化保护等方面细化条款，增强可操作性；监狱民警在执法管理中，要彰显“以人为本、立法为民”的价值理念，必须尽可能杜绝随意执法、经验执法、言语不文明、行为不规范等常见病、多发病，防止在执法过程中损害罪犯合法权益，规避执法风险。

（二）《民法典》将助力监狱提高罪犯法律素养

在狱内开展《民法典》宣传教育，将是“八五”普法工作的重点。而《民法典》作为社会生活的百科全书，与罪犯自身权益息息相关，也使罪犯具有较高的学习意愿。通过扎实有效的宣传教育，罪犯可进一步具备作为现代法治社会公民应当具备的法律素养，使其能够按照法律规定的框架，自觉遵守社会既定的秩序和规则，防止其遇到矛盾纠纷时冲动行事，甚至再次铤而走险触犯法律，重蹈覆辙。

（三）《民法典》颁布实施将持续深化监狱“五大改造”

在当前以“政治改造”为统领的“五大改造”体系下，青海省监狱始终坚持以改造人为宗旨，把罪犯改造成守法公民、向社会输送合格公民作为监狱工作终极价值追求，《民法典》的颁布实施为监狱改造罪犯工作提供了重要抓手。

1.《民法典》为罪犯政治改造提供了生动教材。编纂《民法典》是具有重要标志意义的法治建设工程，是一个国家、一个民族走向繁荣强盛的象征和标志，充分彰显了中国特色社会主义法律制度成果和制度自信。因此，《民法典》颁布实施的时代背景和艰辛历程是强化罪犯政治改造的生动教材，将进一步引导罪犯增强社会主义制度自信和文化自信，确保罪犯改造朝着正确的方向进行。

2.《民法典》为监管改造提供了有力抓手。通过学习《民法典》，可解答令罪犯困扰的婚姻存续、子女抚养、遗产继承、拆迁安置等法律问题，引导罪犯学习运用民法规则正确处理婚姻家庭关系、狱内狱外各种法律矛盾纠纷，依法用法律武器维护自身合法权益，并放下思想包袱积极改造，有利于营造监狱安定有序的改造环境。

3.《民法典》为教育改造充实了学习内容。《民法典》共7编、1260条，涉及社会和经济生活的方方面面，事关罪犯切身利益和新生后重新融入社会，因此《民法典》必然是监狱开展罪犯普法教育、强化罪犯教育改造工作的重要教材。

4.《民法典》为文化改造创新了开展形式。罪犯无时无刻不生活在监狱文化中，打造文化品牌，讲好文化故事，以文化人、以文育人、以文塑人正是文化改造的价值追求。《民法典》背后的立法原则，是对社会主义核心价值观的集中弘扬，是对社会公德、家庭美德、职业道德的大力倡导，对强化罪犯规则意识、倡导契约精神、维护公序良俗，引导罪犯弃恶向善、诚实守信、尊崇法律都具有正向的引导作用。

三、《民法典》对监狱法律关系的影响

《民法典》与《监狱法》规定的法律关系有一定的共同点，如人格、人身、财产、亲人、监护人、劳动能力等都是二者共用的术语；保护目的上，《民法典》是保护社会认同的和谐关系，《监狱法》是通过矫正被破坏了的法律关系，让罪犯重新回归到社会认同的和谐关系中，二者殊途同归。

但更多的是不同点，如《民法典》保护民事权利的规定在很多方面都要依靠《刑法》进行规范，通过《监狱法》得到实施。而且在实施过程中一些权利会被依法剥夺，一些权利受到限制，一些权利甚至被迫停止。而且，监狱执行刑罚的本源是《刑法》中的刑罚剥夺限制权利规定。就民法和刑法的关系而言，《民法典》是前置法，即赋权法，《刑法》是后置法，即保障法。当一个民事违法行为严重到构成犯罪时，就应当受到刑法的制裁，因此处理好作为私法的《民法典》和作为公法的《刑法》之间的关系，实现二者的协调统一，对监狱工作的指导意义才能充分发挥。

（一）《民法典》对民事权利的彰显和《监狱法》对罪犯合法权利的模糊规定不相适应

作为民事主体权利保护的宣言书，《民法典》对民事权利的保障涉及方方面面，从所有权、用益物权、担保物权、生命权、身体权、健康权到隐私权、个人信息保护，均有详细的规定。《监狱法》中对罪犯权利的规定如下：罪犯的人格不受侮辱，其人身安全、合法财产和辩护、申诉、控告、检举以及其

他未被依法剥夺或者限制的权利不受侵犯。由此可见，现行《监狱法》对罪犯所享有的权利规定存在两个问题：一是过于笼统和简单，范围界定不清晰、不明确；二是尚未涵盖全部的民事权利，这势必会对今后监狱依法实施罪犯管理和教育改造活动带来困惑和难题，如黄光裕在狱内服刑期间，遥控国美集团，作为一名服刑人员，是否仍然享有企业经营管理权？是否可以继续行使其作为董事会成员的权利？这种行为是否被法律所允许？在现行法律中，尚无明确规定。

从法理学角度分析，当罪犯被投入监狱服刑改造，他们曾经享有的公民合法权利会被分割成三部分，一是法律明文规定依法暂时被剥夺的权利，如剥夺政治权利、人身自由；二是虽未被剥夺，但因监狱特殊的物理属性而无法实现的权利，如罪犯虽享有宗教信仰自由，但不能在狱内举行宗教仪式；虽享有结婚同居的权利，但在狱内也无法实现；三是罪犯在狱内能够继续享有的权利。综上所述，结合《民法典》对公民民事权利的系统规定，进一步完善细化罪犯民事权利清单，详细明确地规定罪犯依法享有的权利、依法被剥夺的权利，以及被限制权利及其实现途径，才能进一步做到监狱执法管理工作有法可依，为民警依法管理罪犯提供更加明确可操作的法律依据。

（二）《民法典》的颁布实施为监狱执法管理活动提出更高要求

《民法典》对民事主体权利的强化保护，实际上就要求国家机关谨慎行使公权力，以避免对私权利不必要的损害和干预。因此，《民法典》颁布实施后，要求监狱对罪犯的日常管理，行政奖惩，提请减刑、假释等工作更加规范、严谨，以充分合理的法律依据作为支撑。民警日常开展罪犯执法管理活动，如民警依法开展视频巡查、检查罪犯信件、监听罪犯与亲属接见谈话内容等执法行为时，是否需要在制度框架层面考虑兼顾对罪犯个人信息、隐私权等公民基本权利的保护，笔者认为有必要进行探讨。随着罪犯权利意识的进一步提高，未来罪犯寻求法律援助、聘请委托律师依法提起申诉、检举、控告及行使辩护权的情况可能会大幅增加，这也是监狱执法管理工作必须面对的一个挑战。同时，在保障罪犯生命健康权方面，如何妥善处理日益凸显的罪犯医疗费用有限与老病残犯、急重病犯增多、病死难处理的监狱医疗管理矛盾，建立完善“有限医疗”机制，也是新时期监狱工作中必须直面并解决的难题之一。

（三）《民法典》为民警权益保护提供了全新角度

当前，针对监狱民警执法权益保护的规定较为零散、笼统，且缺乏可操作性。如《监狱法》第5条规定，监狱的人民警察依法管理监狱、执行刑罚、对罪犯进行教育改造等活动，受法律保护。《中华人民共和国人民警察法》（以下简称《警察法》）也只在第5条笼统地规定，人民警察依法执行职务，受法律保护。现实中，罪犯对抗民警管理、谩骂威胁民警、恶意诬告陷害甚至暴力袭警的现象屡见不鲜，且舆论宣传片面强调“文明执法”“人性化管理”，将被剥夺自由的罪犯视为绝对的“弱势群体”，对民警执法权益保护关注较少，在管理罪犯中缺乏制度保障、缺乏底气、缺乏力度，如同“没牙的老虎”，让法律的权威和尊严难以得到彰显。

民警健康权、休息权等权利在现实中也无法得到充分保障。监区基层民警超时劳动、加班为工作常态，面对复杂尖锐的改造与反改造矛盾，长期超负荷工作，承受巨大的心理压力。尤其是2020年新型冠状病毒肺炎疫情期间，监狱实行封闭执勤模式，在巨大的监管改造压力和疫情防控压力下，民警因连续作战而身心俱疲，个别民警甚至病倒在工作岗位上，部分民警还出现了较为严重的心理问题。民警休息权得不到应有的保障，身心健康堪忧，已经严重影响到监狱民警的可持续发展。

治国者，必以奉法为重。一个社会对执法者的态度，是对法律庄严神圣的诠释，也是对国家法治文明的丈量。在《民法典》正式实施的大背景下，在基本人权被日益尊重彰显的今天，如何保护民警使其能够大胆管理罪犯、依法履职尽责？如何保护民警及其近亲属的人身健康安全不受威胁和侵犯？如何使民警及其近亲属的人格尊严不受侮辱贬损？如何依法保障民警作为普通公民所依法享有的合法权益？笔者认为，应依照《民法典》有关民事权利的相关规定，结合《中华人民共和国公务员法》（以下简称《公务员法》）和《警察法》对公职人员、民警等特殊群体的权益进行保护规定，以及通过《刑法》对公民民事权利的事后救济，进一步细化、健全体制机制，强化对监狱民警自身合法权益的保障，确保民警大胆依法履职尽责，合理规避职业风险。

（四）民法典实施后要妥善应对罪犯过度维权问题

近年来，随着监狱执法监督体系的日益完善，罪犯维权意识也日益增强，同时，罪犯过度维权问题也日益凸显。个别罪犯在服刑期间不能做到遵规守纪、积极改造，对罪犯法定义务闭口不谈，只片面强调个人应当享有的各种权利，形成事实上的过度维权。如有的罪犯伪病诈病，逃避学习、劳动，声称其具有“生命健康权”和“休息权”；有的罪犯认为减刑是罪犯的权利，动辄因减刑无望而消极抗改；有的罪犯长期作无理申诉，对相关部门的依法答复置若罔闻；有的罪犯无中生有，毫无事实根据地恶意检举诬告民警，这些表现不仅不利于罪犯从内心认罪悔罪，改过自新，也在犯群中形成十分恶劣的示范效应，严重损坏了正常的监管改造秩序。《民法典》作为人权宣言书，无疑将进一步激发罪犯的维权意识。如何使罪犯能够正视权利义务的对等关系，既理性合理地维护自己的合法权益，又遵规守纪，自觉履行法定义务？笔者认为，应建立健全对罪犯过度维权行为的强力惩戒制度，达到警示他犯、以儆效尤的目的，同时有针对性地强化罪犯认罪悔罪教育、身份意识教育、感恩教育，在民法典宣传教育中做到正确全面解读，切实避免罪犯进一步过度维权，增加民警执法管理难度。

（五）《民法典》为监狱企业的发展带来新机遇

监狱是国家政治机关，承担着惩罚和改造罪犯的重要职能，而监狱企业则是独立享有民事权利和承担民事义务的营业法人。监企分开对监狱职能回归和增强监狱企业活力都意义重大。当前，我省监狱虽已初步实现监企分开，但监狱企业的活力不足、市场竞争力不强、经营管理水平落后、产品结构不合理，严重制约监狱企业持续健康发展。《民法典》颁布实施后，监狱企业必须按照《民法典》《中华人民共和国公司法》（以下简称《公司法》）等相关法律规定，进一步理顺与监狱的关系，引入和完善现代公司治理制度，真正实现企业职能的转变，将精力用于转变发展方式、调整产业结构、推动产业升级、提高生产效益等上面，这是摆在广大监狱工作者面前的一项重要课题，也是监狱彻底转变“重经济轻改造、重生产轻教育”的不利局面，切实回归惩罚和教育改造罪犯职能，提高罪犯改造质量的必由之路。

四、用好《民法典》，加快推进监狱法治化建设

监狱虽相对封闭，但也是社会系统的一部分，其管理运行必须适应《民法典》的影响和要求。顺应社会发展形势，乘势而上、顺势而为，结合监狱

工作的特殊性，大力弘扬《民法典》的法治精神，普及法律知识，将《民法典》为我所用，为监狱治理能力和治理体系现代化服务，是监狱工作者面对《民法典》的明智态度。如何用好《民法典》，让其为监狱工作大局服务，笔者认为应重点从以下几点抓起：

（一）在思想层面拓宽对依法治监这“法”的认识，树立“依《民法典》行政”的思维

《民法典》较原有的单行法律，既有大量变更之处，也有不少新增内容，条文数量的“庞大”以及原单行法律多年使用的“定式”都是影响正确精准解读《民法典》的重点和难点，监狱民警面向罪犯解读《民法典》时，首先要做到自己扎扎实实学习、认认真真钻研，确保真正读懂弄通法律条文，学深学透其核心要义和精神内涵，面对罪犯，则要秉持极度认真、逻辑严谨、高度负责的态度为罪犯“传道授业解惑”，避免满堂灌、照本宣科，教学中坚持由点及面、由表及里、循序渐进，开展启发式教学，防止出现一知半解、不求甚解、望文生义等情况，让罪犯真正学到民法典的精髓，从中获益，激发兴趣。

1. 牢固树立法治理念和法治思维。《民法典》对监狱机关的执法理念、执法方式等方面的最大影响，就是必须尊重和保护罪犯作为民事主体的权利。在《民法典》颁布以前，我国司法机关已经提出规范化和人性化执法，这体现了公权力对私权利的尊重。《民法典》的颁布，将进一步强化贯彻以人为本的社会主义法治理念和尊重私权利的理念。监狱及监狱民警要贯彻以人为本的执法理念，始终把人民利益摆在至高无上的地位，严格规范公正文明执法，提高执法的公信力。要以保证《民法典》有效实施为推进法治监狱建设的重要抓手，把《民法典》作为监狱机关进行执法决策、内部管理的重要标尺，不得违背法律法规的规定随意作出减损民警职工和罪犯合法权益或者增加其义务的行为。要以《民法典》为依据，着力提高保护罪犯的民事基本权利的水平，不断促进社会公平正义，着重解决罪犯最关心的现实利益问题。

2. 准确掌握《民法典》的内容。《民法典》是目前我国法律体系中条文最多、体量最大、篇章结构最为复杂的一部法典，监狱机关为准确领会并严格贯彻落实《民法典》的相关规定，要做大量深入细致的工作。特别是全体民警要积极学习、准确领会《民法典》的内容，通过组织各种形式的学习班、

研讨班，邀请法律学者和实务工作者，包括法学教授、律师、法官、检察官等，对民警进行《民法典》相关内容的培训，让他们尽快掌握并准确领会《民法典》。民警之间也要形成互相学习、互相探讨的风气，采取学习竞赛的方式，对成绩优异的民警进行表彰和奖励。

3. 查摆监狱在普及《民法典》中的问题，深化《民法典》普及工作。自《民法典》颁布实施以来，青海省监狱《民法典》宣传教育及时跟进，精心策划，扎实推进，取得了一定的效果，但也存在一些不尽如人意的地方。总体而言，学习的深度不够，《民法典》学习与罪犯教育改造工作的联系不够紧密，学习的效果也有待进一步提高。我们将深入查摆2020年《民法典》宣传教育活动中存在的不足和短板，教学上有待改进和改善的方面，剖析问题的根源，逐项建立问题、责任、整改清单，逐项整改清零。2021年，按照“八五”普法教育规划，我们将以中青年民警为教学主力军，做强教员师资力量，充分运用科技、信息技术丰富教学形式，引进整合利用社会优势教育资源，确保《民法典》教育的系统性、科学性和有效性。

（二）在立法层面学习借鉴《民法典》规范构建理念，推动监狱法科学立法

要结合《民法典》《刑法》《刑事诉讼法》《监狱法》《警察法》《公务员法》等法律法规，全面梳理监狱现行管理规范，对与《民法典》立法精神相悖的，不符合工作实际的，不利于民警依法履职、监狱执法管理的，应当及时修改或废除，认真研究制定新的符合监狱工作实际的管理规范和执法规范，充分发挥各项内部制度规定对监狱工作的正向引导、激励、强化作用，为青海监狱工作的发展保驾护航。

目前，《刑法》《刑事诉讼法》《监狱法》《中华人民共和国社区矫正法》（以下简称《社区矫正法》）基本撑起了我国刑事执行法律体系构架，但是在《民法典》背景下，我国的刑事执行法律体系在适用实践上与社会环境、司法理念、法律制度不断变化调整之间还有一些不相适应性，特别是《监狱法》的修订工作应当加快步伐，学习《民法典》，推动监狱法科学立法，逐步完善我国刑事执行法律体系。

1. 整合刑罚执行资源，逐步过渡到刑罚执行一体化。

目前，我国的刑罚执行与法律规定并不完全契合，公安、法院、社区都

有自己的刑罚执行权利，存在多元化并存现象。建议学习《民法典》“九法合一”的模式，将监禁机构、资料，尤其是将监禁矫正与非监禁矫正统一起来，实现监狱行刑与社区矫正一体化，以达到优化资源配置、降低行刑成本的目的。

2. 全时空梳理要素，减少民事侵权类案件发生。

对监狱刑罚执行的每一个环节都要进行检视，对罪犯从入监服刑到刑满出狱这一段人生每一个环节的种类权利要素进行衡量，思考怎么才能在法律规定范畴内执行刑罚。特别是监狱目前还存在禁闭等进一步限制人身自由的措施，这些都应该在修订的《监狱法》中明确规定，从而减少民事侵权类执法风险，最大限度地保护好民警执法权益。

3. 明确罪犯的“人格”定位，实现与《民法典》的法律衔接。

《监狱法》第 7 条、第 14 条分别规定了罪犯人格的保护，罪犯的人格不受侵犯等。但罪犯的人格是否与民法意义上的人格一致，一直是实务操作中存在争议的问题。就刑罚执行层面上看，罪犯是国家公民，但是因犯罪而降格的公民；罪犯享有民法规定的合法权利，但在监狱这个特殊的环境里，一些民事权利不可能得到落实甚至会事实上停止，因此，罪犯享有的民事权利是在法律规定下的不对等的或者说是不完备的权利。因此，在修订《监狱法》时，应该着重厘清服刑罪犯人格与普通公民人格的差异性，对罪犯的民事权利做到应列尽列，同时就相关权利的行使给予特别指引，必要时作出限制性规定，做好与《民法典》的衔接，坚持以《民法典》为依据，尽量使罪犯“人格权”在监狱法的内容上得到充实，与《民法典》的规定保持一致。

（三）要在执行层面加强对公民权利的保护，不能侵犯隐私权，要以积极方式主动保护公民私权

进一步推进刑罚执行制度改革，整合人民检察院派驻机构、公职律师、法律援助等资源，抓好工作落实。确保在每一个执法环节、每一个执法案件中体现出公平、公正和廉明。

1. 端正执法思想，忠诚履行法定职责。首先，深入开展执法培训、岗位练兵活动，广大监狱民警要进一步坚定理想信念、强化宗旨意识，提高履职能力。其次，扎实开展“纠正执法问题、促进公正执法”专题教育活动，深刻查找执法思想、执法行为、执法纪律、工作作风等方面存在的问题，认真

予以整改，增强公正廉洁执法的自觉性和坚定性。再其次，要尊重罪犯在改造中的主体地位，用正确的执法理念实施对罪犯的改造。最后，要广泛调动社会的一切积极因素，积极维护罪犯的合法权益。

2. 构建完善的制度体系，为保障罪犯的权益创造前提条件。一是按照监狱体制改革的目标要求，健全监狱刑罚执行管理和生产经营管理制度，建立执法经费支出和监狱生产收入分开的运行机制，实现“全额保障、监企分开、收支分开、规范运行”的管理机制，完善刑罚执行制度，建立公正、廉洁、文明、高效的新型监狱体制。二是规范管理、教育、劳动、生活卫生、医疗健康、申诉、控告、检举等一系列涉及罪犯权利的制度，为罪犯的权益保障创造良好的制度环境。三是加强执法规范化建设，积极推进“阳光执法”。健全和完善公正廉洁执法工作规范，提高执法公信力。

3. 把确保罪犯人身安全作为保障其权益的首要目标。近几年，患心理疾病和老弱病残罪犯数量不断增加，人们的维权意识日趋增强，监狱涉及犯罪信访事件数量呈上升趋势。其中罪犯狱内伤亡，已经成为导致监狱与罪犯亲属纠纷的重要原因。要充分认识罪犯非正常死亡问题的复杂性和敏感性，切实增强做好防范和杜绝罪犯非正常死亡工作的责任感和紧迫感。加强对有自杀倾向罪犯的管控，消除罪犯非正常死亡隐患。加强罪犯劳动安全管理，消除安全隐患。切实做好医疗卫生工作，严防食物中毒，加强对患病罪犯的治疗和关怀。对丧失再犯罪能力的老病残罪犯，符合减刑、假释条件的，及时提出建议。加强对自杀心理干预、精神病犯控制、现场急救等知识培训，提高应急处置能力。

4. 加强职业技术教育，确保罪犯劳动安全权。一是根据监狱生产和罪犯释放后就业的需要，对罪犯进行职业技术教育。推行“5+1+1”教育管理模式，在罪犯中开设不同类型的兴趣教育班。加强对罪犯回归社会前的就业指导、技能培训，增强罪犯回归社会后就业谋生的能力。二是建立严格的罪犯劳动项目准入、劳动现场安全管理等制度，确保罪犯劳动安全。

5. 规范执法行为，促进执法公正。完善执法标准、程序，坚持定期考核，严格考评。加强执法监督，对重要执法过程进行全程录音录像。加大对监狱民警在执法执纪、尽职尽责、警容风纪等方面的督察力度，改善不良执法方式和执法行为。加强警风建设，严格落实六条禁令。加强廉政文化建设，坚持每月开展一次廉政教育，半年组织一次警风评议。创新监督体系，分别在社会各界知名人士中聘请执法监督员，在罪犯亲属中聘任廉政监督员，在离退休老干部中聘任巡察员，罪犯监区配齐纪检监察员，在服刑人员中设立廉政信息员，将监狱执法活动置于全方位、全过程的监督之下。

6. 尊重罪犯在改造中的主体地位，提高其改造质量。坚持以人为本，充分调动和发挥罪犯主动改造的能动作用，力争从思想深处重塑罪犯的世界观、人生观、价值观，引导罪犯在正确的导向下组建兴趣小组、文艺团体，允许其编排一些活动、节目。提出“有困难找民警、民警就在你身边”等更加体现人文关怀的口号，充分调动和激发罪犯改造自主性。切实抓好个别教育、攻坚教育工作，构建“小组承包、全员参与、集中会诊、合力攻坚”的工作机制。

7. 加强心理矫治，保障罪犯身心健康权。罪犯由大墙外转到大墙内劳动，长期的监禁会使罪犯的心理问题、精神性疾病日见突出。心理矫治作为新的改造罪犯手段，越来越显示出重要性和不可替代性。加强罪犯心理咨询矫治工作，促进工作常态化，普及率达到应参加人数的100%，促使他们学会放松技巧、释放压力。加大对重要罪犯的心理测试、心理咨询以及心理矫治，实行动态跟踪，心理档案建档率要达到100%。广泛开展罪犯心理健康教育，通过对罪犯的心理干预，消除罪犯的心理问题。

（四）在规范层面要充分发挥规章制度的作为空间，各部门要对标《民法典》梳理制作应对指引，完善配套衔接机制

充分利用制度规范高效直接、靶向目标明确的特点，将民法精神融入刑罚执行的每一个环节中，全面系统地编制监狱权力清单、责任清单和负面清单，将执法权力装进笼子里，防止监狱规章制度违背法律、破坏法治统一，损害罪犯或民警的合法权益。

1. 要强化权利救济规范，在涉及人身权利、财产权利和其他合法权利时，不仅要考虑刑罚执行的依据，也要依据《民法典》进行合法性裁量，通过综合衡量做出更加符合法律的决定。

2. 加强自治规范建设，推进罪犯有限自治规范。实践中，罪犯生活卫生制度中伙食委员会的建立、罪犯改造积极分子委员会和罪犯互监组等形式，反映出监狱罪犯自治形式的存在。适应《民法典》的需要，监狱应该在岗位

设置、学习机制和诚信管理等方面进一步加强完善罪犯自治组织，让其有更多的适宜的劳动岗位可以选择，有更加多元的模式提高学历，有更加自信的态度面对社会。同时建立罪犯遵守诚信奖励规范，对不遵守诚信规范的予以克减权利，对于违纪行为予以惩处，使惩罚性措施具有更加明晰的程序性、形式性法律规定。

3. 完善家庭社会帮教规范，减少再犯罪风险。对现有的社会帮教规范进行梳理，尤其是家庭帮教内容，要凸显其弥补公权力教育温情不足的缺陷，明确监狱通知罪犯家属的义务，同时明确罪犯家属助力刑释人员回归的法律义务。让监狱法对刑释人员的关注，与《民法典》扶弱救困的精神相一致，让罪犯回到家庭不至于生活无助，也不至于再混迹社会，从而实现预防犯罪的目的。

总之，《民法典》的出台，给《监狱法》预留了很多立法空间，给监狱机关提出了保障罪犯合法权利和民警执法权力、提升监狱治理体系治理能力现代化的契机。保障《民法典》的实施，进一步明确监狱作为政治机关的职能，深化监狱法治化建设，在当前已经是刻不容缓。

作者信息：

安玉海：青海省监狱管理局政委
何健：青海省监狱管理局刑罚执行处处长
邱平祥、王永秀：青海省监狱管理局民警

监狱执法责任风险机制建设

法治化背景下我国监狱制度的风险防控问题研究

李　梁　王　菡

摘　要：我国法治化进程全面展开，风险的预防和控制也成为社会关注的焦点。监狱风险防控已经成为法治化背景下监狱制度建设的重点内容。监狱制度的风险来源主要包括交叉感染、制度缺陷、封闭环境、心理安全四个方面，在法治化语境下监狱风险也有了新的判断。推进监狱制度法治化，重视监狱内罪犯的改造方式，着力打造智慧型监狱，提高监狱民警的职业化、专业化水平是监狱风险防控的有力举措，同时本文也对法治化背景下监狱制度风险防控的未来进行了展望。

关键词：监狱制度　风险防控　监狱法　转型升级

党的十八届四中全会通过了《中共中央关于全面推进依法治国若干重大问题的决定》，这不仅是中国特色社会主义法治化道路的全新起点，也标志着中国法治化进程全面拉开帷幕。法律是治国之重器，全面推进法治化建设是实现良法善治的必要举措，更是提升国家治理体系和治理能力现代化的必由之路。在全社会开展法治化建设的背景下，监狱作为社会治理的重要一环，必须依据法治化指导思想构建能够良好适应社会发展的新型监狱制度，特别是在监狱制度的风险防控方面要站在法治建设的高度，学会运用法治思维解决面临的难题。

一、法治化背景下监狱制度的风险论证

社会发展的进程不断加快，法治化思想也与时俱进。日益复杂的社会矛盾加剧了社会风险程度，对社会治理也提出了新的难题。当今社会正处于后工业化时代，风险社会的概念逐渐取代工业社会，成为人们的重点关注对象。在风险社会的背景之下，人们对安全问题的重视达到了新的高峰，要求对风

险进行管理和控制的呼声也日益高涨。监狱不但是社会治理的重要组成部分，其与公众安全感也是紧密相连。因此，有必要对监狱制度的风险进行分析，以此为缩影把握风险防控的整体脉络。

（一）法治化背景下的风险刑法与风险防控理论

风险社会一词最早出现于德国作家乌尔里希·贝克的《风险社会》之中，贝克认为：现代性正从古典工业社会的轮廓中脱颖而出，正在形成一种崭新的形式——工业的“风险社会”。〔1〕这句话也可解释为工业社会发展历程中所蕴含的危险与矛盾使其不可避免地与风险社会息息相关。风险的控制需要社会系统的协调运转，刑法作为维持社会秩序的重要工具，在应对逐渐深化的全球风险面前自然要不断改变，在此基础上风险刑法理论应运而生。有学者指出，风险刑法就是在风险社会或者社会转型的背景下，旨在回应社会需要特别是风险控制的理论。〔2〕风险刑法理论在立法上的体现主要有三个方面：第一，在刑法规制对象上，越来越重视对具有社会公共安全风险以及对社会公共利益造成危害的犯罪进行打击；第二，在刑法保护的法益上，刑法所保护的法益范围不断扩大；第三，在刑法处罚上，刑法治理犯罪早期化倾向明显，在一定程度上呈现对严重犯罪采取重刑化的态势。

在我国风险刑法理论已经得到了越来越多学者的认可，成为社会风险判断的基准以及风险防控的有力手段。风险防控是风险刑法的侧面，或者说，风险刑法的提出就是为了更加有效地对风险予以防控。监狱制度的管理体系应该立足于风险防控理论，以谋求监狱内部监管人员与罪犯、监狱与外部社会的协调一致。

（二）监狱制度的风险来源

要想在整体上把握监狱制度的风险防控问题，就必须了解监狱制度的风险来源。由于罪犯是监狱中的主要人群，因此可以从罪犯的维度分析监狱制度的风险来源。通过对交叉感染、制度缺陷、封闭环境、心理安全等风险进行考察，形成监狱制度风险来源的结构化分析体系。

1. 监狱的制度缺陷风险

监狱作为国家刑罚执行机关，不仅是国家暴力机器属性的体现还是法治

---

〔1〕 参见［德］乌尔里希·贝克：《风险社会》，何博闻译，译林出版社 2004 年版，第 2 页。

〔2〕 参见劳东燕：“风险刑法理论的反思”，载《政治与法律》2019 年第 11 期。

化社会框架下国家治理的公器。监狱设立的目标是秉持“挽救与感化”的方针，让罪犯在监狱里接受教育和改造，从而使罪犯真诚悔悟，更好地回归社会。实现这一目标的第一步就是要具备完善的监狱制度体系，确保法治的思想贯穿始终。一方面对于社会整体而言，监狱的制度缺陷风险会加剧公众内心的不安感，甚至会导致社会动荡局面的出现；另一方面对于被关押的罪犯而言，监狱的制度缺陷风险足以使其对教育改造的目的产生怀疑，进而重新实施犯罪。监狱的制度缺陷风险主要包括监狱执法体系的规范化程度欠缺、监狱管理制度过于松弛、监狱民警执法依据不充分以及监狱执法效率低下等问题。以监狱执法体系欠缺规范化为例，如果没有规范的体系约束，在罪犯减刑、假释等流程问题上缺乏统一标准，监狱民警执法过程中可能会出现同一事项不同处理方式的问题，最终会直接损害监狱的威慑力以及民警执法的权威，进而影响刑罚目的的实现。

2. 监狱的交叉感染风险

“交叉感染”原本常见于医学专业，形容病原体入侵进而传递到身体其他部位的现象，后来这一词语被广泛应用于以监狱为代表的国家刑罚执行机关，指代在依法监管的条件下，罪犯彼此之间通过交流各自的犯罪过程、方式和手段，进而强化犯罪意图的互动模式。这种负面互动模式极易使罪犯受他人犯罪内容影响产生新的犯罪刺激，增强再次犯罪意向，但是由于罪犯身处监狱，与社会相对隔离，因此只能将犯罪意向暂时予以压制。一旦罪犯服刑期限届满，在出狱以后缺乏必要的约束，之前的犯罪意向就有可能实体化为犯罪行为，进而对社会造成危害。监狱的交叉感染带来的风险主要有三个方面：其一，罪犯在得知其他的犯罪方法、手段之后，重新实施的其他犯罪与原来的犯罪并不相同。换言之，罪犯由最初的“单面手”变成了“多面手”，罪名具有多样化的特征。其二，罪犯长期被关押在监狱场所，与社会人员相对隔绝，彼此之间长期共同生活在一起，极易产生所谓“患难与共”的“深情厚谊”。出狱之后往往会继续纠集在一起，实施共同犯罪、团伙犯罪乃至黑社会组织犯罪的可能性远高于社会上其他群体。其三，监狱改造罪犯的质量与罪犯刑满释放后的再犯可能性成反比。我国设置监狱的目的一方面是使罪犯与社会隔离，维护社会正常生活秩序，另一方面是更好地教育和改造罪犯，让罪犯在监狱中得到矫正。但是经过交叉感染的罪犯，绝大多数并未意识到自身存在的问题，反而对社会抱有强烈的报复意识。这种罪犯出狱之后，具有较大再犯的可能性，进而使得监狱改造的质量随之大打折扣。

3. 监狱的封闭环境风险

环境对人的影响是潜移默化的，正如生活在社会中的人不可避免地要受到社会大环境的影响，监狱环境对罪犯所起的作用也是潜移默化的。在社会发展速度不断加快的同时，监狱的环境建设也在与时俱进地发生改变。然而，封闭环境是监狱不可改变的基本特征，监狱封闭环境在发挥积极作用的同时，其所带来的负面效应也不容忽视。监狱的主要功能就在于囚禁，也即通过囚禁罪犯于特定的场所使其与外部社会的一切事物相对隔离，不可逾越的高墙和环绕四周的电网无不彰显着这一特征。在监狱场所内，监狱监管人员对罪犯的管制权利是绝对性的，不管是罪犯的人身自由或者时间都处在严格的监管之下。每天固定的作息时间以及重复的劳动和思想政治教育使得罪犯的生活机械化特点明显。在这样的环境中，罪犯由心理上最初的不适、憎恶再到完全习惯监狱的生活演示着罪犯在监狱环境中所发生的变化，这种变化不只有正面的也有负面的，例如著名的“斯坦福监狱实验”就表明监狱环境本身就是一个强有力的有害环境，其消极心理效应必须被认真对待。〔1〕

4. 监狱的心理安全风险

监狱的心理安全风险主要表现在罪犯方面，被关押在监狱中的罪犯的心理问题可以大致分为心理生理缺陷、道德感缺失、自我控制能力低下三大类，他们大多在冲动、易怒等心理因素的影响下实施了犯罪行为。根据心理研究分析，具有缺陷人格的罪犯往往会表现出是非不分、自我中心、缺乏责任感等性格特征，而道德感缺失的罪犯则对外部世界缺乏同理心，以冷漠的态度对待身边发生的事实，自我控制能力低下的罪犯则经常暴躁易怒，不能很好地防控自己的情绪。〔2〕监狱的罪犯在长期集体生活的情况下，彼此之间可能会出现矛盾和冲突，虽然经过监狱内部的思想教育和改造，但是心理问题的解决并非一朝一夕之功。长此以往，必然会导致部分罪犯在心理因素的影响

〔1〕 参见辛国恩等：“监狱内部工作风险评估探析”，载《河南财经政法大学学报》2014 年第 1 期。

〔2〕 参见邵晓顺：“不同类别犯罪人犯罪心理调查研究——以 Z 省监狱服刑罪犯为样本”，载《公安学刊（浙江民警学校学报）》2020 年第 5 期。

下再次实施犯罪行为。心理因素不同于有迹可循的犯罪行为，潜在性或者说隐蔽性是其主要特征，随机性是其重要表现形式，因此心理疏导有时会滞后于问题的发生，对监狱内部的安全造成严重危害。

（三）法治化背景下监狱风险的新判断

以风险社会的角度分析法治化背景下监狱制度存在的新风险，我们可以从事实层面和价值层面进行判断。

由于事实可以分为社会事实和法律事实，所以探究法治化背景下监狱制度存在的新风险可以从这两个方面着手进行分析。首先，从社会事实方面来看，习近平总书记在十九大报告中明确指出我国社会的主要矛盾转化为人民日益增长的美好生活需要和不平衡不充分的发展之间的矛盾，社会矛盾的变化必然会带来社会结构的深刻变革。社会现象的多元化以及社会变化速率的提升使得罪犯的社会身份更加复杂多变，这些变化都为罪犯的教育改造问题提出了新的挑战，如何解决罪犯服刑期限届满后与社会的衔接问题成为监狱制度需要予以关注的焦点所在。其次，从法律事实的层面来说，法治化进程的推进为监狱制度的进一步完善提供了良好的机遇，但是新型科技手段的层出不穷使得监狱监管人员对罪犯的防控风险加大。与此同时，刑事法律的修改频次加快对监狱制度提出了更高的要求。

基于价值的层面判断，舆论对于司法体制的社会监督发挥着重要作用。随着社会主义法治化的全面展开，社会公众的法律意识明显增强，对于司法案件的关注度也显著上升。监狱内部发生的伤害事件、罪犯逃脱等个案现象都会引起社会的极大关注，监狱面临的舆论风险不同以往。在新时代国家安全问题不断凸显的背景下，习近平总书记提出了新的国家安全观。监狱安全既隶属于社会安全的范畴，也是国家安全的有机组成部分，立足于国家安全的高度使得监狱制度的风险防控更加具有挑战性。

二、法治化背景下监狱制度风险防控的举措

监狱风险防控是指以监狱为社会风险管控的主体，将监狱风险防控作为最终目标，通过对监狱风险发生的原因和结果进行详尽考察，从而有针对性地运用风险预防、风险评估、风险规制等手段，以降低监狱风险发生的频率和强度，力求动态化、系统化地应对监狱风险的活动。实现监狱风险防控目

标需着力推进四大举措：

（一）推进监狱治理的法治化

以新中国成立为起点，我国的监狱治理大致可以分为三个阶段：第一个阶段是从新中国成立到1994年《中华人民共和国监狱法》（以下简称《监狱法》）正式颁布以前，在这一时期，党的政策方针是我国监狱治理的主要工作依据。新中国成立以后，国家法治建设处于探索时期，各方面立法尚不完善。为了尽快解决重点领域法律不健全的问题，暂时性替代法律地位的规范性文件和条例大量涌现，反映在监狱制度方面的就是1954年出台的《中华人民共和国劳动改造条例》。除此之外，还有最高人民法院和最高人民检察院单独或者联合发布的司法解释以及政府颁布的行政法规、部门规章等作为监狱管理的补充规定。这些规定多为行政性质的文件而不是具有强制法性质的法律规范，从这个意义上说，我国的监狱制度在新中国成立之初的几十年间处于以党的政策为导向的治理阶段。第二个阶段的开端是1994年我国第一部《监狱法》的正式颁布，终点是2012年《监狱法》的修改，在这一阶段，我国监狱治理工作逐步迈入正轨，监狱各项工作的开展都以《监狱法》的规定为主要标准有序进行。改革开放以后，我国法律建设逐渐形成体系化模式，对监狱管理的相关法律问题也开始得到重视。1995年发布的《最高人民法院研究室关于执行〈监狱法〉第33条有关程序问题的答复》《最高人民检察院关于执行〈监狱法〉有关问题的通知》，此后司法部针对监狱的管理出台的一系列通知，以及特别是作为专门立法的《监狱法》的制定和完善，都为我国监狱治理在法治化轨道上平稳运行奠定了坚实基础。第三个阶段的时间限度是从2012年《监狱法》的修改至今，中国的监狱治理实现了由“一元主体”到“多元主体”的跨越，监狱的治理模式不再是监狱管理机关单方面的工作而是全社会共同参与的过程。2014年党的十八届四会明确提出全面依法治国是关系党执政兴国的根本性问题；2015年党的十八届五中全会指出必须遵循坚持依法治国的原则，要求运用法治思维和法治方式推动发展，全面提高党依据宪法法律治国理政、依据党内法规管党治党的能力和水平；2017年党的十九大高度评价十八大以来我国法治建设的历史性成就，凸显了“依法治国”在党中央治国理政战略布局中的重要地位；2020年“十四五”规划和2035年远景目标指出社会主义民主法治更加健全，社会公平正义进一步彰显。党对法治建设的重视体现在各个方面，监狱制度作为法治体系的一部分，必须坚持贯彻我国法治理念，将监狱的治理工作纳入到法治化的框架内，推动监狱制度的法治化更加完善。

（二）重视监狱内罪犯的改造方式

社会是一个整体，任何一个方面的改变都会产生“牵一发而动全身”的蝴蝶效应。由于新型犯罪的出现以及犯罪手段的转变，再加上社会公众法治化意识的提高和对人权保障的重视，我国监狱的治理工作出现了新的情况，对监狱内罪犯改造方式的转型与升级问题势在必行。在这种情形下，我国监狱工作随势而变，及时调整了监狱工作的思路。在加强罪犯的思想政治教育之余，也要定期对监狱内部分罪犯，例如曾经实施过严重暴力犯罪、危害人身安全犯罪以及危害国家安全犯罪的罪犯，进行心理评估测试，将罪犯的重新犯罪意向消灭在萌芽之中，将罪犯的矫正教育体系打造成全方位、深层次、立体化的整体格局。

（三）着力打造智慧型监狱

“五大改造”的提出一方面为监狱内罪犯的改造方式提出了新的改变路径，另一方面也对监狱的管理模式提出了新的要求。一直以来，高墙、铁门都是监狱的“代名词”，监狱的看守模式深入人心，但是新格局的提出需要将监狱一成不变的固化模式转变为矫治模式，也就是在确保安全的前提下，建立能够改善监狱工作条件，提高监狱工作效率的“智慧型”监狱。早在2007年司法部就公布了“全国监狱信息化建设规划”，由此全国监狱信息化建设的帷幕正式拉开。2010年以来全国监狱加紧“一个平台、一个标准体系、三个信息资源库”的建设，2012年全国多数省份的监狱已经完成了信息化建设一期工程，70%以上的监狱建立了应急指挥中心、智能报警系统和综合门禁系统。[1]此后，全国监狱的信息化步伐进一步加快。科技的进步为智能化监狱的建设提供了可能，2019年智慧监狱建设的号角正式吹响。所谓“智慧型”监狱就是依托于现代物联网、云计算以及大数据三大尖端科学技术，以智能感知、互联互通为基本原则，通过建设和完善监狱的各个系统，从中获取关键信息并进行有效集成、智能处理，在实现各类资源协同共享的基础上满足

〔1〕 参见李婕：“谈从数字化监狱到智慧型监狱的转变”，载《才智》2015年第13期。

矫正智慧化、管理精确化的要求，最终打造出的阳光、高效、法治的监狱。建设智慧监狱是法治化的内在要求，从罪犯的角度出发，智慧监狱会给罪犯营造出良好的教育改造环境，借助于系统有计划地制定罪犯个人的矫正方案，从而更好地实现特殊预防的目的；从监狱监管人员的角度出发，智慧监狱能凭借日常执法与管理活动信息协同共享减轻监管人员的工作压力，提高办事效率，有助于监狱内部各个部门良性互动。

（四）提高监狱民警人员的职业化、专业化水平

法治化建设不仅要求法律体系和法律制度的完善，还要求法治队伍素质的提升。只有提高监狱民警的职业化、专业化水平才能确保罪犯改造工作的顺利完成，才能灵活处理监狱内部各种突发性、危机性事件。监狱民警人员是罪犯的直接接触者，对于罪犯的教育改造情况以及罪犯的心理变化有较为清晰的认知。智慧监狱的普及对监狱民警人员的工作提出了更高标准的要求，只有掌握专业化知识和技能，才能使智慧监狱的优势发挥出最大效益。同时只有消除监狱民警人员的“边缘化”身份，建立职业化监狱民警队伍，才能加强监狱民警的权威，明确划分各自的职责范围，确保有权必有责。监狱民警人员职业化、专业化水平的提高有两大方面的优势：第一，在教育改造罪犯的过程中，能综合运用专业知识对各种类型罪犯“因材施教”，采用与之相应的矫正方法，提高矫正罪犯的水平。而且能将所学知识与罪犯的日常生活作对比，找出罪犯教育改造的规律，寻找最佳方法。第二，能促使监狱民警人员积极进取，对自己的职业生涯有更为明晰的规划，形成专业发展机制，提升对监狱工作的积极性。〔1〕

三、法治化背景下监狱制度风险防控问题的展望

（一）风险防控法治化将成为监狱治理工作的重心

坚持建设中国特色社会主义法治体系，是全面推进依法治国的发展目标和总抓手。在风险社会发展的大趋势下，一手抓风险防控，一手抓法治化是监狱治理工作的应有之策。监狱风险防控法治化依赖于立法和执法两个基点，只有立法科学化和执法公正化才能使监狱风险防控取得效益最大化的成果。

---

〔1〕 参见唐依：“监狱人民警察队伍专业化建设路径探讨”，载《科技风》2020 年第 2 期。

监狱法是引导监狱工作开展的基本法律，也是制定其他监狱制度的基准规范。监狱制度风险防控法治化离不开立法的支持，这就需要以《监狱法》为中心，完善相关的法律法规。现行《监狱法》在新形势、新任务、新挑战面前暴露出规制不足、引领疲弱等诸多问题，对其进行修改已经成为监狱治理工作的首要任务。对此，众多学者积极献言献策，为《监狱法》的修改提供了宝贵建议。例如，有学者认为，修改《监狱法》要站在国家治理体系和治理能力现代化的高度，坚持惩罚职能，体现“改造人”的宗旨，同时坚持问题导向、目标导向和未来导向。[1]为了解决风险防控问题，《监狱法》的修改应当体现风险防控的理念，对涉及风险防控的事项作出明确规定，将智慧监狱的建设纳入其中，同时在智慧监狱建设过程中加入风险防控系统，使其与原来的四大联防机制并列。最高人民法院和最高人民检察院也应当在《监狱法》修改完成后及时出台相应的司法解释，以保障新《监狱法》的顺利实施。制度规范起着对相关法律补充和细化的作用，因此其他配套法律法规的制定完善工作也应该同步推进，以形成完整的监狱风险防控法治化体系。从执法的角度分析，监狱风险防控法治化最终要落实到执法上。监狱是刑法执行机关，执法公正化既是监狱治理工作的出发点和落脚点，也是监狱风险防控法治化的内在需求。因此，监狱执法体系应当保证执法的正当性，坚守监狱风险防控法治化的底线。

（二）复合正义将成为监狱风险防控法治化的价值追求

监狱制度一直以来的“看守”模式不能有效提升犯罪治理的成效，严刑峻法作为维护社会公平正义和控制犯罪的手段，其所带来的威慑效果只能获得一时之便而不能收获长久之利。监狱风险防控所追求的不只是社会的公平正义还有对于罪犯而言的个别正义。法治化给予了复合正义发展的空间，在法治化的引导下，公民个人的正义也应得到充分保障，即使是此前实施过犯罪行为的罪犯也应一视同仁。罪犯的交叉感染风险一直是监狱风险防控关注的对象，对罪犯心理安全的重视也属于风险防控的一部分。监狱风险防控法治化在维护社会秩序稳定、通过惩罚罪犯的方式坚守社会公平正义的同时，也在通过提高对罪犯关注度的方式积极保障罪犯个人的公平正义。社会公平

---

〔1〕参见张晶：“从国家治理现代化的视角论《监狱法》修改的基点和导向”，载《犯罪与改造研究》2020年第2期。

正义与罪犯个人正义同等重要，两者不可偏废，实现复合正义与法治化方向一致、目标相同，因而将成为监狱风险防控法治化的价值追求。

（三）提高罪犯改造的质量将成为监狱风险防控法治化的核心指标

提高罪犯改造质量是我国监狱教育改造工作孜孜以求的目标，也是一直以来不断努力的方向，罪犯改造的优劣是衡量监狱工作的最佳标准，即使在法治化背景下侧重监狱风险防控也不会改变。重视罪犯的改造质量，彻底消灭罪犯的犯罪意向，使其对所犯罪行真诚悔悟并从中吸取教训，在刑满释放以后能真正成为积极投身社会建设的一分子是监狱治理工作的终极追求。监狱风险防控法治化是实现特殊预防的有力途径，而提高罪犯改造质量是检测监狱风险防控体系的最佳指标。

四、结语

中国特色社会主义法治化道路是新时代我们必须坚持和贯彻的正确道路。监狱制度作为法治化体系的一部分也应当紧跟时代步伐，积极探索新型监狱管理方式。当前监狱内部还面临着制度缺陷、交叉感染、封闭环境、心理安全风险等多重风险的挑战，针对不同的风险提出相应的措施是完善监狱制度的有力方式。监狱制度的风险防控之路任重道远，只有将风险防控常态化才能真正使监狱制度在法治化的道路上平稳前行。

作者信息：

李梁：中央民族大学法学院副教授，硕士生导师

王菡：中央民族大学法学院刑法学硕士研究生

习近平法治思想指导下的监狱执法责任风险机制问题研究

贾晓文　方　兰

摘　要：在当前监狱执法环境下，监狱民警执法法律依据不足，个别民警在工作中存在执法不规范、不严格、不公平的现象。一旦造成严重后果，民警轻则受到纪律处分，重则承担刑事责任。在强调监狱执法规范化、标准化、法治化的大背景下，客观、全面掌握执法过程中的各类风险点，有利于民警提前研判、加强源头管控、规避风险，避免因执法风险带来的不利影响。本文通过对监狱民警执法风险问题的深入研究 ，提出了完善监狱执法责任风险机制的针对性建议。

关键词：监狱　执法　风险　规避　探究

监狱是国家刑罚执行机关，是国家暴力机器之一，承担着惩罚和改造罪犯的职责。习近平总书记在对司法行政工作做的重要指示中指出：监狱管理是严肃的执法活动，依法管理是监狱工作的必然要求。要规范执法行为，抓住最容易发生问题的岗位、环节，进一步规范执法行为，细化执法标准，严密执法程序，强化执法监督，提高执法的规范化和公信力。这为监狱工作高质量发展指明了方向。

一、背景

（一）习近平法治思想为法治监狱实践提供了根本遵循。

党的十八大以来，习近平总书记从坚持和发展中国特色社会主义全局和战略高度定位法治、布局法治、厉行法治，创造性提出全面依法治国的一系列新理念新思想新战略，形成习近平法治思想。习近平法治思想是马克思主义法治理论同中国实际相结合的最新成果，是 21 世纪马克思主义法治思想，是在法治轨道上推进国家治理体系和治理能力现代化的根本遵循，是引领法治中国建设在新时代实现更大发展的思想旗帜。

习近平法治思想的重要内容之一是，强调坚持依法治国、依法执政、依法行政共同推进，坚持法治国家、法治政府、法治社会一体建设，努力建设中国特色社会主义法治体系、建设社会主义法治国家。法治监狱是法治国家的重要组成部分。法治国家建设客观上要求法治监狱建设，要求坚持依法治监、公正治监、严格治监、文明治监。法治监狱建设水平体现监狱工作质量高低。近年来，法治监狱建设取得了很大进步，但是在工作中还存在一些短板。比如，极个别民警存在执法不太规范、不太严格、不太公平的现象，与新时代人民群众对法治、公平、正义、安全的日益增长需求不匹配。法治监狱实践需要在习近平法治思想指引下，加强队伍建设，建设一支对党忠诚、服务人民、执法公正、纪律严明的高素质监狱人民警察队伍。

（二）推进国家治理体系和治理能力现代化的改革总目标为监狱工作高质量发展，完善监狱执法责任风险机制提出了更高要求。

党和国家高度重视国家治理体系和治理能力现代化问题。党的十八届三中全会提出，我国全面深化改革的总目标是完善和发展中国特色社会主义制度，推进国家治理体系和治理能力现代化。党的十九届四中全会着重研究了坚持和完善中国特色社会主义制度、推进国家治理体系和治理能力现代化的若干重大问题。坚持和完善中国特色社会主义制度与推进国家治理体系和治理能力现代化，两者一脉相承、有机统一，不能偏废。把我国国家制度的显著优势更加充分地发挥出来，更好地转化为国家治理效能，是新时代坚持和完善中国特色社会主义制度、推进国家治理体系和治理能力现代化的努力方向。

犯罪治理是国家治理的重要内容，是社会治理的重要方面。监狱行刑是犯罪治理的关键一环。监狱执法工作状况影响犯罪治理效能的发挥。推进国家治理体系和治理能力现代化客观上要求犯罪治理、监狱行刑也要实现现代化。为此，我们必须进一步发挥我国刑罚执行制度，特别是监狱行刑制度的优势，把监狱行刑制度的优势更好地转化为犯罪治理、罪犯改造工作的效能。制度的生命力在于执行。虽然我们在监狱行刑制度建设方面取得了显著成效，但是还存在一些薄弱环节。比如，在监狱执法责任风险机制建设方面还不太健全，特别是对监狱执法过程中的各类风险点掌握得不够客观、全面、及时，监狱民警提前研判、积极处置执法风险的能力还不够强，实践中出现了一些不利后果，影响了监狱行刑效能的充分发挥，也影响了整个社会对监狱执法工作的信任和支持。我国监狱行刑制度优势的最大化发挥，需要形成一套有效的监狱执法责任风险预测预警预防机制。

（三）党风廉政建设深入推进，监督问责力度加大，为健全监狱执法责任风险机制营造了良好外部环境。

党的十八大以来，我们党深入推进全面从严治党，大力推行党风廉政建设，强力正风反腐、持续正风肃纪，党的纪律建设全面加强，腐败蔓延势头得到有效遏制，反腐败斗争压倒性态势已经形成，不敢腐的目标初步实现，不能腐的制度日益完善，不想腐的堤坝正在构筑。进入新时代，党内政治生态展现新气象，反腐败斗争取得压倒性胜利，全面从严治党取得重大成果。

监狱是国家刑罚执行机关，监狱民警是武装性质的纪律部队，监狱不是党风廉政建设和反腐败斗争的法外之地，执法者更应该主动接受监督。近年来，全国监狱系统坚持新时代党的建警治警方针不动摇，牢牢绷紧严的这根弦，始终保持严的主基调，深化一体推进“不敢腐、不能腐、不想腐”，经常性开展警示教育，以案为鉴，做到警钟长鸣，对于违法违纪行为零容忍，加大监督问责力度，努力做到执法必有责，违法必问责，进一步发扬监狱民警特别能吃苦、特别能战斗、特别能忍耐、特别能奉献的“四特精神”，助力监狱工作高质量。同时也要看到，反腐败斗争形势依然严峻复杂，全面从严治党依然任重道远，监狱民警违规违纪违法行为时有发生。这既需要形成一套科学、规范、有效的监狱执法责任风险问责机制，也需要建立依法履职免责保护制度，确保监狱民警依法履职、秉公用权、廉洁从业。

二、当前监狱执法责任风险及问责机制现状

监狱执法风险是指监狱民警在参与刑事司法过程中所面临的各种风险，发生因执法或相关因素造成监狱民警受到损害或其他严重后果的可能性，包括暴力袭警、罪犯非正常死亡、脱逃等突发性事件。笔者通过对某省某监狱部分监区发放调查问卷的形式，了解到监狱民警的执法风险点主要集中在罪犯“三大现场”、减假暂适用及改造积极分子评选中，执法责任主要是监管责

任、刑罚执行责任和教育改造责任。

（一）监狱执法责任风险特征及表现

有罪犯的地方就有执法风险。监狱执法责任风险问题关乎监管安全稳定和民警职业生涯及切身利益。监狱执法责任风险具有风险的共性特点，又具有自身的个性特征：一是监狱执法风险与民警执法密不可分；二是监狱执法风险与罪犯及其亲属有关；三是监狱执法风险的损害对象是民警名誉、身体及其合法权益，甚至民警家属。

监狱执法责任风险主要表现在以下4个方面：

1. 罪犯“三大现场”暴露出的隐患问题。罪犯“三大现场”是监狱民警执法的主要场所，即劳动现场、生活现场和学习现场。其中劳动现场是执法风险点最为集中的地方，其次是生活现场，而学习现场相对较为安全。（1）劳动现场。一是用电安全风险。线路老化、短路，人为操作不当等都容易产生用电安全隐患；二是使用危险工具产生的风险。劳动现场工具较多，以及众多维修工具，都容易带来安全隐患；三是因操作机器不当导致的安全风险；四是车间原料、成品带来的火灾安全风险。（2）生活现场。生活现场是罪犯就餐、就寝的地方，包括寝室、晾衣间、理发室等。这些地方虽空间不大，人员密集度不高，但隐形风险并不少。比如，因性格、生活习惯等差异容易导致罪犯之间产生矛盾，一旦互监不到位，极易导致监管盲点，带来行凶、自杀等风险。（3）学习现场。按照某省监狱管理局统一规定，落实“5+1+1”工作模式要求，监狱每周二全天为教育学习日，每晚7时整收看央视《新闻联播》。这是罪犯学习固定的时间点，一般会采取以分监区为单位集中学习。对于一个可容纳150人左右的监舍大厅（一般作为集中学习场所使用），如果监管不力容易造成偶发性人员冲突，甚至出现罪犯袭警或罪犯间打架等事件。

2. 罪犯计分考核中出现的违规问题。计分考核是监狱执法工作中一项基础性、源头性工作，是对罪犯实施管理的重要执法手段，是监狱执法关键环节中的“关键”。计分考核结果是认定罪犯服刑期间表现的主要指标，是罪犯获得行政奖励的主要依据，是对罪犯提请减刑、假释的重要依据。计分考核涉及罪犯多个改造环节，如罪犯入监分配、劳动岗位调整、病残鉴定、劳动能力等级评定、分级处遇管理、改造积极分子评选等多个方面。计分考核权在适用中具有相当大的灵活性，容易被滥用或寻租。在上述改造环节中，任何一个环节出问题，都可能造成不良后果。

3. 罪犯减刑、假释、暂予监外执行等适用环节带来的执法问题。实践中，违规适用减刑、假释，主要表现在：一是通过违规调监、假立功加分、特殊岗位加分等形式使本来客观公正反映罪犯改造表现的计分考核偏离正轨；二是违反工作纪律，不严格审核把关，致使罪犯违规获得重大立功奖励并减刑；三是滥用职权、徇私舞弊，多次接受请托人宴请及贵重礼品，将明知不符合调监条件的罪犯调监，违规向监狱有关负责人打招呼，对特定罪犯违规适用假释；四是接受请托人宴请及贵重礼品，采取弄虚作假手段给予特定罪犯奖励积分，伪造相关减刑证明材料，致使特定罪犯获得减刑。

4. 生产经营方面出现的经济问题。监狱生产经营活动中廉政防控的风险点主要有国有资产出租、承揽加工合同签订、生产过程管控、资金管理等。监狱从事生产经营活动的民警，直接与钱财物打交道，面对的诱惑多，是“常在河边走”的人，如果不能树立正确的人生观、价值观，很容易丧失了道德法律底线，最终滑向犯罪深渊。监狱民警是一支既搞执法施教又搞经济建设的特殊队伍。近年来，监狱在生产经验环节发生的贪污受贿，利用职权索取财物、谋取私利，违反政策规定收取额外费用等案件数量呈逐年上升趋势。

（二）监狱执法责任风险存在的原因分析

1. 服刑环境变化的影响。罪犯受外部环境和个体因素的刺激，心理承受能力会急剧下降。服刑环境、刑期因素、刑事政策变化容易让罪犯对未来和前途失去信心，产生悲观厌世、铤而走险的心理。一旦形成这种心理，罪犯会随时寻找冒险机会。

2. 民警业务素质不精。当前，最为突出的执法风险点是各类业务工作的办理。劳动奖分、计分考核、表扬评定、减刑假释暂予监外执行的适用等环节中出现纰漏的可能性很大，对政策把握的要求也较高。当前，我们办理相关业务的民警基本上是刚参加工作一两年的新民警，而且更新也比较频繁，整体专业素质不强。从执法实践来看，清监，搜身，罪犯申诉、控告、检举处理，罪犯考核和行政奖惩，减刑假释适用，罪犯来往信件检查，组织罪犯进行生产劳动及对罪犯的教育及管理等监狱日常管理工作中，出现执法风险多由相关制度落实不到位，民警业务能力和执法水平不规范导致。

3. 民警执法依据不足。《中华人民共和国监狱法》（以下简称《监狱法》）自 1994 年颁布至今，很大一部分内容已不适应现在的执法形势需要。《监狱法》修订也迟迟没有落地，监狱法律体系没有相应的法律地位，无法形成与公、检、法同等的分工、配合、制约关系，没有真正体现司法在国家体系中的地位。监狱管理法规细化性规定不足，没有涵盖整个监狱执法活动，很多具体问题缺乏明确规定，操作性不强，不同民警理解有差异。在日常执法活动中，监狱民警处于弱势地位。比如，精神病犯发病时，可能存在轻微袭警或言语挑衅但没有造成实际伤害的行为，监狱管理法规没有作出有关行为性质及如何追究责任的规定。这增加了监狱执法责任风险。

4. 罪犯维权意识增强。随着监狱法制化、科学化、社会化进程的加快，罪犯维权渠道增多。部分罪犯在维权过程中，扩大了自己权利范围，超越了法定界限，出现了过度维权现象。一些罪犯反改造意识很强，长期揣摩民警言行，趁机将认为的不满转移到民警身上，甚至抓住民警执法“小辫子”找检察院投诉。民警一旦被罪犯“告状”，就会造成多方检查、约谈，而民警往往很难拿出有利证据证明自己“清白”。

5. 病残犯管理难度加大。近年来，随着人民法院应收尽收政策的持续强化，病犯监区作为病犯就医康复的集中区，罪犯数量越来越多。由于病犯监区组成结构的特殊性，不可避免地带来执法风险。其一，住院病犯具有流动性、多元性及病情特殊性。收治住院的病犯来自各个监区，根据不同病情，治疗时间长短不一。他们来历不同，鱼龙混杂，民警对新来的住院病犯现实改造情况并不十分了解，在管理中可能无法“对症下药”，也有不少罪犯认为住院只是临时性安排，现实中存在不服管理、对抗管理的现象，若民警给予扣分，就会加深民警与罪犯之间的矛盾；其二，由于监狱生产压力大，任务重，不少罪犯存在“无病装病”“夸大病情”的情况。生产监区为稳定罪犯情绪，将执法风险转移至病犯监区。

（三）监督机关实施问责的现状

问责集中在基层，责任多由基层及其民警承担。对于罪犯自伤、自残、自杀的法定责任，监狱管理法规没有清晰、全面界定。实践中，问责常会连带。这挫伤了民警工作积极性，造成部分民警在管理中提心吊胆，在工作中畏手畏脚。对于罪犯之间发生的日常纠纷、轻微违纪、暴力违纪、自伤自残、生产安全及罪犯非正常死亡，民警轻则被扣分、通报批评，重则受党纪政纪处分，有的还会受到刑事处分。如在疫情期间个别罪犯未规范佩戴口罩，当值民警被扣分处理。

三、完善监狱执法责任风险机制的建议

（一）健全监狱执法责任风险预测预防预警机制

1. 完善预测预警制度，健全监狱执法风险责任机制。监狱民警执法的过程就是对罪犯行刑的过程，这个过程既充满了责任，又体现了担当，民警必须依法履行职责。随着我国《中华人民共和国刑法修正案（八）》［以下简称《刑法修正案（八）》］、《中华人民共和国刑法修正案（九）》［以下简称《刑法修正案（九）》］等的出台和《中华人民共和国刑事诉讼法》（以下简称《刑事诉讼法》）相关法律条文的修改，监狱关押的重刑犯和短刑犯的数量一直处于持续增长状态。罪犯数量的增多不仅给监狱监管带来压力，更给监狱民警执法能力和执法规范化水平带来考验。制度严于纪律，纪律严于法律。监狱执法风险预测预警制度的建立，能有效降低民警面临的执法风险。如在狱务系统、财务系统、刑罚执行系统等建立预测预警预防分析模型，分别对罪犯“行政奖惩”“劳动报酬”“减假暂”等执法程序和环节进行预警，对采集的廉洁风险信息进行比对和数据分析，确定风险等级，实现对监狱执法环节的有效监管和制约。

2. 加强民警职业培训，提升民警执法管理综合水平。在全面推进依法治国进程中，监狱民警应持续学习法律知识，树立法治意识，带头尊崇法律，做一名尊法学法守法用法的新时代民警。《监狱法》第5条明确规定，监狱人民警察依法管理监狱、执行刑罚，对罪犯进行教育改造等活动。监狱机关必须以强化民警队伍建设为抓手，聚焦监狱执法工作重点和关键环节，有效规范民警自由裁量权，压缩权力寻租空间。民警应时刻以党纪国法警醒自己，知敬畏、存戒惧、守底线，正确依法行使好、运用好执法权，提高监狱执法公信力，不断推动监狱事业健康、持续高质量发展。监狱应强化民警责任落实，增强制度执行力，加强民警业务能力培训，全面掌握执法过程中的各类风险点，提前研判、加强源头管控、合理规避风险。如监

狱政治处使用《民警一日工作规范》开展经常性培训，规范工作流程；劳动与安全生产科组织民警加强安全知识培训，强化安全意识；狱政管理科、特警大队及驻监武警联合组织民警武警开展应急处突演练，提高处置突发事件能力；管教科室组织民警对各类管教业务知识进行答疑解惑，助力基层民警专业知识的提升等。通过持续加强民警职业培训，推动监狱民警逐步向“四化”民警转型。同时，强化岗位分类管理，实现人岗匹配，降低执法风险。

3. 提高基层民警配比率，保障“三大现场”警力充足。根据司法部对“三大现场”值带班民警人数要求，当值民警必须达到在押罪犯的3%。但从全国监狱系统来看，许多省份监狱民警与在押罪犯比例没有达到司法部要求。当前，监狱警力配置的法定性、科学性、平衡性、动态性、有效性缺乏，长期警力不足是困扰监狱安全防控体系建立的现实问题之一。基层民警长期处于高压工作态势，“5+2”“白+黑”是常态。司法部曾对4个省份监狱工作开展的调研显示，监狱民警法定工作日人均每月超时工作86.87小时，法定工作日以外人均每月加班43.92小时。2019年清明节期间，司法部官网公布了司法行政系统2018年以来因公牺牲民警名单，37人中有36人来自监狱戒毒系统。监狱基层警力的严重不足造成民警个人身体长期处于超负荷运转，在体力和精力不济的情况下，无法保证对罪犯“三大现场”处突迅速、对罪犯谈话教育及心理疏导精准、对生产车间消防安全隐患排查到位、对“三大矛盾”处理得及时有效。因此，监狱在民警配置方面应向基层倾斜，严格落实《中华人民共和国劳动法》（以下简称《劳动法》）有关工作时间的规定，保障基层民警身心健康，减少因身心疲惫所带来的职业风险，配强监区（分监区）领导班子，加强基层警力配备，合理配置值带班警力，做到从优待警不走样，切实解决好民警后顾之忧，充分调动民警工作积极性和主动性。

4. 倡导监区式“枫桥经验”，共同创建和谐监区。监狱作为一个特殊组织，其组织结构呈“监狱-监区-分监区-班组”的金字塔模式。班组是监狱的最小单元，为了有效化解班组罪犯矛盾，分监区包组民警对处理违纪事件的细心、耐心和决心会给罪犯传递出强烈的信号——严肃处理，绝不姑息！让违纪罪犯感受到狱内违纪行为带来的严重后果，从而大大减少违纪率。包组民警在矛盾萌芽期应第一时间介入并及时制止，调查结束后应组织开展对当事罪犯的专题帮教会，由包组民警主持，分监区其他民警参加。通过当场询问、质证、评议，妥善化解罪犯之间的矛盾。通过疏堵结合，综合施策，规范执法，树立民警权威，提升民警处理矛盾的能力和水平，让罪犯信服，稳定罪犯情绪，达到化解矛盾在基层的目的，建设和谐监区。新入职民警应多参与罪犯矛盾化解工作，在实战中成长、积累。

（二）完善监狱执法责任风险问责机制建设

1. 加强监狱执法责任风险调查评估机制。监狱执法风险问题是随着罪犯结构、刑事政策、监督问责规定的调整而不断变化的。监狱机关应与时俱进，主动掌握变化，坚持问题导向，把监狱风险问题找全找准，靶向对标对表，实施有效评估，将执法风险降到最低。监狱应成立风险调查评估机构，组建专项组，制定专项工作方案，成立协调、调查、评估小组；建立健全相适应的工作机制，确保工作高效运行；完善监狱规章制度，明确民警执法责任、权力范围，开展日常性对照检查，确保制度落实，设定对违纪罪犯的约束、处罚、惩戒手段，真正起到震慑罪犯的效果。

2. 建立依法履职免责保护制度，优化监狱执法环境。2016 年 3 月，国务院总理李克强在《政府工作报告》中提出，建立健全激励机制和容错免责机制，让广大干部愿干事、敢干事、能干成事。2017 年 10 月，习近平总书记在十九大报告中着重强调，建立激励机制和容错免责机制，旗帜鲜明地为那些敢于担当，勇于创新，踏实工作，不谋私利的干部撑腰鼓劲。监狱民警作为一支特殊的纪律部队，担负依法惩罚和改造罪犯，将罪犯改造成为守法公民的神圣职责。当前，一些基层监狱民警在执法过程中因怕担责，工作畏手畏脚，出现了不愿为、不敢为、不想为的消极心态，对监狱整体工作的开展造成了不利影响。基层监狱民警之所以出现消极心态，一个重要原因是因罪犯行凶、自伤、自残、自杀事件引发的执法问责给监狱民警带来了严重的执法风险和职业忧患。一定意义上说，建立监狱民警依法履职免责保护制度是全面深化监狱整体改革的需要，是营造监狱民警干事创业氛围的需要，是确保总体国家安全观在监狱落地见效的需要。

3. 加大监狱执法监督力度，完善执法风险问责机制。监狱民警执法风险点多而广。基层监狱民警，特别是一线执法民警日复一日开展机械式工作，思想上难免产生懈怠和麻痹，有时会出现制度落实不到位，流于形式的情况。加强对监狱民警执法监督，不单是对罪犯合法权利的保障，也是对民警的保护。只有对监狱民警的违纪违规违法行为加大内外监督力度，实施针对性问责，才能引起民警足够重视，警钟长鸣。具体来说，监狱可根据实际情况组建三级督查队，督查基层民警执法执纪情况，及时发现问题，加强执法整治和跟踪问效：由监狱纪检监察部门牵头，联合政治处、指挥中心等相关职能部门，每天在重要时段对监区（分监区）进行督查，发现违纪违规问题及时纠正问责。同时，建立执法监督员制度，邀请社会知名人士担任执法监督员，每季度开展民警廉政建设和执法执纪情况分析会，做到早预防、早发现、早提醒、早查处，不断提升问责监督制度的落实力度。在多方参与下，提升监狱民警执法公信力，降低执法风险。

四、结语

在监狱现代化、法治化进程中，监狱执法风险呈指数式增长，危险和潜在危险达到了一个新高度。执法风险问题是制约监狱高质量发展的问题之一，具有长期性和复杂性。作为监狱的执法者，唯有牢固树立风险责任意识，做到肩上有责任，心中有敬畏，手中有戒尺，脚下有红线，监狱才能实现高质量发展，民警个人才能行稳致远！

参考文献：

1. 冯景等："监狱人民警察执法风险初探"，载《学理论》2014 年第 11 期。
2. 朱泳："监狱执法风险的复合治理研究"，载《贵州警官职业学院学报》2010 年第 6 期。
3. 邱荣辉："试论基层监狱民警执法风险性"，载《法制与经济》（中旬刊）2010 年第 6 期。
4. 戴荣法、李建淼："监狱执法工作的突出问题及对策研究"，载《贵州警官职业学院学报》2009 年第 2 期。

作者简介：

贾晓文：司法部预防犯罪研究所监狱工作室、预防犯罪研究室负责人

(主持工作)，研究员，研究室支部书记

方　兰：湖北省襄南监狱教育改造科副科长、湖北省监狱学会襄南监狱分会副会长、国家二级心理咨询师

监狱机关执法责任风险机制建设的思考

张　勇

摘　要：监狱机关作为国家暴力机器，国家刑罚执行机关，承担着惩罚与改造罪犯的职能，一直以来都承受着很大的监管改造压力和执法责任风险。有关刑事执行的法律法规不够完善，在一定程度上又加大了监狱机关及其民警的执法责任风险。本文着重分析了监狱机关执法责任风险的主要特点和表现形式，监狱机关在执法过程中存在哪些执法风险，面对随时可能发生的执法风险，哪些是可以规避和预防的，怎样有效防范，如何构建监狱机关执法责任风险防范机制，进行了深入的思考。

关键词：监狱机关　执法责任　风险　机制　建设　思考

监狱是国家的刑罚执行机关，其基本职能是对被判处死刑缓期二年执行、无期徒刑、有期徒刑的罪犯执行刑罚，对罪犯实施惩罚和改造，拥有一定的监管执法权力。在现代法治社会，有权力就会有责任，有责任就会有风险。所谓风险，指特定条件下各种可能后果与预期后果之间的差异，即某种损失发生的可能性。监狱机关执法责任风险就是在对罪犯执行刑罚过程中遭遇能导致监管事故、人身伤亡、财产受损、执法错误和其他不测事件的可能性，是多种危险因素综合作用的产物。监狱机关执法作为监狱工作的重点和群众关注的热点、焦点，同时也是各类监管事故隐患和安全风险交织叠加、易发多发的关键环节，做好监狱执法安全管理工作不容有失。随着社会文明程度的提高和法治化建设的全面推进，国家和社会公众对监狱机关的执法水平和效能的要求日益提高，监狱民警的职业压力越来越大，给监狱工作造成了不小的负面影响。监狱机关及其民警执法稍有不慎就有可能引起社会舆情的不良反应，导致民警个人被处分、刑拘乃至被追究刑事责任，监管执法风险极高，需要积极应对，降低风险程度，促进公正执法。本文重点分析了监狱机关执法责任风险的主要特点和表现形式，并就怎样有效防范，如何构建监狱机关执法责任风险防范机制，谈谈个人的一点粗浅见解，与同仁商榷。

一、监狱机关执法责任风险的主要特点

监狱机关执法责任风险来源于它应该承担的执法责任，是各级监狱机关根据监狱管理和执法岗位职责，依法明确执法主体、执法依据、执法程序、执法内容和考评、奖惩机制的规范化制度规定，监狱机关执法责任风险也由此而生。监狱机关执法责任风险是监狱机关及其民警在行使监管执法权过程中潜在的、因为执法主体的作为和不作为可能使监狱管理职能失效，或在行使权利或履行职责的过程中，因故意或过失，侵犯了国家或罪犯的合法权益，从而引发行政或法律后果，需要承担行政、民事或刑事等责任的各种危险因素的集合。笔者认为，监狱机关执法责任风险有以下几个特点：

（一）执法责任的高危性

自新中国建设监狱以来，监狱机关执法监管压力和从事监狱工作的风险系数大。尤其是担负一线监管执法任务，直接管理罪犯的监狱民警更是责任大、任务重、危险深、风险高，形成了监狱机关执法责任高度危险性的特点。监狱机关执法责任是伴随着监管执法工作而产生的，客观上说只要有监管执法工作存在，就有面临执法责任风险的可能性。监狱机关在对罪犯实施惩罚和改造的过程中，必然存在改造与反改造的矛盾，也必然会因为罪犯投机改造、逃避改造、对抗监狱管理而增大了执法责任风险。在这场斗争中，由于罪犯处于暗处，监狱处于明处，在具体的管理和应对中对监狱非常的不利。监狱机关在对罪犯的管理过程中，管理和被管理的矛盾也是时刻存在的，只要与监管执法工作某一个相关的细节没有做好，都有可能产生过失、过错、失职、渎职、枉法等执法责任风险，这种风险与监狱机关的监管执法行为始终相伴，是监狱工作中的重中之重，难中之难。

（二）执法责任的连带性

监狱机关实施执法责任制度，建立执法监督和执法质量考评机制。逐步建立一案一评、日常专项执法检查、年终考评相结合的考评制度，建立监狱民警执法档案和执法部门档案。为杜绝因执法责任不清，责任追究难以落实的弊端，要求执法民警对自己承办的执法事项负责，实行一级管一级、一级包一级、一级对一级负责的垂直联结、责任连带的执法责任追究管理制度。

监狱机关执法的某些职务行为，不是一个人的事，而是整个机关的事。办案的人、审批的人、参加的人、签字的人，都要一起承担责任，凡参与者都有责任。一旦发生执法过错或过失情况，造成严重后果，就要对失职失责人员和相关机构进行全方面、全过程、全链条彻查，依法依规严惩严处，坚决维护执法的公平公正。

（三）执法责任的终身性

各级监狱机关的执法部门以及所属的民警，对实施的各项监狱执法工作终身负责。对执法过错责任人员，将根据其违纪违法事实、情节、后果和责任程度分别追究刑事责任、行政纪律责任或者作出其他处理，并将处理情况记入档案，作为其考核、定级、晋职、晋升、表彰的重要参考。因故意或者重大过失造成错案，不受执法过错责任人单位、职务、职级变动或者退休的影响，终身追究执法过错责任，无论何时发现执法责任民警的执法过错问题，无论该民警是否已调离、辞职、退休，都将被追责。追究执法过错中，应予追责的民警如其承担的责任涉嫌犯罪，还会将其违法线索移送司法机关依法处理。简言之，对于监狱机关执法者，无论是谁，不管是否在岗，只要执法出现偏差，都要依法承担相应的责任，直至终身。如果执法过错责任人已调至其他监狱机关或者其他单位，也应当向其所在单位通报，并提出处理建议。如果执法过错责任人在被作出追责决定前，已被开除、辞退且无相关单位的，还要在追责决定中明确其应当承担的责任。

（四）执法责任的惩戒性

监狱机关执法责任追究，遵循实事求是、主观过错与客观行为相一致、责任与处罚相适应、惩戒与教育相结合的原则，根据执法过错责任人的过错事实、情节、后果及态度，追究执法过错责任。执法过错责任的追究形式为：批评教育、责令作出书面检查、通报批评、责令待岗、取消执法资格。对执法过错责任人员除按照上款规定进行追究外，可并处取消评选先进或优秀资格、扣发奖金或岗位津贴。批评教育包括责令检查、诫勉谈话、通报批评，到上级主管机关检讨责任。给予组织处理包括暂停执行职务、调离执法岗位、延期晋级晋职、责令辞职、免职、调离监狱机关、辞退。执法过错构成违纪的，应当依照监狱机关纪律的规定给予纪律处分；构成犯罪的，应当依法追究刑事责任。以上方式可以单独适用，也可以同时适用。

（五）执法责任的可控性

毋庸置疑，执法责任风险的危害是巨大的，它对监狱机关及监狱民警有巨大破坏力。不仅危害监管改造场所的持续安全和稳定，影响监管执法工作的正常进行，损害监狱机关和民警的执法公信力，贬损监狱机关的执法形象，而且会严重伤害监狱民警的身心健康和职业安全感。但这并不意味着这种风险无法控制和防范。只要对监狱机关执法责任风险进行识别和预测，并通过一定的手段来防范、化解执法风险，可以减少执法风险发生的可能性。通过制定有效的措施，对症下药，执法风险是可以被预防、被规避、被化解的，是能够降低风险程度，将风险控制在最小范围内的。

二、监狱机关执法责任风险的表现形式

监狱机关执法责任风险就是监狱民警在执法过程中，因故意或者过失而发生违法违纪行为所应承担的责任风险。监狱机关执法责任风险的表现形式，可归纳为以下几个方面：

（一）社会责任风险

社会责任是指一个合法组织或个人对社会应当承担的责任。监狱作为一种特殊的社会组织，承担着社会职能与社会责任。监狱工作的终极目的是在社会预防和减少犯罪。监狱“承担社会责任”是我国社会主义监狱为适应新形势下国家“四个全面”战略布局需要，推动深化监狱体制机制改革，全面推进依法治监发展的一项重要内容。监狱机关执法社会责任风险指的是由于监狱机关执法没有或不当承担社会责任而导致监狱机关执法遭受损失的不确定性。我们提出社会责任风险，强调了监狱机关执法行为给社会带来的风险，以及使风险的可能性转化为现实后给自己和社会带来损失的控制。监狱机关执法若处理不当，则有可能招致监狱机关执法声誉和价值受损等一系列风险。在社会公众对监狱机关执法的期望值越来越高，其所担负的社会责任也在不断增长的状况下，监狱机关如何高度认识执法风险防范的重要性，有效地预防和化解执法风险的发生，不仅成为关系到提升监狱机关执法水平和构建法治监狱机关的重大问题，而且也成为维护执政党和政府形象以及社会安定、和谐的重大问题。

（二）政治责任风险

监狱机关具有鲜明政治属性。监狱机关首先是政治机关，这是由我国的

国体和政体决定的，是由监狱的性质和任务决定的。监狱既是政治性极强的业务机关，也是业务性极强的政治机关。监狱在维护我国政治安全和社会安宁、满足人民公平正义需求方面，发挥着不可或缺的重要作用。在服务巩固人民民主专政、维护社会稳定、发展国民经济和改革开放的历程中，新中国监狱始终坚持党的绝对领导政治原则，始终跟进党中央重大决策部署，始终融入国家法治进程，始终加强监狱民警队伍建设，推行准军事化管理模式，较好地发挥了掌握在党和人民手中"刀把子"的功能。监狱负有维护国家政治安全、确保社会大局稳定、促进社会公平公正和保障人民安居乐业的神圣使命，在构建社会主义和谐社会的进程中担负着重大历史使命和政治责任。新时代监狱，不仅表征了一个国家治理犯罪策略和刑事司法政策，而且是观察一个国家法治水平、社会治理能力、人权保障状况和政党执政能力的独特窗口，也是国际人权斗争和敌对势力渗透、演变的重要领域。监狱是化解社会最尖锐矛盾特殊战场，只有坚持党对监狱工作的绝对领导，牢牢把握政治机关属性，层层压紧压实责任，把党的领导贯穿丁法治监狱建设始终，贯穿于执法监管改造全过程，有效履行维护监狱安全、惩罚与改造罪犯的政治责任和法定职责，使监狱管理、罪犯"减假保"案件的办理，实现政治效益、社会效益和法律效益相统一，才能履行好维护国家政治安全和社会和谐稳定的神圣使命。

（三）行政责任风险

行政责任是国家行政机关的公务人员对其违法失职行为所必须承担的法律后果。监狱民警代表国家司法机关进行执法活动，接受公务员法的年度考核，如因执法过错而当年被测评为基本称职或不称职，或者罪犯的无理举报和诬陷，以及无理缠诉，对监狱民警都是莫大的压力。监狱民警在执法过程中，有可能因故意或过失甚至渎职而发生违法违纪行为，如果这种行为不需承担刑事法律责任，但也要对其进行责任追究，要承担相应行政责任，如警告、记过、开除等。《监狱和劳动教养机关人民警察违法违纪行为处分规定》第 2 条规定，监狱和劳动教养机关人民警察违法违纪，应当承担纪律责任的，依照本规定给予处分。法律、行政法规、国务院决定对监狱和劳动教养机关人民警察处分另有规定的，从其规定。承担行政责任的具体方式有：通报批评、诫勉谈话、行政处分、停止职务等。行政责任包括行政处分或者行政处理。行政处分分为：警告、记过、记大过、降级、撤职、开除。行政处理分为：离岗培训、调离执法岗位、取消执法资格等。行政处分与行政处理可以视情况合并适用。程序是由监狱机关自行追究或移送监察机关处理。行政处分与行政处理可以视情况合并适用。

（四）民事责任风险

《中华人民共和国宪法》（以下简称《宪法》）第 41 条第 3 款规定，由于国家机关和国家工作人员侵犯公民权利而受到损失的人，有依照法律规定取得赔偿的权利。《中华人民共和国监狱法》（以下简称《监狱法》）第 55 条规定，罪犯在服刑期间死亡的，监狱应当立即通知罪犯家属和人民检察院、人民法院。罪犯因病死亡的，由监狱作出医疗鉴定。人民检察院对监狱的医疗鉴定有疑义的，可以重新对死亡原因作出鉴定。罪犯家属有疑义的，可以向人民检察院提出。罪犯非正常死亡的，人民检察院应当立即检验，对死亡原因作出鉴定。第 73 条规定，罪犯在劳动中致伤、致残或者死亡的，由监狱参照国家劳动保险的有关规定处理。《中华人民共和国国家赔偿法》（以下简称《国家赔偿法》）第 26 条规定，人民法院赔偿委员会处理赔偿请求，赔偿请求人和赔偿义务机关对自己提出的主张，应当提供证据。被羁押人在羁押期间死亡或者丧失行为能力的，赔偿义务机关的行为与被羁押人的死亡或者丧失行为能力是否存在因果关系，赔偿义务机关应当提供证据。监狱机关在监管执法中，如果存在疏忽的，既要承担相应的行政责任，又要承担民事赔偿责任。监狱罪犯数量和结构都发生了重大变化，监狱民警面对罪犯打架斗殴、自伤自残、哄监闹事等情况进行现场处置的执法风险日益增大。

（五）刑事责任风险

《监狱和劳动教养机关人民警察违法违纪行为处分规定》第 5 条规定，监狱和劳动教养机关人民警察违法违纪涉嫌犯罪的，应当移送司法机关依法追究刑事责任。刑事责任指监狱民警在执行民警职务活动中，违反《中华人民共和国刑法》（以下简称《刑法》）规定，构成犯罪的，依法应当承担相应的刑事责任。根据监狱机关的性质及民警执行职务行为的特点，民警在执行职务中违反法律规定滥用职权，可能依法应该承担刑事责任的犯罪情形主要表现为：刑讯逼供罪、虐待被监管人罪、徇私枉法罪、报复陷害罪、伪证罪等。另外，根据《中华人民共和国人民警察法》（以下简称《警察法》）第

49 条中规定，人民警察违反规定使用武器、警械，构成犯罪的，依法追究刑事责任。在监狱民警的工作中，随时都有可能引发刑事法律责任风险。如因失职渎职而导致罪犯脱逃、自杀、非正常死亡、生产安全事故；因对罪犯体罚虐待或管理上粗暴执法造成严重后果；因意志薄弱，受不住金钱诱惑，与罪犯之间界限模糊，甚至在减刑、假释、保外就医、安排特殊工种等执法环节上收受贿赂、以权谋私、徇私枉法等。还包括贪污贿赂相关的贪污罪、挪用公款罪、私分国有资产罪、受贿罪、单位受贿罪、利用影响力受贿罪等犯罪类型。同时，与国家机关相关的滥用职权罪、玩忽职守罪、国家机关工作人员签订履行合同失职被骗罪和监狱刑罚执行相关的私放在押人员罪、失职致使在押人员脱逃罪、徇私舞弊减刑、假释、暂予监外执行罪、帮助犯罪分子逃避处罚罪、虐待被监管人员罪等渎职犯罪风险。

三、监狱机关执法责任风险的有效防范

全面依法治国进程的不断推进，为监狱的发展带来了巨大机遇。同时，也加大了监狱民警的执法风险。监狱实际情况日益复杂，执法现状面临严峻的挑战。监狱民警必须规范执法，认清执法的风险点，正确执行刑罚，才能有效降低执法风险带来的社会、政治、行政、民事、刑事责任等不测风险发生的可能性。

（一）提高执法责任意识从思想上防范风险

监狱机关执法责任风险是客观存在的，能否得到有效防范，关键还是要解决好民警的思想水平和执法能力的问题。习近平总书记强调，要运用法治思维和法治方式推进改革，善于运用法治思维和法治方式领导政法工作。在全面推进依法治国的进程中，法治思维是对执法人员尽职履责的基本要求。监狱机关及其民警要牢固树立公平正义和法律至上的执法理念，树立法治权威、尊重法治精神，坚决服从法律、严格执行法律、善于运用法律，既要不畏惧风险，还要勇担责任，立警为公，执法为民。监狱机关将执法的各个环节纳入法治轨道，既要避免权力越位、缺位和错位，又要杜绝不作为、乱作为、滥作为和不文明执法行为。监狱机关坚持以法律为准绳，以事实为根据，遵循法定程序，接受法律监督，使监狱机关执法权力在法律的框架内得到有效的控制。监狱机关及其民警要强化学习意识、责任意识、廉政意识、公正

意识，全面提高辨别风险、规避风险、抵御风险、降低风险的自我防范能力，时刻提醒自己，执法行为是否将引起执法责任风险后果，是否存在过错，是否将被追究责任。时刻遵守既定执法程序，预防程序违法行为。执法过程中做到证据收集充分、收集过程合法，经得起审查，从源头上杜绝各类执法责任风险的发生。

（二）规范执法责任流程从行为上防范风险

提升监管执法规范性和透明度，进一步完善和明确执法岗位、执法职责、程序流程，保证各执法环节密切配合、互相制约，规范执法行为。健全民警执法自由裁量基准制度，合理确定裁量范围、种类和幅度，严格限定裁量权的行使。规范罪犯量化考核管理，以危险性评估、劳动能力评估为基础和前提，以计分考核结果为依据，进一步规范罪犯劳动岗位、行政奖惩、分级处遇，减少人为因素干扰、压缩自由裁量空间。按“制度化、规范化、程序化、法治化”的要求，做到全面作为，不缺位；正确作为，不错位；有效作为，不越位；规范作为，避免作为不到位。定期开展执法质量检查考核，将信息化手段引入对执法行为的评议考核，认真做好每月评查、季度抽查、半年度检查、年度考评等评议考核工作。对执法工作中容易产生风险的环节加强监督，预防和制止各种执法错误或执法不当行为的发生。

（三）严格执法责任监督从监管上防范风险

进一步强化执法监督，杜绝违规执法行为。聚焦监狱执法的源头、过程、结果等关键环节，严格落实监管执法公示、执法全过程记录、重大执法决定法制审核制度。加强对监狱民警执法的监督，不单是对罪犯合法权利的保障，也是对监狱民警的保护。增强执法过程的透明度，防止暗箱操作，使老百姓对监狱的信任度提高，提升监狱的政务、狱务公开的社会公信力。在监督方法上也要变被动监督为主动接受监督，变事后监督为事前、事中、事后相结合的全程监督，靠制度和法规进行有效约束。建立执法责任制，落实责任追究，对监狱民警不规范执法行为及时通报，及时处理，防微杜渐，及早防范各类监管执法责任风险的发生。

（四）完善执法责任机制从制度上防范风险

全面深化监管执法公开制度。坚持以公开为常态、不公开为例外，推进执法监管规则、标准、过程、结果等依法公开，让监管执法活动在阳光下运行。对存在执法过错的人员，应当严查责任；对监管执法不到位、不作为、乱作为，造成不良后果的要坚决进行责任追究；对滥用职权、玩忽职守、徇私舞弊，不履行监管执法职责的民警，要根据情节的轻重，依法追究行政责任和法律责任。加快建立统一的监狱执法监督网络平台，建立健全投诉举报、情况通报等制度，坚决排除对执法活动的干预，防止和克服执法工作中的利益驱动，惩治执法腐败现象。建立完善执法责任清单制度，健全执法过错预防和纠正制度，提高执法标准的科学性和系统性。健全监狱民警纪律约束机制，加大监狱民警平时考核力度，科学合理设计考核指标体系，将考核结果作为监狱民警职务级别调整、交流轮岗、教育培训、奖励惩戒的重要依据。

四、监狱机关执法责任风险机制建设的思考

随着“四个全面”的发展，监狱机关及其民警正面临着更加复杂的执法环境和更高的工作要求，承担着前所未有的执法责任风险。客观全面地认识和研究监狱机关执法责任风险，从立法层面、机制保障等方面提出科学合理的解决对策，着力构建权责清晰、流程规范、风险明确、监督有力、制度管用、预警及时、保障有力的执法风险防控机制，对执法责任风险实行事先的自我预防、事中的自我遏制、事后的自我纠正，对促进监狱机关公正文明执法和民警队伍建设发展将产生积极的意义。

（一）加强执法培训机制建设

构建一个惩防并举的体系，事前教育很重要，通过增强自身“免疫力”，让监狱民警不想冒险，消除侥幸。加强监狱民警教育培训，增强监狱民警法治意识和执法能力，提高风险自我防护能力。清醒认识当前监狱机关执法责任形势的严峻性、复杂性，深入学习贯彻习近平新时代中国特色社会主义法治思想和对监狱工作重要指示批示精神，增强“四个意识”、坚定“四个自信”、做到“两个维护”。教育监狱民警既要清醒地看到执法责任风险的客观存在，同时更要坚信执法责任风险的可控性。通过组织监狱民警学习狱内案件和狱情通报，使其准确把握当前狱情形势，增强忧患意识和防范意识，从而自觉深入了解罪犯思想动态，积极有效加以应对。要引入精细化管理的理念，对监狱民警日常执法规范用语进行统一固定，避免罪犯钻监狱民警执法用语不文明规范的空子。引导监狱民警从学历文凭教育转向学习能力的培养

与提高，全面提升监狱民警法律综合素质。监狱民警的业务知识和岗位技能是执法的基础，应组织监狱民警参加全国性、业务类的考试，以提高法律法规的应知应会，提倡参加由教育部统一组织的入学考试，直接进入普通高等院校举办的常规培训。经常举办执法方面的学术交流、培训和实践经验交流会，单位内部互相学习。监狱民警只有通过不断地、经常地和有针对性地学习，使其具备法律知识全面、业务素质高、岗位技能强的综合工作能力，才能从根本上积极防范执法责任风险。

（二）加强执法规范机制建设

规范执法的前提是不断健全法律制度，让监狱民警执法有法可依，从根本上解决监狱民警执法风险。围绕权责明晰、内容具体、程序严密等执法要求，大力推进监狱执法管理标准化建设，从源头上防止执法偏差，防范执法风险。实施监狱执法权力清单，优化监狱职能配置，健全部门内控机制，对执法重点领域和关键岗位实行分事行权、分岗设权、分级授权。出台监狱刑罚执行权力清单，全面梳理公开罪犯收押、行政奖惩等权力的执法依据、运行流程。健全法律法规体系，提高立法规格，避免由于《监狱法》立法规格不高而导致的遵守不力。尽快出台“监狱法实施细则”，使监狱民警能够真正理解《监狱法》条文的内涵与要义。建立健全监狱机关执法法律法规立改废释工作协调机制，加强涉及监狱机关执法相关法规一致性审查，增强监狱机关执法法治建设的系统性、可操作性。制定监狱机关执法中长期立法规划，加快制定修订监狱机关执法配套法规。规范监管执法行为，完善监狱机关监管执法制度，明确每个监狱机关执法监督和管理主体，制定实施执法计划，完善执法程序规定，主动适应刑事政策调整，以依法严格规范办理减刑、假释、暂予监外执行为重点，紧紧扭住刑罚执行关键环节，坚决杜绝违法违规现象，依法严格查处各类违法违规行为。

（三）加强执法监督机制建设

构建执法监督多元机制，将党内监督、执法监督、效能监察、警务督察和专项治理落到实处，筑牢监狱机关执法责任风险防线。强化日常监督，对监狱执法实施立体式、多元化的监督制约，对监狱民警执法执勤、直接管理、执行制度情况，每日督查通报、跟踪问效。常态化监督罪犯刑罚变更、教育改造、生活卫生、行政奖励情况。强化专项监督，严格执行执法办案质量终身负责制和执法过错倒查问责制，全面梳理十八大以来办理的“减假暂”案件，逐一复查涉黑涉恶罪犯减刑、假释案件。建立监狱公职律师参与罪犯申诉调查工作机制，及时处理罪犯申诉。强化外部监督，自觉接受人大、监察机关的依法监督和政协民主监督，积极配合人民法院司法监督和检察机关巡回检察、法律监督。加强社会监督和舆论监督，保证执法严明、有错必纠。充分运用信息技术，更新升级监内摄像头，全面运行提请减刑假释协同办案平台，提升执法风险科技防控水平。

（四）加强执法评估机制建设

建立健全执法风险研判机制，定期组织监狱系统执法风险研判工作会议，分析总结风险研判工作，提前预警和落实精准防控措施。建立完善执法决策风险评估机制，将风险评估设定为执法案件办理的必经程序，对可能引发的不稳定因素，要逐级上报，制定执法风险化解、处置方案，及时化解矛盾问题。建立执法风险等级评估机制，对监狱发生的执法不当、执法过错以及各种不安全事件（事故），对各种可能影响监狱执法安全和监狱稳定的因素，进行科学的预测、分析和研判，并对监狱各工作流程风险点作出评估。对发生罪犯过度维权、抗警袭警、自伤自残自杀、打架斗殴、脱逃越狱等各类事件与事故案件，作出风险级别评估，及时发出预警通报或风险等级鉴定意见，确保监狱机关执法责任风险防范的长效性。

（五）加强执法惩戒机制建设

要构建一个惩防并举的体系，事后处理同样很重要。通过强化警示作用，让监狱民警不敢冒险，杜绝违规。完善监管执法责任调查处理机制，全过程监督，通过严格制度规范，让监狱民警不能冒险，违规违法必究。坚持问责与整改并重，充分发挥监管执法责任查处对加强和改进监狱机关执法工作的促进作用。进一步提升公正廉洁执法水平，全面落实监狱机关执法责任制和问责制，促进监狱机关及其人民警察履职尽责、廉洁自律、公平公正执法。对忠于职守、履职尽责的，要给予表扬和鼓励；对未履行、不当履行或违法履行监管职责的，严肃追责问责；涉嫌犯罪的，移送有关机关依法处理。对履职不力、整改措施不落实的，依法依规严肃追究有关单位和人员责任。健全典型监管执法责任提级调查、跨地区协同调查和工作督导机制。建立监管执法责任调查分析技术支撑体系，所有监管执法责任调查报告要设立技术和管理问题专篇，详细分析原因，做好解读，回应公众关切。对监管执法责任调查发现有漏洞、缺陷的有关法律法规和标准制度，及时启动制定修订工作。健全责任考核机制，建立监狱机关执法责任考核评价体系。完善考核制度，统筹整合、科学设定监狱机关执法责任考核指标，加大监狱机关执法责任在社会治安综合治理、精神文明建设等考核中的权重，实行过程考核与结果考核相结合，执法责任绩效与履职评定、职务晋升、奖励惩处挂钩。严格责任追究制度，实行监狱领导干部任期执法责任制，日常工作依责尽职。未尽职履责，引起执法风险、造成社会负面舆情的要严格追责。依法依规制定执法责任权力和责任清单，尽职照单免责、失职照单问责。

（六）加强执法保障机制建设

加强监狱机关执法法制保障。按照重大改革于法有据的要求，根据监管执法工作需要和经济社会发展变化，加快推进相关法律法规和规章立改废释工作，为事中事后监管提供健全的法治保障。修改《监狱法》，出台“监狱法实施细则”专设监狱民警权益保护条款，以法律形式明确监狱民警执法保障和履行法定职责保护的相关条款，如明确监狱民警执法正当防卫权，明确监狱民警正当防卫的范围，细化正当防卫的具体内容，以及正当防卫的救济程序，从而保证监狱人民警察在执法过程中的人身安全，树立民警执法的权威。

建立监狱机关执法维权机制。在监狱机关建立民警权益维护机构，由专门人员组成，为在监狱执法和罪犯管理活动中，遭受侵害的监狱民警主持公道，维护其正当权利。同时，建立保障监狱人民警察人身意外伤害保险的机制。

制定监狱机关执法免责办法。明确履职标准和评判界线，对严格依据法律法规履行监管职责、监管对象出现问题的，应结合动机态度、客观条件、程序方法、性质程度、后果影响以及挽回损失等情况进行综合分析，符合条件的要予以免责。

改善监狱机关执法装备条件。制定监狱机关执法能力建设规划，明确监管执法装备及现场执法和应急救援用车配备标准，加强监管执法技术支撑体系建设，保障监管执法需要。推进人财物等监管资源向基层下沉，保障基层经费和装备投入。推进执法装备标准化建设，提高现代科技手段在执法办案中的应用水平。加强监狱机关执法制度化、标准化、信息化建设，确保规范高效监管执法。

建设监狱机关执法专业队伍。加快建设革命化、正规化、专业化、职业化的高素质监狱民警队伍，扎实做好技能提升工作，大力培养“一专多能”的一线监狱民警。建立监狱民警依法履行法定职责制度，激励保证监狱民警忠于职守、履职尽责。不断提高监狱民警执法技能，开展多形式和多层次的执法岗位教育培训。如培养监狱民警对狱内犯罪活动的侦查和预见能力，对紧急情况、突发事件的应变、决策、处理能力，组织指挥、协调能力以及典型案例教育培训业务能力等。强化警体技能，熟悉警戒、枪支、戒具等常识，提高自我素质，为确保监狱安全稳定，促进公正廉洁文明执法起好保证作用。

参考文献：

1. 百度文库：“廉政风险防范管理基本知识，什么是风险?”，载 https://wenku.baidu.com/view/6a0afadb82d049649b6648d7c1c708a1284a0a28.html? fr=search-1-X-income1_ slotid_ 47&fixfr=vtHq8%2F1pNdoMAAiNZT6TCQ%3D%3D. 最后访问时间：2022 年 3 月 25 日。
2. 徐伟：“关于监狱人民警察执法风险防范的思考”，载《法制与社会》2010 年第 15 期。
3. 乔成杰：“突出政治建警先行 推进政治改造罪犯——拭亮新时代我国监狱的政治底色”，载 http://www.chinalaw.gov.cn/organization/content/2019-09/03/zgjygzxhxwdt_ 3231362.html. 最后访问时间：2022 年 3 月 22 日。
4. 秦心福：“监狱社会责任的战略价值及维度解析”，载《安徽警官职业学院学报》2015 年第 5 期。
5. 盛高璐：“监狱民警执法风险制度分析”，载《学理论》2013 年第 5 期。
6. 牟九安：“论监狱一线民警的执法风险——兼论监狱民警合法权益保障制度的建设”，载《中国监狱学刊》2014 年第 5 期。
7. 苗宁：“监狱人民警察职业风险防范及对策研究”，中国社会科学院研究生院 2012 年硕士学位论文。
8. 赵静：“监狱民警执法风险管理研究——以云南监狱系统为例”，云南大学

2015年硕士学位论文。

作者信息：

张勇：陕西省安康监狱二级警务专员

监狱执法规范化建设

从提升公信力视角浅谈新形势下的监狱会见工作

钱春燕　陈　静　吴瑛瑛

摘　要：进一步强基础、严执法、优管理、提质效，会见室已成为监狱提升形象、内外交流、服务社会的重要平台；同时，社会公众也对监狱会见工作提出了许多新期盼、新要求，如何推进会见工作的改革创新，更好地服务、满足人民群众对美好生活的向往和需求，正成为摆在监狱工作面前的一个重要课题。

关键词：执法公信力　会见　制度　安全

2021 年召开的中央政法工作会议上，郭声琨书记指出，要主动适应人民群众对民主、法治、公平、正义、安全、环境等方面的新需要，加大民生领域执法司法保障力度，准确贯彻实施民法典，努力提供多样化、多层次、多方面的执法司法产品，为守护群众美好生活传递法治温度。为认真贯彻落实法治建设的要求，江苏省监狱系统持续加大“文明执法窗口”建设。

一、目前监狱会见工作面临的难题

近年来，江苏省监狱坚持“以人民为中心”的发展思想，紧扣推动高质量发展主题，大力推进执法规范化建设，不断优化会见方式，规范会见流程，提升服务质态，以严格执法、文明执法、规范执法切实做好罪犯会见工作，取得了良好的政治效应、执法效应和社会效应，但工作举措、工作质效离社会公众的需求和期盼还有一定差距。

一是会见制度设置与社会公众需求不相适应。（1）相关制度不能为公众所知悉。当前，罪犯会见规定主要有：司法部制定的《罪犯会见通信规定》《〈罪犯会见通信规定〉的补充规定》《律师会见监狱在押罪犯规定》，江苏省也制定了《江苏省远程会见帮教管理办法（试行）》。目前，上述规定虽然能通过互联网查悉，但部分地处偏远、家庭困难、文化层次低的罪犯亲属，不会操作智能手机、电脑等科技设备，极少数家庭还没有电脑、接入网络等，导致会见制度不能被社会公众、罪犯亲属所知悉。（2）制度内容不能被公众所了解。《罪犯会见通信规定》第 4 条、第 8 条规定，罪犯在监狱服刑期间，可以会见亲属、监护人；会见一般每月一次，每次会见时间一般不超过三十分钟，每次会见人数一般不超过三人。“亲属”具体指哪些关系的亲属、“三人”究竟如何把握，会见对象范围、会见人数不能为公众所了解。监狱在实际工作中，经常遇到一些服刑人员亲属满怀希望来监，却因这样那样的问题无法会见，带着遗憾回家。从人文关怀、利于罪犯改造的角度，适时安排会见也在情理之中，但与会见管理规定相违背。（3）制度设计不能被公众所认可。会见时间仅限半小时，部分罪犯家属路途遥远，来监会见一次很不容易，不仅要考虑到交通开销，还要考虑到食宿费用，总体会见成本较高。有的家属为了能与服刑人员见上一面，往往提前一天就在监狱附近住下，第二天尽早会见，结束后再赶乘车辆返程。在实际工作中，一些外省籍罪犯亲属就提出能否延长会见时间，但除了出现家庭变故等特殊情况的可办理外，多数无法延长会见时间。交通的不便、时间的消耗、金钱的支出，大大减少了年内会见的次数；另外，不少服刑人员担心家中老人、孩子出行不便以及安全情况，主动通过拨打亲情电话或写信的方式告之家人不要来监会见，而内心实际无比渴望与家人的见面，潜移默化中影响到罪犯日常改造的积极性。

二是会见制度规定与监狱审核把关不相适应。（1）罪犯亲属提供材料难。会见对象范围明确规定：配偶，父母（养父母、继父母、岳父母、公婆），子女（养子女、继子女）及其配偶，祖父母（外祖父母），孙子女（外孙子女），兄弟姐妹及其配偶、子女，叔伯姑姨舅及其配偶、子女等。实际工作中，罪犯亲属基本能提供本人身份证件，但有的无法提供与罪犯关系的有效证明，如同一个户口簿或户籍资料的相关佐证等材料，导致会见登记时无法对亲属的身份予以确认。（2）监狱审核把关难。即便罪犯亲属提供了相应材料，但是仅凭派出所证明和对罪犯本人的询问，也不能保证监狱审核把关做到 100%准确。另外，特殊人群符合会见要求难。非婚生或已离异家庭的未成年子女进行会见时，需要监护人陪同，而此时监护人并不符合会见管理的规定，无法提供必备的合法手续，在登记会见时存在一定程度的困难。

三是会见具体安排与社会公众需求不相适应。（1）会见日期不能满足公众需求。目前，会见日期以工作日为主，加上适当的节假日，但远远不能满足公众需求。工作日，监狱民警在上班，同样不少罪犯家属也在上班、孩子在上学，他们只有节假日才能休息，也更希望通过周末或节假日的休息时间来监会见，既不影响正常的工作和学习，也保证会见往返能有充裕的时间。基于罪犯亲属的需求，江苏省监狱已适当安排了节假日的会见时间，同时在会见当日增加了警力，既确保了一日会见的连续性，也让路途遥远的罪犯亲属能够提早安全返程。但毕竟工作日会见是常态，节假日会见占比相对较少，与社会公众的需求还有一定差距。（2）会见用语不能适应公众需求。《罪犯会见通信规定》第 14 条规定，使用隐语、暗语或者非规定语种交谈，不听劝阻的，应当中止会见。按照规定，罪犯在会见过程中一律讲普通话，实际情况是：罪犯来自全国各地，使用不同方言，绝大多数罪犯会讲普通话，但他们的亲属不能做到人人都会普通话，会见过程中有的便以方言进行交流，导致监狱民警无法准确监听谈话内容，给监听工作带来一定困难。如果“一刀切”地按照规定停止会见，可能会引起家属的不满情绪，甚至给现场正常的会见秩序带来一定影响；如果会见继续进行，既无法辨别通话是否存有“隐语、暗语”，也无法界定家属究竟是否会讲普通话，给监狱安全管理带来一定隐患。

四是会见实施模式与社会公众期盼不相适应。（1）会见通道不能满足公众的需求。《罪犯会见通信规定》第 2 条规定，会见方式包括隔离透明装置电话会见、面对面会见、视频会见等。目前，江苏省监狱虽开展了远程视频会见，但仅限于江苏省范围内，一是尚不能实现全国范围内的远程视频会见，不能满足外省籍罪犯及家人的视频会见要求；二是疫情特殊时期，监狱虽增加了远程视频会见的通道，但不能满足剧增的视频会见需求。另外，疫情特殊时期，监狱虽然恢复了正常的现场会见，前提是罪犯亲属需要提供核酸检测、健康码、行程轨迹等相关材料，材料的提供在一定程度上“降低”了罪犯亲属来监意愿，也无异于将部分年龄大、文化程度低的人群“拒之门外”。对此，部分罪犯主动打电话让家人不要来监。（2）特殊会见依然存在制度空白。监狱虽然在会见管理上秉持公开、透明原则，但也会接到罪犯亲属的一些投诉及不理解，如有罪犯亲属在病重时或临终前希望见到亲人一面，此时利用手机客户端上进行远程视频会见最便捷，但在这方面没有相应的制度作为保障和支撑。如果能明确规定远程视频会见方式、范围，既充分体现监狱的人文关怀，也将更有利于罪犯思想稳定。（3）会见软件系统有待优化。监狱的会见办理时间和条件即便十分明确，但少数服刑人员亲属存有侥幸心理或确有实际困难，时有超人数、超次数的情况，甚至忘记携带相关证件而无法会见。系统进一步完善、优化，对解决这些现实问题尤为重要。另外，对于会见室来说，无论小到身份识别器，还是大到狱务公开查询机和多媒体播放器，如果没有备用设备可供临时替换或作为备选方案，一旦某项设施出现故障，将直接影响会见工作的正常开展。如狱务公开查询机，可供服刑人员亲属查询服刑人员每月的狱内表现、刑期、余额等信息，而大多数查询机是自助触摸屏操作模式，使用频率较高，出现故障的频率也较高。

二、监狱会见工作对提升监狱公信力的作用

笔者针对目前监狱会见工作的现状，设计了相关问卷，从执法关注、权益保障、工种安排等方面着手，提出了两大类五个方面共计17个与罪犯改造密切相关的问题，主要问题如下表所示：

权益保障关注热点项目	占比（%）
开账购物	42
会见通讯	47
劳动报酬	11

调查结果显示，92%罪犯认为监狱执法公平，83%罪犯认为自己的合法权益能够得到保障。在基本问题之后，又细化到减刑假释、评先评优、岗位安排、计分考核、权益保障等五个方面让服刑人员对监狱目前执法公信力作出评判，权益保障类的子项目排名前三的分别是：开账购物、会见通讯和劳动报酬，其中47%的罪犯选择了会见通讯，42%的罪犯选择了开账购物，只有11%的罪犯选择了劳动报酬，由此可见，近一半的罪犯关注会见通讯，在失去自由的情况下普遍渴望家人的亲情支持。近年来，随着会见的多样化，除了传统的每月普见，宽见、亲情共餐、视频会见也成为更多罪犯改造的巨大动力。监狱会见工作对于提升监狱执法公信力具有重要意义：

罪犯会见工作对于提升监狱执法公信力具有重要意义：

一是维护监狱安全稳定的现实需要。对于渴望自由的罪犯来说，亲情是他们改造过程中最大的精神支柱和改造动力，定期会见会促进罪犯改造时的情绪稳定，尤其是女性罪犯对于亲情的渴望，更激发了她们改造的积极性，有利于监管秩序的稳定。此外，在罪犯对开账购物、会见通讯、劳动报酬等现实需求上，近一半的服刑人员都选择了通讯会见，可见亲情支撑的重要性和必要性。

二是保障罪犯合法权益的根本需要。会见是法律赋予罪犯的基本权利。《中华人民共和国监狱法》（以下简称《监狱法》）第 48 条明确规定，罪犯在服刑期间，按照规定可以会见亲属、监护人。服刑人员会见一般每月 1 次，每次半小时。宽管级服刑人员以及其他有特殊情况的服刑人员，监狱可以照顾增加会见的次数和延长会见的时间。服刑人员会见的对象原则上指服刑人员的亲属和监护人。

三是展现监狱良好形象的执法需要。会见是监管改造、教育改造不可缺少的环节，是监狱连接社会共同教育转化罪犯的平台，是提升监狱公信力的重要途径。监狱良好形象的展示是多方面的，会见是其中最直观、最能反映监狱执法的“窗口”，“热情服务，规范执法”并不再只是一句口号，而是落在了会见的各个环节、每个细节上。

三、规范监狱会见工作的几点对策

一是完善会见管理制度。建立会见管理实施细则，明确规定会见的模式，如将会见种类具体细化为普通会见、律师会见、视频会见和特殊会见等，特殊会见主要是从人文关怀的角度出发，适用于家庭突发重大变故等特殊情况。此外，分类制定会见实施细则，重点考虑外省籍和偏远地区的服刑人员家属，适当放宽会见时间、增加会见人数，同时从利于罪犯改造的角度出发，为非婚生的未成年子女监护人开通“绿色通道”，提供便利。

二是创新会见服务形式。一要实现思想大解放。除了常态开展现场会见外，还要优化会见方式，借鉴法院支云庭审系统的模式，将手机 APP 视频会见作为今后发展的大趋势，利用手机进行远程操作，形成以视频会见为主，现场会见为辅的创新性会见模式。二要实现工作大创新。积极破除“大墙思维”，构建沟通立交桥。多层面多途径公布江苏省监狱微博平台、微信公众号，各个监狱微信公众号的二维码和江苏省监狱狱务公开服务热线962326等，充分发挥好“互联网+”的强大狱务公开效应，发布罪犯改造信息，更新监狱工作动态，及时受理回复罪犯亲属的查询、投诉及意见建议。三要实现宣传全覆盖。充分增强社会责任感，针对社会不法分子的违法行为，强化对罪犯亲属防诈骗、反行贿等知识宣传。让新媒体成为罪犯亲属关注罪犯改造情况的“平台”，成为畅通监狱与罪犯亲属沟通的“桥梁”，成为监狱展现文明管理工作的“窗口”。对于工作日来监、非工作时间到达的服刑人员亲属，监狱可在狱务接待办理中心办理罪犯视频会见，既满足亲属会见需求，避免来回奔波，体现执法为民理念，又可以大大降低安全风险，确保服刑人员情绪稳定。四要推进工作大融合。不断增进和地方的沟通协作，坚持需求导向、目标导向，完善会见管理细节，彰显法治文明度。充分发挥好“互帮共建”的纽带作用，与公检法司等部门、政府机构协同配合，精准服务，推进公安大数据共享，打造集会见、帮教、法务等功能于一体的会见管理体系，常态推进“三方会谈”等机制，在温度的融合中厚植法度，在法治的构建中传承文明。

三是优化现场会见流程。（1）在会见环节上做细。严密制定监区会见方案，认真摸排身份审核、分级、接送、监听、现场管理、业务咨询等会见环节。落实各环节民警责任，强化各环节沟通协作，确保会见流程顺畅、会见管理高效。严格会见身份审核，认真审核来监会见罪犯亲属身份，告知工作纪律，落实安检制度，如有服刑人员亲属在会见途中，不遵守相关的规章制度和配合工作人员安检工作的，将被禁止当次的会见，并添加到会见系统的会见“黑名单”，将视情况而定禁止三至六月不等的会见。对于前来申请但不符合会见条件的人员，做好耐心细致的解释说明，特殊情况提级审批，并做好执法留痕。严格会见日工作制度，切实执行监区会见日“全天候”工作要求。（2）在实时监听上做实。切实保障警力，监区民警全员到岗，挂钩监狱领导及科室民警现场支援，特警队员随时支援，确保实现100%同步监听。切实干预化解，密切关注监听过程中异常情况，及时捕捉敏感信息，强化“事前、事中、事后”干预，对罪犯及其亲属的不良情绪主动干预、积极化解矛盾，对监狱改造政策产生误解的罪犯亲属及时沟通、消除心中困惑，对家庭关系紧张的会见双方多角度疏导、助力亲情修复。（3）在节日帮教上创新。

不断探索罪犯处遇兑现的内容与形式，创新罪犯会见管理方式。借助春节、元宵节、中秋节等传统佳节，组织罪犯亲属进监会见帮教，实地感受罪犯改造、学习、生活等，并通过发放罪犯改造成绩单，组织罪犯亲属签署帮教协议，深化亲情帮教会见的效用。彰显监狱人文关怀，开展罪犯未成年子女会见、远程帮教会见、亲情共餐等活动，多途径架构罪犯与亲属沟通桥梁。

四是强化会见服务保障。（1）盘活在线咨询平台。健全设施设备，拓展狱务公开内容，畅通公开渠道，用好“互联网+”对传统亲情会见升级改造，真正让社会全方位、全景式了解监狱执法工作。有条件的情况下，借助微信公众号等载体，增设“智能查询”选项，设置普通会见预约和特殊会见预约申请窗口，并纳入监狱会见系统，由监狱通过后台按照规定审批，确实不符合会见条件的，注明缘由，及时告知。同时，在窗口页面，显示出符合会见条件的亲属名单，如未在名单之内服刑人员亲属，亦能依据网站提示，于监狱会见时带齐相关的证明材料。特殊会见申请主要用于超人数、超范围、超次数、律师等申请，也包含其他的特殊申请，如服刑人员亲属病重或年迈，需要在会见手续的办理过程中提供一些便利的工具等，这样可以便于监狱提前答复，减少不必要的路途往返，节约亲属时间和精力。（2）畅通线下咨询渠道。严格落实监狱长接待日制度。主动回应关切，由监狱领导轮班驻点会见接待室，听取罪犯亲属意见，接待来访群众，现场解决问题，尤其是在恢复现场会见后的短期内，会出现咨询量激增、“供不应求”的现象。监狱长接待日制度不仅是监狱公信力的体现，更能从人文关怀的角度为罪犯亲属带去政策解答，提升服务质量。对于特殊会见，可在监狱微信公众平台预约系统中，设定特殊会见的范围、次数、人数，在自然月内，超过已经设定的条件，将不允许该次会见的申请，系统直接拒绝，既能避免“方便之门”的开启，也能实现监狱的无纸化办公。（3）创新狱务公开手段。根据罪犯数量，充分预估节假日会见人数的增量，提前做好应对准备，真正做到节假日“服务不降档、管理不松劲”。一旦有会见日期调整，及时通过组织罪犯拨打亲情电话、会见现场张贴发放告知书、微信公众号发布等多种途径，向罪犯亲属告知相关调整信息。在普通会见中，有几个关键环节需要重点考量：新入监罪犯的亲属首次来监会见、监区调动后首次前来会见等情况，为确保通知的全方位、全覆盖，监狱留有 3 个月的过渡期，过渡期内仍按照原日期来监会见的罪犯亲属，给予妥善安排，无须再另外办理审批流程。（4）加强会见队伍管理。配齐配强会见队伍力量，挑选业务精通、执法规范的民警到会见室工作，强化民警的服务意识，对于因路途遥远等原因未能及时在会见日来监会见的，人性化地安排会见，彰显监狱执法为民服务宗旨。定期开展民警礼仪讲座等知识培训，切实从执法高度抓好民警作风建设。推行微笑服务，坚决杜绝生冷硬推现象，对来监会见罪犯亲属做到“三有标准”：即来有迎声、问有答声、去有送声，对有困难的“老弱病残孕”罪犯亲属进行爱心帮扶，为突发疾病的罪犯亲属提供医疗急救，全方位提供保障。

五是深化会见执法考评。注重执法窗口建设，将会见室作为狱务公开的重要窗口之一，结合传统形式与新媒体手段，坚持“以公开为常态，不公开为例外”的原则，依法依规向罪犯亲属、社会公众发布监狱执法、罪犯改造信息，提高执法透明度，自觉接受社会监督。执法“零距离”。会见过程中，民警最直接接收的是来自罪犯亲属对监狱执法考评。要不断完善工作机制，向罪犯亲属发放执法满意度调查问卷，邀请家属进行满意度评价，并将信息进行汇总分析，以此来考评民警履职，把握公众诉求，提升服务水平。监督“零距离”。来自执法监督员的考评是借助社会公众的力量对监狱进行的客观评价，更客观、更全面。监狱要注重健全评价体系，邀请地方人大代表、政协委员担任执法监督员，定期召开执法通报会，组织“社会公众看监狱”活动，真正做到实地监督，并定期走访公检法司有关部门听取意见和建议，将搜集来的意见和建议汇总，形成行之有效的务实措施和创新举措，以此“倒逼”会见体系的完善。公开“零距离”。新媒体时代，网络发展日新月异，监狱“神秘的面纱”也是经由媒体向外界揭开，舆论评价对监狱工作的影响力不容小觑，新闻媒体对监狱执法考评也是监狱被社会公众所了解的主要途径。建立体系化舆情工作协调机制。重点关注罪犯和社会公众的诉求，对于因监狱防疫导致会见暂停产生的负面影响，及时做好沟通教育，赢得罪犯及亲属的理解和支持。动态关注监狱长信箱，妥善处理江苏省监狱 962326 服务热线的答复工作，防止产生负面舆情；对投诉监狱执法的各类来电、来函，要一分为二处理，保护民警依法履职下的合法权益。进一步强化舆情“三同步”处置能力，确保涉狱舆情可控、在控。

作者信息：

钱春燕：江苏省南通女子监狱监狱长

陈静：江苏省南通女子监狱办公室主任

吴瑛瑛：江苏省南通女子监狱办公室副主任

新时期推进职务犯改造法治化、制度化的探索与思考

孟雁泽　韦彦伊

摘　要：推进新时期职务犯罪罪犯（以下简称“职务犯”）改造的法治化、制度化是全面依法治国对监狱各项工作的必然要求。法治化、制度化相互促进，法治是制度的基石，重要成熟的制度必须以法治手段通过立法体现和实现；制度是法治的追求与表现形式，在国家层面很多时候是以法律表现出来的。近些年基层监狱在职务犯改造法治化、制度化方面做了一些有益探索，但距全面依法治国的要求还有一定差距，需要从全局的高度加以推进完善。进一步补充、完善《中华人民共和国监狱法》（以下简称《监狱法》）等相关法律，可以更好地为监狱改造在押职务犯提供法律依据和保障，监狱机关和民警也要加强法治思维，运用法治方式、通过制度建设加强对职务犯改造的法治化、制度化水平，为建设社会主义现代化国家做出贡献。

关键词：职务犯　法治化　制度化　探索　建议

改革开放，特别是党的十八大以来，党中央从事关党的生死存亡、国家前途命运和中国特色社会主义全局的战略高度，坚持全面从严治党，牢牢抓住领导干部贪腐问题这个“社会毒瘤”，反腐力度空前。在“重拳反腐零容忍”形势下，形成了层层反腐的高压态势。与此形势相对应，监狱职务犯人数持续增加。《中华人民共和国刑法》（以下简称《刑法》）、《监狱法》没有职务犯的具体定义，但一般是指国家机关、人民团体、国有企事业单位的工作人员利用职权，贪污、贿赂、徇私舞弊、滥用职权、玩忽职守等，侵犯公民权利，依照《刑法》予以刑事处罚的服刑罪犯。以某主要关押职务犯的监狱为例，贪污贿赂罪犯占全部职务犯的绝大多数。部分职务犯的案件影响范围大、社会舆论关注度高。监狱对职务犯的改造是一项艰巨细致的工作，既

要讲政治，也要讲法治。结合该监狱职务犯改造工作，谈谈推进职务犯改造法治化、制度化的一些做法和探索，以及工作中遇到的难点和对未来工作的设想。

一、职务犯改造法治化、制度化是全面推进依法治国的必然要求

（一）推进法治国家建设和深化司法体制改革的要求

党中央明确提出全面依法治国，并将其纳入“四个全面”战略布局予以有力推进。习近平总书记在中央全面依法治国工作会议上指出，要坚持在法治轨道上推进国家治理体系和治理能力现代化。法治是国家治理体系和治理能力的重要依托。只有全面依法治国才能有效保障国家治理体系的系统性、规范性、协调性，才能最大限度凝聚社会共识。中国监狱发展是中国社会整体发展的有机组成部分，监狱法治化是新时代监狱发展的必由之路，必将与社会发展进程相适应。在中国社会法治化和建设社会主义法治国家的进程中，监狱的发展也要在法治化的规则下进行。监狱管理法治化也有一定的实践基础：中国社会的法治化的进程为监狱管理法治化提供了具有决定意义的历史机遇和社会条件，《监狱法》的颁布实施为监狱管理法治化提供了基本的法律保障。中共中央 2021 年 1 月印发的《法治中国建设规划（2020—2025 年）》（以下简称《规划》）指出，深化监狱体制机制改革，实行罪犯分类、监狱分级制度。完善认罪认罚从宽制度，落实宽严相济刑事政策。党中央的高度重视、推进治理能力和治理体系现代化的客观需要、建设社会主义现代化国家的必然要求，为监狱法治化提供了难得的条件和必要的基础。监狱法治化的重要内容之一就是推进对包括职务犯在内的罪犯改造的法治化、制度化。因此，推进职务犯改造法治化、制度化也是全面依法治国的必然要求。包括职务犯改造在内的监狱各项工作，必须贯彻习近平法治思想，在十一个“坚持”上下功夫、找差距、补短板，在用法治给行政权力定规矩、划界限，规范行政决策程序方面率先取得突破。一方面要坚决贯彻落实党中央的各项大政方针，旗帜鲜明地讲政治，另一方面要严格依照法律的规定开展刑罚执行活动，将各项工作纳入法治化轨道，建章立制，规范执法行为。

（二）建设法治政府和推进依法行政的必然要求

习近平总书记在全面依法治国工作会议上指出，要坚持依法治国、依法

执政、依法行政共同推进，坚持法治国家、法治政府、法治社会一体建设，全面依法治国是一个系统工程，法治政府建设是重点任务和主体工程，要率先突破，用法治给行政权力定规矩、划界限，规范行政决策程序，加快转变政府职能。要推进严格规范公正文明执法，提高司法公信力，这为监狱工作法治化、制度化指明了方向，对职务犯的改造也不例外。监狱作为刑罚执行机关，具有行政执法权。监狱的刑罚权和行政执法权必须依照法律规定正确行使，法治化、制度化是做好监狱一切工作的根本保证。

（三）正确认识和把握法治化与制度化的关系

新时期推进职务犯改造法治化、制度化，首先要清楚两者之间的内涵和关系。法治化、制度化各自的内涵已经深入人心，不必再深入进行探讨，主要分析一下二者之间的关系。习近平总书记指出，既要立足当前，运用法治思维和法治方式解决经济社会发展面临的深层次问题；又要着眼长远，筑法治之基、行法治之力、积法治之势，促进各方面制度更加成熟更加定型，为党和国家事业发展提供长期性的制度保障。这些论述阐明了法治化与制度化之间的关系。法治是制度的基石，重要成熟的制度必须以法治手段通过立法体现和实现；制度是法治的追求与表现形式，在国家层面很多方面是以法律表现出来的。监狱作为刑罚执行机关，必须按照法律规定履职尽责，将法治思维贯穿于全部执法活动过程中。在执法过程中，根据新情况、新问题，可以依照法治精神创造性开展工作，探索形成新的制度，并按照程序提出立法建议，为国家立法提供鲜活的实践经验，为新时代监狱治理体系和治理能力现代化作出贡献。因此，作为基层执法机关的监狱来说，必须依照法律规定的要求、程序行使法律赋予的职权，按照法律的授权制定具体规章制度，不能超越法律规定的职责范围或与法律法规相抵触。对于监狱依照法律法规所做的一些探索，可先行制定出具体的操作办法，形成制度，证明行之有效后，可吸收到法律法规之中，形成更大的制度。如此循环，形成良性互动，推动监狱改造职务犯工作的法治化、制度化不断向前发展。

二、基层监区职务犯改造法治化、制度化之探索

监狱对职务犯改造要严格依照《监狱法》进行，同时要根据职务犯的特点有针对性地进行狱政管理。既要体现“法律面前人人平等”的原则，又要

贯彻“分类指导、个别改造”的方针，在法律框架内探索制定职务犯改造的各项制度。要做到有的放矢，必须准确掌握职务犯的改造特点。以某集中关押职务犯的监区为例，罪犯有以下特点：(1) 年龄大。罪犯平均年龄超过 63 周岁，50%以上的罪犯超过 65 周岁，是典型的“老年犯”群体，老年身体心理特征明显，反应迟钝、行动缓慢，固执、敏感、计较，渴望得到照顾，日常改造、劳动生产、健康问题及文体活动等方面安全风险较大。(2) 身体差。普遍患多种基础性疾病，如心衰、心梗及“四高（高血压、高血脂、高血糖、高尿酸）”问题突出。75%以上罪犯常年服药，甚至同时服用四五种药物。普遍对身体健康状况较为敏感，在就诊、用药方面表现出典型的监禁型人格特征。(3) 文化水平高。普遍有大学本科以上学历，30%以上为硕士、博士研究生学历，文化水平高、知识储备多、智商情商较高，综合思维、认识问题、判别是非、自我调控等方面能力较强，捕前职务较高、阅历丰富。(4) 刑期长。大多数罪犯罪行严重，数罪并罚，刑期和余刑较长，财产性判项金额较大，精神压力和减刑压力较大。由于上述原因，职务犯容易产生几种不利于改造的心理状态。一是优越感，认为自己之前职位高、权力大、关系广、见识多，入狱服刑后也难以消除自大、自傲、自负的心理，不利于思想与行为改造；二是失落感，从有脸有面的“人上人”沦为被剥夺自由的“阶下囚”这一巨大的落差，造成情绪低落；三是麻木感，认为自己年龄大、身体差、刑期长，活不了几年，改造不改造一个样；四是焦虑感，内心想积极改造，但因年龄身体、文化素质、兴趣爱好等方面的原因感到力不从心，处处不如他人，造成精神紧张、心情不佳；五是不幸感，即表面认罪但心有不甘，更多的是归咎于客观，认为自己运气不佳，认为自己是轻罪重判，认为对自己极不公平。这种不幸感使职务犯很难深挖犯罪根源、认清犯罪危害。此外，由于对职务犯的减刑假释从严掌握，对不履行财产性判项的职务犯不予减刑假释，部分职务犯认为改造不改造都一样，存在混泡刑期的思想。

基于职务犯的群体特点以及身体、心理状况，根据《刑法》《监狱法》等法律法规，该监区在职务犯改造目标、改造手段方面做了一些有别于普通刑事犯的探索，并根据宽严相济的刑事政策，在刑罚执行、狱政管理、思想改造、文化教育改造和劳动改造方面摸索出一套比较切合实际、效果良好的做法，并形成制度加以执行。同时，从职务犯的改造目标、政治思想改造和执行落实宽严相济刑事政策的角度进行了一些制度探索。

（一）探索提出新时期职务犯改造的目标要求

《监狱法》第3条规定，将罪犯改造成为守法公民。这一改造目标适用于所有服刑人员。职务犯在入监前大都是党员领导干部，受党培养教育多年，在各自的岗位上曾经做出过贡献，对党和国家有着较深的感情，同时具有较高知识水平和管理能力。对该群体的改造目标，仅仅是“守法公民”显然是不够的。职务犯刑满出狱后基本已经失去利用职务之便再犯罪的条件，一般不可能再成为职务犯，从事其他犯罪活动的概率也相对较低。把职务犯的改造目标定得比一般普通刑事犯高一些，既符合职务犯本身的特点，也有利于调动职务犯的改造积极性。通过多年改造职务犯的实践总结，对新时期职务犯的改造目标定位应比《监狱法》的要求更高一些，具体为拥党爱国，文明守法，再作贡献。拥党爱国，要求职务犯在认罪悔罪的基础上，真心拥护中国共产党的领导和各项政策主张，真心热爱伟大的祖国；文明守法，要求职务犯刑满回归社会以后，除遵纪守法外，还要文明崇德，践行社会主义核心价值观；再作贡献，要求职务犯刑满回归社会后重新为党和人民作出力所能及的贡献。该监区围绕这一目标开展对职务犯改造的各项工作，取得了良好效果。

（二）突出对职务犯的思想政治改造

职务犯沦落成罪犯的过程，实际上是党的先进性与个人的自私性相互冲撞，最终个人的自私性占了上风的过程。职务犯群体虽然犯了罪，丧失了理想信念，但经过教育改造，可以唤起他们的初心与信仰。要求他们以向党忏悔的形式来触动、改造自己堕落的灵魂，做到“五个认同”，有利于他们重新找回丢失的世界观。通过政治思想教育，使该群体真正认罪悔罪，重拾初心、再铸灵魂，树立正确“三观”，真诚踏实改造，洗心革面，重新做人。

（三）落实宽严相济刑事政策

《规划》再次明确提出，完善认罪认罚从宽制度，落实宽严相济刑事政策。宽严相济是刑事司法执法的灵魂，贯穿于全部刑事政策的实践之中，对职务犯的改造也不例外。该监区在对职务犯改造的全过程中，严格准确地贯彻执行宽严相济的刑事司法政策，把握好宽严尺度，依照《监狱法》的规定，做到教育与惩罚相结合，宽大不突破法律的底线，严厉中保护罪犯的人权。

首先，职务犯是依据刑法被判处有罪的罪犯，他们与其他罪犯一样，都受“法律面前人人平等”原则的制约和保护。对他们实施严格的减刑假释政策，是根据中央精神、刑法修正案和司法解释做出的，于法有据。除法律明确规定外，宽严相济的刑事司法政策对职务犯的改造同样适用。

其次，既然宽严相济刑事司法政策适用于所有罪犯，就不能只对职务犯施行“严”的政策，而没有一点“宽”的方面。刑罚的目的应是二元的，即报应与预防，它们构成刑罚的全部目的。依照报应与预防的二元关系设置刑罚，才能真正实现刑罚设置的轻重有度、宽严相济。

在全国对职务犯减刑假释政策总体从严的形势下，宽严相济刑事司法政策除主要体现在减刑假释等刑罚变更中之外，监狱也应按照新时代规范执法行为、细化管理机制的要求，根据实际情况，在刑罚执行中对职务犯实行宽严相济刑事司法政策，以职务犯分级处遇、监管改造、学习教育、看病就医等方面为落脚点，加强制度建设，规范管理行为。该监区在这方面做了一些探索。

1. 严的方面

(1) 体现在对职务犯减刑假释方面

虽然监狱在对包括职务犯在内的罪犯减刑假释方面没有太多“宽”与“严”的余地，但在提请职务犯减刑假释时，体现了中央“严”的总要求，减刑幅度比一般罪犯最少减少一个月，呈报减刑间隔期延长。

(2) 体现在对职务犯的思想改造方面

对职务犯的思想改造，特别是认罪悔罪的教育必须体现出“严”来，即要求高、标准严，并一以贯之持续狠抓。

(3) 体现在对职务犯的遵规守纪要求方面

遵规守纪是每名服刑罪犯的义务，不遵规守纪就谈不上认罪悔罪。对职务犯强调遵规守纪，有助于他们增强身份意识、破除特权与自我为中心的思想和习惯，促使其迅速走上正常改造的道路。

2. 宽的方面

(1) 体现在生活卫生方面

考虑到职务犯年龄较大、行动不便，适当降低监舍关押密度，监管生活设施适当考虑适老化需求。被服的配发和使用，根据季节灵活调整。

（2）体现在劳动内容和时间上

根据职务犯身体情况、文化水平、关注时事等特点，安排的劳动内容以文字编辑、翻译和园林绿化为主，劳动时间可适当缩短，适当安排室外活动时间，增强身体素质、减缓心理压力、培养积极健康生活态度。

（3）体现在监管改造方面

各种口令下达后给充分的准备时间，避免跌跤、慌乱、造成心理压力或引发心脏不适等疾病。在队列方面，在保证精神面貌的前提下，可适当放宽标准。

（4）体现在就医保健方面

摸排每名罪犯的身体状况，建立健康档案。对基础疾病一般用药给予保障。对个别自费药的需求，经批准可以在一定限额内由监狱医院代为采购，对一般就诊需求予以保证，疑难杂症及时安排外诊，突发疾病第一时间救治，建立送往社会医院急救的“绿色通道”，定期安排老年医疗健康讲座。

（5）体现在政治文化学习方面

鉴于职务犯文化水平高，学习意愿强，根据关押条件，开辟政治文化学习室和书画音乐室，业余时间可以看书学习、练习书法绘画和乐器，有助于政治文化改造。

三、当前职务犯改造法治化、制度化存在的问题与难点

尽管该监区在职务犯改造法治化、制度化方面探索取得了一定成果，但距全面依法治国和十八届四中全会提出的健全刑罚执行制度，完善刑罚体制总要求还有差距，需要转变思想、整体谋划，尽快补齐短板，加强法治、制度建设，为做好新时期职务犯改造工作提供法治和制度保障。基层监区在对职务犯改造过程中经常受到以下问题的困扰：

（一）上层法律制度有待细化完善、修改补充

《监狱法》的颁布实施为监狱管理法治化提供了基本的法律保障，但由于《监狱法》颁布已近 30 年，只在 2012 年做过一次修正，有些条款欠缺，有些条款已不适应当前中国经济社会发展的形势，需要修改补充、细化完善。

1.《监狱法》中没有明确规定宽严相济刑事政策适用于刑罚执行的条款。在对包括职务犯在内的服刑人员执行刑罚中，对不同类型罪犯执行在减刑假

释、分级处遇、计分考核等方面执行不同的标准，法律依据不足。

2. 法律没有关于“职务犯”的定义。《监狱法》第 39 条第 2 款规定，监狱根据罪犯的犯罪类型、刑罚种类、刑期、改造表现等情况，对罪犯实行分别关押，采取不同方式管理。从这条可以得出结论：监狱有权设置包括职务犯监区在内的各类监区。但由于法律中没有“职务犯”的定义，职务犯监区也关押其他类型罪犯（如危害国家安全罪犯），只不过这些罪犯之前是有一定级别的国家工作人员。这样做削弱了分类的意义。

3. 对职务犯实施改造的目标和方式与《监狱法》规定的罪犯改造目标和方式有所不同。《监狱法》第 3 条规定，将罪犯改造成为守法公民。该职务犯监区对职务犯的改造目标比《监狱法》规定的要求更高，具体是拥党爱国，文明守法，再作贡献。此外，该监区对职务犯特别注重思想改造，运用多种方式促进其认罪悔罪、重拾初心、重塑自我，真诚踏实改造。

（二）法治思维亟待提升、法治方式有待加强

习近平总书记指出，各级领导干部要提高运用法治思维和法治方式深化改革、推动发展、化解矛盾、维护稳定能力，努力推动形成办事依法、遇事找法、解决问题用法、化解矛盾靠法的良好法治环境，在法治轨道上推动各项工作。法治思维就是开展各项工作时从法律的角度思考问题，将法律作为判断是非和处理事务的准绳，崇尚法治、尊重法律，善于运用法律手段解决问题和推进工作。监狱对职务犯的改造是一项政策性很强的执法工作，需要运用法治思维和法治方式，加强各项制度建设，减少随意性。基层监区在推进工作、遇到问题、处理纠纷时，要用法治思维和法治方式去解决问题。特别是对职务犯的改造，要把握好“从宽”和“从严”的度，放任不管或一味从严都不能体现出讲政治。监狱对职务犯的改造虽然在大墙内进行，但一定要跳出“大墙思维”，从全面依法治国的高度看待职务犯的改造工作。监狱改造罪犯除了应依照《监狱法》等专门法律外，还必须遵守其他法律。如监狱为防控新型冠状病毒肺炎疫情采取的各项措施，就必须符合《中华人民共和国传染病防治法》的各项规定。如果视野狭窄、法治意识淡薄，以自我为中心，在遇到新型冠状病毒肺炎疫情这种突发传染病、出现各种意想不到的问题的时候，仍按原有思维方式、工作模式对待处理，必将会产生各种问题，必须引以为戒。

法治思维和法治方式对监狱的各项管理提出了更高的要求，除应熟悉掌握《监狱法》等专门法律法规外，还要了解掌握其他有关公民权利、行政管理、行政处罚、食品安全以及劳动、消防等各方面法律规定，决不能“一叶障目不见泰山”。对包括职务犯在内的罪犯改造过程中，如果对《监狱法》以外的法律法规学习掌握考虑不够，可能引发不当行政行为或行政不作为等无法保障罪犯权利等方面的问题，需要引起特别重视。

（三）难以兼顾政治效果、社会效果与法律效果的有机统一

近年来有不少关于监狱改造职务犯法律效果、社会效果与政治效果之间关系的论述，得出的结论是，对职务犯的刑罚执行，首先是政治效果，其次是社会效果，最后才是法律效果。笔者认为，这样的划分和排序是正确的。在全面推进依法治国的今天，任何执法活动都应该是上述三大效果的统一，而非抵触对立。监狱刑罚执行工作必须严格按照法律的规定进行，法律是监狱一切工作的基石和依据。只有在法律框架内行事，才能更好地达到政治效果和社会效果统一。当然，作为国家政治机关的监狱，必须旗帜鲜明地讲政治，执行党中央决策部署，避免执法活动引起社会负面反响，特别是在职务犯减刑假释、暂予监外执行、计分考核、处遇管理等方面要根据形势把握好时机、节奏与力度，这些都必须以监狱依法执法为前提。遇到问题，要从政治高度加以考虑，但解决问题必须靠法律手段。我国法律法规在操作层面上也是有回旋余地的，既能贯彻政治意图，又可体现法治精神。总之，对职务犯的改造要求监狱政治站位要高，运用法治思维和法律手段，实现政治效果、社会效果、法律效果的统一，不能不按法律规定任意作为或不作为，或将法律的规定束之高阁。要综合考虑各方面的价值要求，不能迁就某一方面的价值或要求。在此过程中，体现党和国家关于职务犯改造的各项方针政策，反映人民呼声，回应社会关切。

（四）基层监狱制度建设要平衡政策与法律关系

到目前为止，该监区对职务犯改造制度仍不够完善，所总结的经验只是自己摸索出来的，虽然有些探索得到了上级机关的认可肯定，但距形成完整的职务犯改造制度还有很大差距。司法部也没有针对职务犯改造专门出台制度性指导文件或意见，基层监狱、监区制度性探索存在一定盲目性和不确定性，没有形成针对职务犯工作的一套完整制度。有些制度的制定、推行以执

行政策为出发点，而非根据法律法规制定，随着政策调整、形势变化而不断变化调整，最后往往效果不佳。

（五）刑事政策变更给基层监区执法带来难度

《中华人民共和国刑法修正案（八）》[以下简称《刑法修正案（八）》]及其相关司法解释进一步严格规范了所有罪犯的减刑假释，特别是2014年中政委五号文件的印发执行，要求对职务犯的减刑、假释、暂予监外执行以及其他方面的管理进行严格规范；最高人民法院先后下发三个司法解释（涉及程序、间隔期、减刑幅度、财产性判项执行等方面），相关部门也相继出台文件和指导意见。刑事政策不断变化调整，对职务犯的减刑假释，无论在程序上还是实体上都日趋严格。部分监狱对职务犯的减刑假释工作非常谨慎。部分职务犯认为最有效的激励手段被削弱，自己成为打击腐败的牺牲品。回应社会关切、加强刑罚体验，对职务犯来说是无可厚非的。减刑假释政策的从严对职务犯的改造带来了一定难度。此外，刑法的"从旧兼从轻原则"在职务犯减刑假释方面体现得不明显。依照《中华人民共和国刑法修正案（七）》[以下简称《刑法修正案（七）》]被判处徒刑的职务犯在减刑假释上没有执行"老人老办法"，而是按照《刑法修正案（八）》《中华人民共和国刑法修正案（九）》[以下简称《刑法修正案（九）》]及其司法解释办理，2018年出台了《最高人民法院关于办理减刑、假释案件具体应用法律的规定》，明确了《刑法修正案（九）》后被判刑的职务犯在减刑假释方面适用更为严格的规定，但并未解决按《刑法修正案（七）》判处徒刑的职务犯在减刑假释方面"从旧兼从轻原则"的问题。

四、新时期推进职务犯改造法治化、制度化的探索建议

（一）在国家法律层面明确定义"职务犯"。

建议修订《监狱法》等相关法律，从法律层面严格准确定义"职务犯"的概念，明确其内涵与外延。应主要从犯罪性质和犯罪主体入手，明确将非国家工作人员职务侵占等犯罪排除在外，避免混淆。梳理整合近年来出台的有关职务犯刑罚执行特别是减刑假释方面的规定，符合宪法及刑法基本原则的予以保留，不符合的予以修改。

（二）筑牢法治之基，全面修订《监狱法》

《监狱法》是规范监狱运行的基本法，颁布实施近30年来，对中国监狱

的法治化进程起到了极大推动作用。随着社会经济发展和各方面环境变化，有必要对其进行部分修改，使其在新时代监狱法治化进程中起到引领作用。一是建议明确监狱的司法主体地位。监狱法规定监狱是国家的刑罚执行机关，但并没有授予监狱独立行使刑罚（徒刑）执行权的权力。监狱与法院、检察院相比，并没有取得相对平等的法律地位，不能做到相互监督、相互制约、相互配合，只能处于被监督、被制约的从属地位，没有赋予监狱应有的司法主体的地位。二是建议明确监狱人民警察的职权。现行《监狱法》对监狱人民警察的义务规定很详细，权力行使的限制也很具体，但对监狱人民警察的职权却没有集中明确的规定，对于一些散见于其他条款中的权力又规定得过于抽象和单薄，不能满足强化管理、强制改造、确保安全的需要。三是建议明确罪犯权利保障的范围。《监狱法》规定，罪犯其他未被剥夺或者限制的权利不受侵犯，罪犯被明确剥夺或者限制的权利只有人身自由和部分罪犯的政治权利，让罪犯对服刑的概念产生了错误的认识，在罪犯权利保障和强化监狱管理之间产生了冲突，既不利于保护罪犯应有的权利，又不利于监狱管理，不利于安全稳定。

（三）建立健全职务犯改造的制度体系

2014 年 10 月，党的十八届四中全会关于全面依法治国的决议明确提出健全刑罚执行制度，完善刑罚执行体制，对监狱职务犯改造制度体系的建设提出了要求、提供了依据。在修订《监狱法》的基础上，司法部会同有关部门制定完善职务犯改造的刑罚执行规章制度，加速推进以科学化、社会化、现代化为重要内容的监狱管理现代化，建立健全职务犯改造的制度体系，完善职务犯集中关押管理制度。相关监狱、监区可按照司法部统一要求制定各自的改造职务犯的规章制度，做到上有依据基础、下有创新活力，对职务犯的改造工作全都在制度范围内运行。关押职务犯的监狱、监区可根据实际情况探索制定职务犯自我反省、自我管理、自我改造的管理制度。这样，就形成了监狱改造职务犯三个层次的制度，使监狱对职务犯的改造在制度内依法平稳有序进行，避免过多人为因素的干预。

（四）牢固树立法治思维，建立监狱内部规章制度合法性审查机制

推进监狱包括职务犯改造在内各项工作法治化、制度化，是全面推进依法治国的必然要求。监狱对职务犯改造工作必须做到于法有据，既要符合法

律实体规定，也要符合程序规定。监狱民警要树立法治思维、运用法治方式，推动工作、解决问题。提高监狱领导班子这些“关键少数”的法治思维尤为重要。监狱制定的各项管理制度，必须符合上位法的要求，确保监狱各项工作在法治轨道内进行。为此，有必要建立监狱内部规章制度合法性审查机制，制定前充分征求意见，实施前由监狱法治部门进行审查，避免与上位法冲突，做到合法合规。

（五）加强队伍建设，提高监狱干警法治素质和水平

从事职务犯管理的监狱、监区，是监狱工作中重要的战斗单元，关系到社会的稳定和国家的总体安全。职务犯教育改造工作标准高、任务重、难度大，面临的挑战多、困扰多。从事职务犯管理的民警人数配备比例也应适度提高。要充分考虑民警的政治素质和专业素质，特别是要有一定比例的法律专业背景的民警。定期开展法律培训，理解掌握国家最新法律法规，坚持公正文明执法，对职务犯坚持依法、严格、科学、文明的管理，以娴熟的职业能力和良好的职业形象管理、教育职务犯。

作者信息：

孟雁泽：司法部燕城监狱第五监区副监区长（副处长级）
韦彦伊：广西壮族自治区新康监狱（茅桥中心医院），四级警长

监狱执法规范化建设研究

——以监狱法治建设为视角

吴 彬 丁 炎

摘 要：监狱作为国家的司法行政机关，全面推进监狱执法规范化，是贯彻落实习近平法治思想、推进监狱法治建设的重要一环。本文以监狱法治建设为视角，以监狱执法规范化建设为主题，明确了监狱执法规范化的内涵，阐述了执法规范化建设对落实依法治国战略、提高执法者的执法素养和执法水平、实现社会公平正义均具重要意义，分析了监狱执法规范化建设中存在的问题及成因，即法律制度不健全、监狱管理体制不完善、多层社会关系阻碍监狱民警规范执法以及民警队伍建设不合理等，提出了完善监狱执法规范化建设的对策建议，即明确监狱本位职能、切实树立依法治监思想、深化监狱管理体制改革、健全监狱民警队伍职业化进程、建立科学的服刑人员惩处机制、建立监狱民警执法保障机制等。期冀对新时代监狱法治建设有所助益。

关键词：监狱　执法规范化　监狱法治建设

法治是人类文明进步的重要标志，是治国理政的基本方式，是中国共产党和中国人民的不懈追求。法治兴则国兴，法治强则国强。党的十八大以来，以习近平同志为核心的党中央从坚持和发展中国特色社会主义的全局和战略高度定位法治、布局法治、厉行法治，将全面依法治国纳入“四个全面”战略布局，加强党对全面依法治国的集中统一领导，全面推进科学立法、严格执法、公正司法、全民守法，形成了习近平法治思想，开创了全面依法治国新局面，为在新的起点上建设法治中国奠定了坚实基础。监狱作为国家的刑罚执行机关，深入开展依法治监工作，全面推进监狱执法规范化建设，是贯彻落实习近平法治思想与监狱法治建设的重要一环。打铁必须自身硬，监狱民警作为监狱工作的主体，其履行岗位职责、执法水平的高低，直接影响着监狱工作法治化与规范化建设的进程，[1]因此在实践中进行积极深入的探索，制度上构建完整清晰的体系，规范上形成明确可行的标准，才能逐步推进监狱执法规范化建设，才是实现监狱法治建设的重要途径。

一、监狱执法规范化的内涵与意义

（一）监狱执法规范化的内涵

对监狱执法规范化进行研究，首先要明确监狱执法规范化的概念及范围，在此基础上对监狱执法规范化的内涵予以界定。监狱执法规范化是新形势下对于监狱民警的必然要求，特别是随着民主法治建设的加快和狱务公开的推进，监狱执法规范化与否直接关系到内部稳定性和外部的公信力，已经成为一项非常紧迫的任务。监狱执法规范化包括羁押规范化、管理教育规范化、执行刑罚规范化等方面。监狱执法规范化的重要特征是权责法授、执法从严、程序正当、公平正义、保障人权。在此，监狱执法规范化的内涵，则是指监狱机关、监狱民警等执法主体根据法律法规和内部规章制度来执行刑罚的系统标准，是监狱教育和改造罪犯以及处理其他执法工作所必须遵循的原则和规范。

（二）监狱执法规范化的意义

1. 是落实依法治国战略的必然要求

党的十八届四中全会作出了全面推进依法治国的战略决定。监狱作为国家的司法行政机关，是推进依法治国战略的重要职能部门。贯彻落实依法治国战略，对监狱而言就是要大力加强法治监狱建设，实现依法治监、依法管理、依法执法的共同推进。推进法治建设下的规范执法才能将监狱治理模式从经验治理彻底转变为依法治理，实现在法治的统领下，推进领导干部自觉运用法治思维和法治方式治监理政，构建起良法善治的依法治监运行模式；推进法治建设下的规范执法才能将监狱各项工作纳入法治化轨道，实现在法治的引领下，推进监狱人、财、物、事等的依法管理，形成依法管理的法治良序；推进法治建设下的规范执法才能强化民警严格规范公正文明执行刑罚，实现在法治的规范下，创新执法理念、完善执法制度、改进执法方式、提高

---

〔1〕 参见衣奋强主编：《中国监狱新论》，济南出版社 2007 年版，第 246 页。

执法素养，真正以法律去判断是非曲直，推进对刑事法律体系和监狱法律体系的精准执行。

2. 是提高执法者的执法素养和执法水平的重要途径

监狱民警作为一线执法者，无时无刻不在与法律打交道，这一情况决定了监狱民警必须具备较高的执法素养和执法水平，才能做到执法的规范性。十八届四中全会也提出必须大力提高法治工作队伍思想政治素质、业务工作能力、职业道德水准，着力建设一支忠于党、忠于国家、忠于人民、忠于法律的社会主义法治工作队伍。执法规范化可以促使监狱民警养成规范执法的意识，让他们自觉做到一切言行都在法律的框架内，增强自身执法者的责任意识和法治观念。[1]一切执法行为都按照《中华人民共和国监狱法》（以下简称《监狱法》）和国家一系列关于监狱的法律法规来进行，不折不扣地保证服刑人员各方面的基本权利，对每一个服刑人员都要平等相待。意识到每一个“特殊服刑人员”的出现都是对法律尊严的践踏，是对法治国家进程的阻碍。

3. 是实现社会公平正义的重要保证

司法公正是社会公平正义的最后一道防线。实现社会公平正义，在监狱系统就是要通过规范执法，树立法治权威，推进公正执法，化解尖锐矛盾。推进法治建设下的规范执法就是要牢固树立法治权威，自觉将法律作为衡量监狱执法管理的唯一标准，做到心中有法、言必合法、行必依法，不以任何借口任何形式以言代法、以权压法、徇私枉法；推进法治建设下的规范执法才能牢牢把握严格规范公正文明执法这一执法工作生命线，进一步转变执法理念、改进执法方式，增强执法素养、提高执法水平，在每一起减刑、假释、暂予监外执行案件的办理中体现公平正义；监狱是社会尖锐矛盾的聚集地，存在着罪犯与罪犯之间、罪犯与监狱之间、罪犯与社会之间等叠加和交叉的尖锐矛盾。要实现这些尖锐矛盾的有效化解，就必须推进监狱法治建设下的规范执法，用法律手段去处理每一个纠纷，用法治方式调整利益冲突，真正从源头上化解矛盾，最大限度地减少不稳定因素。

---

[1] 参见夏宗素主编：《狱政法律问题研究》，法律出版社 1997 年版，第 102 页。

二、监狱执法规范化建设存在问题及成因分析

在当前监狱执法规范化建设工作中，监狱民警的执法工作面临着很多的困境，在具体司法实践中也存在着不少的问题。随着我国法治进程的推进，我们必须高度重视执法规范化建设工作中存在的问题，而发生这些问题原因也是不尽相同的。

（一）法律和制度原因

监狱民警执法必须依据健全的法律法规，只有法律法规完善才能保证监狱执法规范化落到实处。但是，目前我国关于监狱的法律法规不完善，对于监狱民警的执法权保障不到位，对于罪犯的减刑、假释、暂予监外执行等程序规定得也不够详尽，有些法律法规的条款无法适应具体的司法实践和执法活动。虽然近年来国家加大了对监狱的立法程度，特别是《监狱法》的出台，以及《中华人民共和国刑法》（以下简称《刑法》）和《中华人民共和国刑事诉讼法》（以下简称《刑事诉讼法》）的修改，在一定程度上完善了监狱法律法规建设，相比以前法治进程推进了，但整体上而言仍然存在很多不完善的地方。

1. 法律法规之间存在冲突

首先是《监狱法》与《刑法》《刑事诉讼法》的冲突。《监狱法》的制定时间是1994年，距今已经将近三十年了。这些年间我国的经济和社会发展发生了巨大的变化，执法环境和执法对象也变得跟以往大为不同。但《监狱法》是监狱系统民警执法的主要依据，这就造成了监狱民警在执法活动中面临有些条款与《刑法》《刑事诉讼法》相冲突的问题。例如，《监狱法》第25条规定了符合刑事诉讼法规定的监外执行条件的，可以暂予监外执行，适用对象是被判处有期徒刑和无期徒刑的服刑人员，但是《刑事诉讼法》却规定暂予监外执行的适用对象是被判处有期徒刑或者拘役的服刑人员，二者对被判处无期徒刑的服刑人员规定不一致。其次，《监狱法》与行政规章之间的冲突。例如《监狱法》对于监外执行的规定是由当地监狱机关提出书面意见，报上级机关批准，由批准机关负责通知公安机关[1]。但是《罪犯保外就医执

---

〔1〕 参见陈粤华、黄楚嘉："试论监狱民警职业风险的成因及其防范对策"，载《中国监狱学刊》2007年第4期。

行办法》中却规定保外就医的批准与否不是首先征求上级监狱管理机关的意见，而是要征求公安机关，二者规定显然存在冲突，导致在具体司法实践中难以有效操作。

2. 法律法规修订不完善

法律一个重要特点就是稳定性，一旦制定，非经形势变化和重大事项一般不会频繁调整，否则难以对人们的行为形成长期的制约。同时，法律也不是一成不变的，需要根据新的需要进行调整以保持法律的严肃性。特别是进入新的世纪以后，我国的经济形势和社会形势都发生了巨大的变化，市场经济体制将在各个领域得以确立，监狱法律法规需要根据这些客观形势的变化予以修订。但修订法律法规涉及面广，需要征求和调查各方面的意见，修订法律需要一个过程，如此很容易造成条款和实际的不符，法律法规滞后于客观实际。《监狱法》与《刑法》为我国刑事法律体系中两部重要法律，是我国监狱工作主要遵循的规范性文件，但《监狱法》于1994年颁行，曾于2012年作过较少修正，现行《监狱法》条文的滞后和笼统，与当下实务工作的万象丛生之间产生了不小的矛盾。如《监狱法》第5条，仅表明监狱民警依法履行职权受法律保护，因无实施细则，致使实践中难以执行。对于那些“二进宫”“多进宫”熟知监狱生活及改造规则并多次抗拒改造的服刑人员将如何管控，缺少规定。《监狱法》是监狱民警执法的参照物，应该对其进行详细的规定和明确的指导，才能保证规范的执法。

3. “人治”思想的增强和“法治”思想的衰弱

推动监狱执法规范化必然要对现有管理体制造成一定的冲击，在调整到位之前有着一定的真空时期。这个时期既不是传统监狱的管理方法，也不是现代监狱管理方法。在这个特殊调整时期，只得采取一些特殊管理措施，这些措施基本上类似于“战时条例”，这些“战时条例”有的符合当地监狱的实际情况，但有的处于法律的边缘。虽然调整到位之后，监狱的管理进入了正常化状态，但是要防止惯性思维带来的危害。调整到位之后一定要采取依法治监的措施，严格执法程序，规范执法流程，对执法过程进行精细化管理。

（二）监狱管理体制落后

我国监狱管理的核心虽然也是提高罪犯的改造质量，但仅有这个愿望和目标还远远不够，还需要有一系列配套和完善的管理制度。相比于发达国家，我国监狱的管理体制还比较落后，导致了无法保证理想的改造质量。在监狱执法过程中片面强调监管安全，导致了有些监狱民警思想消极，觉得只要服刑人员管得住，跑不了就可以了，对于执法的规范化持无所谓的态度。[1]虽然十八届四中全会以后，监狱系统的法治化进程明显加快，但是距离社会发展的新形势仍然相差甚远，监狱民警在执法活动中经常受到各种体制因素的制约。

1. 监狱的经费保障不到位

监狱是国家机器的重要组成部分，是代表国家的刑罚执行机构，肩负着改造和教育服刑人员的功能。因此，监狱机关运行和管理的经费理应由政府承担。[2]虽然《监狱法》已经规定了监狱的经费由国家承担，但在实际执行当中，监狱的经费经常是不足额的，有时甚至缺口甚大。为了维持监狱的正常运转，监狱机关不得不大力发展监狱生产，把创造经济效益作为中心工作。进入新世纪以后，随着我国社会整体上由计划经济向市场经济的转型，监狱的经济负担比以往加重，对监狱的运行和管理构成了新的挑战，一些监狱更加重视监狱生产，甚至把经济效益作为主要追求目标，这显然与国家开设监狱的初衷背道而驰。

2. 过分强调劳动改造

按照《监狱法》的规定，劳动改造的目的是让服刑人员改掉以前的恶习，重新做人，并掌握一门技能，回归社会之后能够正常生活，做一个对社会有益的人。因此，在监狱执法中，不能仅仅把服刑人员看成是一个劳动生产的工具，应重点让其认真悔过，接受改造，努力提高其综合素质，为重新步入社会奠定基础。但是在具体执法中，监狱民警过分强调劳动改造的作用，把劳动生产看成是改造的主要手段，忽略教育改造等其他方式，甚至把劳动改造成绩当成主要考核指标。一些监狱民警不了解服刑人员的特点，根本无法帮其改掉恶习。再加上超时间和超负荷的劳动，使得监狱民警和服刑人员之间的矛盾重重，严重阻碍了监狱民警执法规范化目标的有效实现[3]。

---

〔1〕 参见程颖："深入推进公正廉洁执法 提高监狱执法公信力"，载《中国司法》2010年第8期。

〔2〕 参见余飞："警囚冲突的社会学透视"，载《中国监狱学刊》2008年第5期。

〔3〕 参见刘伟成："对当前监狱民警队伍建设中几个焦点问题的思考"，载《中国监狱学刊》2008年第5期。

3. 监企分离不彻底

深化监狱体制改革，要彻底实行监企分开和收支分开，健全监狱企业管理体制和运行机制，明确监狱企业的法律性质。[1]根据监狱体制改革的要求，监狱和其自办企业分离之后就不能再发生直接的联系，监狱机关不得再向企业寻求经费。这些措施符合未来的发展趋势，也有利于减少和预防腐败。但是在具体实践中，很难做到监企分离[2]，比如监狱企业主要负责劳动生产，但这些生产人员不是一般的劳动者，而是接受改造的服刑人员，这些人一旦脱离监狱机关的管理，就容易失去强制力。再者，监狱民警如果不能参与到生产管理中，也不会积极支持。在这种情况下，监狱和企业由于有利害关系，很容易藕断丝连，难以做到彻底分离。原本的改革是为了让监狱能够有更多的精力从事规范化执法，但在实际中，由于监狱职能过多，既要管理监狱机关，又要管理企业，使得人员分散，削弱了规范化执法职能。

4. 狱务公开不到位

由于监狱系统的相对封闭性，社会想要了解监狱内部的工作比较困难，而近几年来推行的狱务公开活动可以在一定程度上提高人们对监狱工作的认识。但目前来看，狱务公开工作十分不到位。如对于减刑、假释和暂予监外执行方面，达到什么标准可以享受这些待遇，虽然法律上有明文规定，但规定较为笼统，属于方向性和原则性的表述。在具体执法活动中，监狱民警的执法弹性较大，不予公开过程，很难让人信服。狱务公开的不到位不仅给司法腐败预留了空间，也使得服刑人员和社会对于监狱工作产生严重的不信任。刑罚的目的就是预防和减少犯罪，狱务公开不到位使得这项功能大打折扣，违背了《监狱法》的初衷。

（三）多层社会关系阻碍监狱民警规范执法

1. 亲朋好友干扰

监狱民警并不是孤立的个体，也是社会关系中的普通人员。监狱民警同我们大多数人一样，拥有同学、同事和其他亲朋好友。在监狱民警执法的过程中，不可能完全忽视这些人情因素的存在。这些社会关系可能会通过各种

---

〔1〕 参见《司法部关于印发〈全面深化司法行政改革纲要（2018-2022年）〉的通知》司发〔2019〕1号。

〔2〕 参见曹雪辉："从辛普森案看正当法律程序原则"，载《中国监狱学刊》2010年第6期。

渠道影响监狱民警的规范执法。特别是一些服刑人员的家属，往往会利用各种社会关系寻求监狱民警的照顾和帮助。如果监狱民警完全不考虑这些社会因素，有可能就会陷入众叛亲离的境地。所以监狱民警也时常面临着社会关系的考验，如何把握好手中的权力，做到规范化执法成为监狱民警面临的严峻考验。

2. 服刑人员的干扰

随着监狱系统对规范化执法的重视，服刑人员的各项权利都有了较好的保障，但是服刑人员往往曲解了很多权利，滥用的现象时有发生。比如申诉和检举的权利，本来是为服刑人员遭受不公正的待遇和反映其他问题而设的，但有些服刑人员捏造一些不实的事情进行举报，扰乱了监狱的正常监管秩序。这些捏造事情举报的服刑人员却得不到应有的处罚，这不仅打击了基层民警的工作积极性，对其他服刑人员也形成了不好的影响。还有的服刑人员认为监狱的执法规范化就是除了限制自己的人身自由外，其他各项权利都应该得到保障，过分地进行维权。《监狱法》虽然规定了服刑人员的权利和义务，但是服刑人员往往不愿意考虑履行义务的问题，只看到权利。有些服刑人员混天撩日，不服监管，不断要求调整监区和工种，监狱民警出于人性化的角度，要耐心进行劝解。但服刑人员却看成是不敢多管。这也增加了监狱民警的执法负担，让基层民警感到力不从心，执法规范化也大打折扣。

（四）民警队伍建设原因

1. 监狱人民警察队伍组成参差不齐

由于历史和体制的原因，我国的监狱多数处于偏远的山区，交通不便，信息闭塞，福利待遇也比较差。我国监狱民警的组成人员十分复杂，有的是转业军人，有的是应届毕业分配的学生，有的是社会招聘人员，还有的是从别的系统调过来的，这些人员的执法素质难以保证，有些连基本的法律常识都掌握得不全。社会上的优秀人才看到监狱的发展空间有限，多数不愿意进入监狱系统。虽然实行公务员制度以后，监狱民警的职业吸引力有所增强，但由于编制的制约和严格的考试制度，每年进入监狱系统的年轻毕业生数量仍然比较有限，相对于整体老化的监狱民警队伍仍然是新鲜血液不足，中间年龄民警和技能断层。

2. 学校教育要求和执法能力培养脱节

多数监狱民警在学校学习的时候，关注的重点是应试和文凭，对于如何提高司法实践中的执法能力并不十分重视。学校在课程设置上也是重理论轻实践。对于监狱民警来说，很少有人把提高执法能力当作主要课题。在后期执法能力培养上也流于形式而忽视效果，对于执法能力重视不够。而在职的岗位培训，内容多、时间短，根本难以有效掌握执法要求。这些因素也是造成监狱民警法治意识差的重要原因。

3. 监狱民警职业特征的影响

监狱工作不同于其他职业，环境较为封闭，工作和生活相对单调，与家人也是聚少离多，接触的人群不是同事就是服刑人员，作息也不规律。长此以往可能造成与社会的脱节。偏远山区的监狱民警待遇较差，生活拮据，使监狱民警感到巨大的生活压力和职业压力，精神高度紧张。面对规范化执法，监狱民警感到恐慌和自卑，无所适从，进退两难，也就不愿意提高法治意识和执法素养。

4. 一线执法警力不足

据司法部对 4 个省份监狱工作调研结果显示，监狱民警法定工作日人均每月超时工作 86.87 小时，法定工作日以外人均每月加班 43.92 小时，[1] 导致监狱民警承受如此高强度工作压力的重要原因，即一线执法警力不足，是一直困扰监狱工作的“老大难”问题。根据司法部的规定，监狱民警和服刑人员的最低配置比例应为 18%。这里的监狱民警人数应当是在监狱机关中从事辅助性事务或者非执法岗位的民警人数与监区一线执法民警人数的总和。即便如此，多数省份数据显示，许多监狱的这一比例仍低于 18%，一线警力不足显而易见。监区一线执法民警人数与服刑人员人数是否相应，对于监管改造和监狱平稳运行至关重要，倘若一线警力不足，将引发一系列问题。

5. 监狱执法职业化进程明显滞后。

由于社会和历史的原因，我国的监狱民警担负着多项职能，他们既是刑罚的执行者，又是监狱生产的组织者；既是管教的执法者，又是教育的工作者。但按照监狱执法规范化的要求，监狱民警只能是一个法律职业角色，不

---

〔1〕 参见冯卫国：“中国监狱法治建设回望与前瞻——从《监狱法》的颁行到再修改”，载《上海政法学院学报（法治论丛）》2019 年第 4 期。

能也不可能担负那么多的职能。对于服刑人员的管教是一个涉及面很广的工作，涵盖了教育学、监狱学、法律学、社会学、心理学等内容，是一个专业化系统化的工程。让现在的监狱民警从事这项工作，要求其执法规范化谈何容易。因此，必须加快监狱执法职业化进程才能推进监狱执法规范化。

三、监狱执法规范化对策探寻

（一）明确监狱的本位职能

监狱职能错乱，是影响监狱执法规范化的关键原因之一。在特殊的历史条件下，我国创造了具有中国特色的劳动改造制度，组织服刑人员从事监狱生产，慢慢形成了“监企合一”的模式。然而这种集监狱职能与企业职能于一身的特殊监狱形态，导致了监狱片面强调经济效益而忽略了其改造人的根本宗旨，这不但减弱了监狱改造服刑人员的功能，而且也影响了监狱执法的规范化。因此只有明确监狱的发展方向，回归监狱改造服刑人员的本位职能，才有利于监狱民警投入更多的时间与精力到教育改造的中心任务中去，以实现监狱的工作宗旨、法定职能与现实需要的完全统一，切实有效地规避监狱民警因从事与改造工作无关的事项而带来的风险，以确保实现监狱执法规范化发展。

明确监狱的本位职能，深化监狱体制改革是关键。近年来，根据党中央、国务院所作出的统一部署，监狱体制改革已取得了阶段性的成效，并积累了许多科学、有效的改革经验。2019 年 1 月，司法部印发了《全面深化司法行政改革纲要（2018–2022）》，强调要继续深化监狱体制和机制改革，通过实行监企的彻底分离，全额保障监狱经费，调整监狱的利益格局，确保监狱工作的全部精力集中到教育改造上来，使监狱回归执法主体、强化执法职能。

（二）切实树立依法治监思想

树立依法治监的思想是促进执法规范化的前提。依法治监不仅是推进社会主义法治进程的根本要求，也是推进监狱执法规范化的具体实践。当前，虽然有些地方的监狱系统在依法治监方面取得了一定的成绩，监狱民警的法治观念大大提升，执法能够依照法律程序和规定流程进行，狱务公开工作也在一定程度上有所推进，但是从总体上看，我国监狱系统的依法治监工作依然任重而道远。在推进社会主义法治进程中，加强依法治监工作不仅是时代的需要，而且是历史发展的必然，要想推动依法治监成为长效机制，还需要做很多努力。

1. 避免人治行为

长期以来，由于我国监狱管理体制行政色彩浓厚，监狱民警习惯于听从上级的命令和指示，对于依法治监的理念的贯彻非常不利。实际上，我国监狱执法的工作制度、工作纪律和工作程序已经日趋完善，发展至今已经有了一个较为完善的体系，监狱民警可以把主要的精力发到执行制度和程序上去，贯彻落实现有执法流程。监狱机关也应该把对民警的规范化执法作为考核重点，避免执法的任意妄为。

2. 建立健全相关的法律法规

虽然自改革开放之后，我国关于执法的法律法规趋于完善。但有的法律法规只是规定了一个原则性的方向，有些细节还需要具体量化，否则在具体执法中难以做到有法可依，难以精细执法。如《中华人民共和国人民警察法》（以下简称《警察法》）就有许多条款规定得较为模糊，无法具体操作。要进一步完善以《监狱法》为核心的社会主义监狱法律体系，使得执法的每一个程序和每一个环节都能够具体量化，如此才可保证依法治监目标的实现。

3. 正确看待服刑人员的权利

近年来出现的一系列关于监狱执法的热点事件引起了社会大众对于监狱服刑人员权利的重视。但是，对服刑人员权利的重视过犹不及。有的服刑人员动不动就向上级部门虚假举报，编造一些无中生有的问题博得同情。特别是在网络发达的今天，信息传播的速度加快，人们趋向于同情服刑人员这个“弱势群体”。尽管有的监狱部门在事后马上澄清，但难以在短时间内消除对监狱的不利影响，影响了监狱的正常秩序。肇事的服刑人员往往得不到应有的惩处，使得一些服刑人员效仿。依法治监要保证服刑人员的权利，但也不能对他们的权利过度夸大。

4. 进一步推进狱务公开

狱务公开不仅是依法治监的客观要求，也是执法规范化的基本保证。狱务公开可以促进社会大众了解监狱的工作情况，保证权力在阳光下运行，从源头上杜绝腐败。但是狱务公开的事项不能以公开了事，而要对事项的进展情况进行跟踪。看看该事项是否严格执行相关规定，是否严格依照流程，看看最终的执法效果如何，要做到事项公开件件有回声。只有建立了跟踪机制，才能保证狱务公开工作落到实处。

(三) 深化监狱管理体制改革

1. 切实保障经费

虽然国家加大了对监狱狱政工作的资金投入，但距离实际需要仍然相差较大。没有充足的资金投入，难以保证监狱的正常运转，执法规范化更是无从谈起。因此，虽然当前在推进监狱和自办企业的分离，实际上难以做到彻底分离，多少会存在藕断丝连的情况。若想彻底实现监企分离，国家还需进一步加大对监狱的资金投入，做到监狱经费保障的规范化和制度化。[1]

2. 完善监狱监督机制

要加强对监狱民警执法的监督，杜绝违法违规行为。规范人权、物权、事权、财权管理，加强对监狱工作重点环节和部位的监督，切实强化监狱人民警察政治敏锐性，加强组织纪律性，真正解决监狱民警执法过程中存在的不严格、不公正、不文明和不作为、乱作为等问题，以提高执法水平，提升执法效益。想要真正发挥监督对于监狱规范化执法的作用，必须建立多方位、立体化的监督体制。首先要实现监督主体的多元化，如县级以上人大常委会、监狱监督机构工作人员、人民检察院、上级监狱管理部门等都可以作为执法监督的主体。其次是实现监督内容的法定化，为了维护服刑人员的合法权利，对于法律条文中规定的各项执法活动都应当进行法定的监督。最后是完善监督手段和方式。如完善检察院派驻监督和巡回检察制度，完善监督人员随时调查案件的制度，完善司法审查制度，完善社会舆论监督制度等。

(四) 健全监狱民警队伍职业化进程

1. 民警队伍进行分类别管理

在推进监狱执法规范化进程中，起到决定性作用的就是一线监狱民警的执法素质。因为监狱民警是执法的主体，一切执法活动都需要监狱民警去完成。长期以来，由于我国监狱体制的原因，监狱民警承担了多方面的角色，难以有足够的精力和能力去完成规范化执法。[2]其实，监狱民警是一个法律

---

〔1〕 参见余训锋、王凤武："监狱信息化及其在监狱安全管理中的作用"，载《通信与信息技术》2014 年第 4 期。

〔2〕 参见马臣文："监狱民警执法意愿：要素、价值和结构"，载《河南司法警官职业学院学报》2013 年第 1 期。

职业的角色，对于服刑人员的管教是一个非常复杂的系统工程，并不是也不可能是每个民警都能掌握的。如果按照监狱民警队伍的现状进行分类，一部分从事看守工作，一部分从事管教工作，一部分从事生产工作，并对这三类民警进行专业化的训练和培训，依照三类标准设定相应的福利待遇和考核制度，那么困扰监狱执法规范化的民警队伍素质问题将得到有效的解决。

2. 完善招录和岗位设置

一是建立严格的监狱民警准入制度。要设定严格的监狱岗位任职资格，在选录时用更前瞻性的眼光，参照更高标准，选取具备专业化知识和相关职业管理技能者，充实监狱民警队伍。我国司法行政类院校发展较迟缓，到目前为止，全国范围内仅有中央司法警官学院一所全日制本科院校，其余各省司法警官学校均为专科批次办学，因此应当加快专业人才院校的发展，进一步建立健全全国范围内的司法警校便捷入警机制，加大对于司法行政类专业毕业生的招录比例，提高监狱民警构成中相关专业的比例；二是设定适应监狱实际的系列岗位。建议根据监狱管理工作实际，设定管理型岗位、监管型岗位与技术型岗位，在监狱党委领导下，监狱人民警察各司其职，相互配合。

3. 完善教育培训体系

要构建起监狱民警的终身教育体系，定期进行理想信念、思想道德、执法环节、业务能力等方面培训。通过强化学习，及时更新知识，培育监狱民警职业道德素养，不断提升综合素质，准确把握狱情态势，强化职业风险意识，增强防范意识和忧患意识，从而适应监狱工作中不断变化的趋势，更好地履职尽责。

4. 强化监狱民警的执法能力建设

一方面通过深入持久开展岗位练兵活动，提高监狱民警的业务技能。一是采取多种形式搞好日常培训，按照执法规范化的要求对照检查，缺什么，补什么，坚持用理论去指导实践，以实践贯彻理论。可以课内教学和课外实践相结合的方式，发挥多媒体教学、案例教学和情景模拟、实战演练相结合的优势，采取监狱民警容易接受的教学方式，经常开展业务大比武，促使每名监狱民警都能干好本职工作，都能规范化执法。二是依托应急演练、实战演练的方式，提高监狱民警执法的实战技能。实战工作是将执法规范化工作落到实处的有效形式，也是监狱民警执法素质的体现，面对当前复杂的社会形势和监狱环境，各种突发事件都有可能发生。因此，要加强对突发事件的应急演练，提升监狱民警的执法实战能力。对有可能发生的暴力袭击保持高度的警惕，提高自我防卫意识。另一方面探索建立专家型的监狱民警队伍，以此带动民警队伍的整体素质。实际上，在我国的监狱系统中已经有许多业务骨干、专家型民警，他们掌握着丰富的执法经验，有完善的法律知识，可以发挥他们的示范带头作用，构建专家型的民警队伍。比如上海监狱管理局重视搭建的矫治师平台、危险性评估员平台等，激发了民警队伍活力，推动了教育改造工作专业化发展，为今后监狱民警队伍职位分类打好基础。同时对于监狱民警队伍要激发出钻研业务的热情，在全系统建立激励机制，使得监狱民警的执法能力和素质得到整体性提升。

（五）建立科学的服刑人员惩处机制

随着社会的进步，国家和社会各界对于公民的人权日趋重视，监狱服刑人员的奖励机制逐渐健全，形成了较为完善的累进激励机制。但对于服刑人员的惩处机制却日趋没落，监狱的主要任务是惩罚和改造服刑人员，不能忽略这个监狱的首要任务。

1. 建立规范的服刑人员惩治制度

执法规范化只是要求文明、公正执法，与惩罚改造服刑人员的精神并不违背，不能曲解“文明和公正”，对服刑人员的违法违纪行为过分容忍。例如《监狱法》中对服刑人员破坏监管秩序的行为仅规定了警告、记过、禁闭三种，最为严厉的处罚也就是禁闭15天。[1]破坏监管秩序罪适用条件苛刻，在司法实践中难以适用。这样的惩戒机制难以打击破坏监狱秩序服刑人员的嚣张气焰。必须加大对破坏监管秩序的服刑人员加大惩戒力度，从立法层面做到根本保障，以强有力的惩戒做到规范化管理。

2. 建立流畅、高效的服刑人员惩处流程

服刑人员一旦破坏了监狱的监管秩序，惩处决定做得越快，执行得越到位，对其他服刑人员的威慑作用就越大。不过，服刑人员的惩处流程应该是明确的、流畅的，先做什么，后做什么，要进行仔细量化，做到操作性强，能够在规定的时限快速启动并生效。

[1] 参见游振辉：“论行政执法中的自由裁量权”，载《中国法学》1990年第5期。

3. 建立规范的惩戒场所

近年来，由于监狱内部改造与反改造的实际需要，各地监狱部门根据自身实际设定了一些严管监区等场所，对违规违纪的服刑人员进行单独隔离。但由于法律层面的原因，只是将他们隔离开来就了事，没有强力的惩处措施。必须在法律层面对这些惩戒场所加以规范，对场所的职能、管理制度和惩戒措施予以明确，使得服刑人员认识到一旦触犯了监狱规定，就要被送到这些场所受到应有的惩戒。对于服刑人员的违法违纪行为，要拓展惩戒措施，除了常规的警告、记过等行政处分和人身管制以外，还可以最大限度地限制人身自由、取消其娱乐活动等。

（六）建立监狱民警执法保障机制

建立监狱民警执法保障机制，是提升执法水平的重要举措，是实现权责平衡的具体体现，更是推进监狱执法规范化建设的有效途径。中共中央《关于新形势下加强政法队伍建设的意见》中明确要求，新形势下政法队伍要加强思想政治建设、加强履职能力建设、加强纪律作风建设、加强领导班子和领导干部队伍建设、健全职业保障体系。然而，随着社会大环境的深刻变化和法治化进程的不断加快，监狱人民警察面临的执法环境日趋复杂和严峻。一方面，人民群众“知情”“维权”意识日益提升，对监狱执法也愈加关注。近年来，凡是涉及监狱执法与管理的案件都能够成为舆论的焦点，甚至发酵成重大社会热点事件。另一方面，国家对监狱民警执法保障的关注度仍然不够，相关研究和采取的措施远不及服刑人员权益保障方面取得的进步。执法机关、国家机器的光环已然无法对监狱民警产生足够的庇护效应，严重影响了监狱民警工作的积极性。因此，加强与完善监狱民警执法保障已迫在眉睫，其不仅有利于规范执法行为、构建执法环境，预防监狱民警失职、渎职行为的出现，更有助于全面提升监狱执法规范化建设水平，以构建新时代社会主义法治监狱。

党的十九大以来，随着依法治国方略的贯彻落实，社会主义法治的全面推进，作为国家的司法行政机关，监狱执法的重要意义逐渐凸显。监狱民警作为监狱法治建设的主体、公权力的具体执行者，担负着惩罚与改造服刑人员的艰巨任务，对于遏制服刑人员重新犯罪和维护国家社会稳定起着不可替代的作用。因此，本课题组对监狱执法规范化建设中所存在的问题和原因进行研究探讨，希望引起监狱理论界及立法、司法部门的关注，期盼尽快在法治建设下推进监狱执法规范化建设。但是，从监狱执法工作的现状来看，其远落后于当前法治建设的要求，监狱执法规范化仍有很长的一段路要走。当然，任何一项制度的构建和完善都不可能一蹴而就，对于监狱执法规范化的建设更不能抱有急功近利的思想。唯有理论上达成科学统一的认识，实践中进行积极深入的探索，制度上构建完整清晰的体系，规范上形成明确可行的标准，才能逐步推进监狱执法规范化建设，全面提升现代化监狱法治水平。

参考文献：

一、著作类：

1. 衣奋强主编：《中国监狱新论》，济南出版社 2007 年版。
2. 夏宗素主编：《狱政法律问题研究》，法律出版社 1997 年版。
3. 万安中主编：《中国监狱史》，中国政法大学出版社 2003 年版。

二、期刊类：

1. 陈粤华、黄楚嘉："试论监狱民警职业风险的成因及其防范对策"，载《中国监狱学刊》2007 年第 4 期。
2. 程颖："深入推进公正廉洁执法 提高监狱执法公信力"，载《中国司法》2010 年第 8 期。
3. 余飞："警囚冲突的社会学透视"，载《中国监狱学刊》2008 年第 5 期。
4. 刘伟成："对当前监狱民警队伍建设中几个焦点问题的思考"，载《中国监狱学刊》2008 年第 5 期。
5. 曹雪辉："从辛普森案看正当法律程序原则"，载《中国监狱学刊》2010 年第 6 期。
6. 冯卫国："中国监狱法治建设回望与前瞻——从《监狱法》的颁行到再修改"，载《上海政法学院学报（法治论丛）》2019 年第 4 期。
7. 余训锋、王凤武："监狱信息化及其在监狱安全管理中的作用"，载《通信与信息技术》2014 年第 4 期。
8. 马臣文："监狱民警执法意愿：要素、价值和结构"，载《河南司法警官职业学院学报》2013 年第 1 期。
9. 张晶："现代监狱的基本命题"，载《中国司法》2015 年第 6 期。

10. 周文莉、李娟："探析智慧监狱建设路径和建设目标"，载《中小企业管理与科技（下旬刊）》2019 年第 12 期。

三、学位论文：

1. 张剑："'现代监狱'目标下江苏监狱执法规范化问题研究"，扬州大学 2018 年硕士学位论文。
2. 杨旭："法治进程中的监狱执法规范化问题研究"，苏州大学 2015 年硕士学位论文。
3. 杜新强："监狱基层民警执法权益保障的现状与对策研究"，东南大学 2018 年硕士学位论文。
4. 陈意："宁德监狱执法规范化问题及对策研究"，黑龙江八一农垦大学 2020 年硕士学位论文。
5. 贾庆："监狱执法过错责任追究机制研究"，东南大学 2018 年硕士学位论文。
6. 宋剑："两级管理模式下上海监狱民警专业化建设的研究"，华东政法大学 2014 年硕士学位论文。
7. 龚才华："监狱青年民警队伍能力建设研究"，苏州大学 2014 年硕士学位论文。
8. 姜久功："论监狱人民警察个人权益和执法权力的保障"，山东大学 2013 年硕士学位论文。
9. 周成："监狱人民警察权益保障问题研究"，安徽大学 2013 年硕士学位论文。

四、电子文献：

"司法部关于印发《全面深化司法行政改革纲要（2018-2022 年）》的通知"（司发〔2019〕1 号），载 http://www.moj.gov.cn/，最后访问时间：2022 年 8 月 15 日。

作者简介：

吴彬：上海市吴家洼监狱党委书记、监狱长
丁炎：上海市吴家洼监狱民警

现代监狱警务研究

——基于执法规范化的视角

吕长寿　密传银　吕海笑

摘　要：监狱作为我国的刑罚执行机关，已逐渐成为社会文明进步的窗口，反映着国家公权力和罪犯私权利之间的分配、调整和平衡，从一个独特的视角展示了一个国家法治的状况和人权状况。习近平总书记全面依法治国新理念新思想新战略提出后，运用法治思维和法治方式强化监狱行刑和执法管理，成为当前最为重要任务。建设现代监狱是实现监狱与社会同向同步发展的必然要求，是促进监狱职能充分履行的现实需要，是推动监狱事业整体跃升的战略选择。实现监狱执法规范化是现代监狱的应有之义，对于提高监狱执法质量和民警执法水平、提高监狱机关维护社会和谐稳定能力和执法公信力，有着十分重要的现实意义。

关键词：现代监狱　警务　执法规范化

监狱执法工作是贯穿监狱全部工作的总纲，是监狱民警矫治罪犯的一根红线，是监狱安全稳定的重要保证。[1]随着民主法治建设进程的加快，法律制度的日益健全，更加突出保护人权和程序。因此，监狱作为重要的执法机关，只有以创新执法理念为先导，以解决执法突出问题为突破口，以"实战、实用、实效"为导向，不断严格规范执法行为，有效应对当前复杂的执法形势和艰巨的执法任务，才能切实提高执法水平和公信力，最大限度地做到法律效果和社会效果的统一，切实满足人民群众对公正司法的期盼。

有民警就应有警务管理，就要建立与时代特征、行业特色相适应的警务机制，这是现代监狱建设的重要内容。随着全面依法治国方略的深入推进，

---

〔1〕 参见李福全主编：《监狱民警执法质量评估》，法律出版社 2008 年版，绪论。

社会主义法治环境的不断完善，人民群众的法律意识、权利意识日益增强，在监狱的各项工作中，执法规范化建设是一项战略性、全局性、基础性、保障性的工作，它既管局部又管全局，既管一时又管长远，既管业务又管队伍。监狱事故的发生无不与监狱民警不正确行使职权有关系[1]，其实就是监狱警务活动。而现代监狱语境下，监狱职能、行刑理念、执法方式、管理对象等均较之以往有明显变化或进步，这是社会民主化、法治化进程的重要体现。就现代监狱警务而言，必须坚持问题导向、需求导向、项目导向的思路，着力解决当下不符合现代监狱要求的突出问题。

一、现代监狱的主要特征概述

监狱与国家、法律、犯罪、刑罚相伴随，与中国社会历史的发展进程相适应。随着监狱布局调整的有序推进，“三个转移”基本实现，监狱行刑资源得到合理配置、监狱体制改革得以有效开展、监狱“三化”建设步伐不断加快、监狱行刑效益日益凸显，尤其是监狱体制改革的不断深化、二级管理体制的运行、监狱规范执法综合改革，将监狱工作推上了一个新的发展阶段。监狱管理的指导思想、工作理念、内涵范畴、防控机制、运行模式等方面进一步科学合理，民警主要精力由防止罪犯脱逃转向强化罪犯矫治，监狱由封闭逐步走向适度开放，民警综合素质不断提升，狱内功能性建筑基本满足了改造需要，监管改造环境条件得到彻底改善，以上可作为现代监狱的应然性呈现，主要表现以下特征：

1. 监狱本质职能得到回归。监狱是关押罪犯的场所，是国家的刑罚执行机关，这便决定了监狱的本质职能即为执行刑罚。但是，在行刑实践中，这一职能曾被严重弱化和异化，一方面，监狱既改造罪犯，又办企业，形成了监企合一管理体制，严重弱化了监狱的行刑职能；另一方面，监狱背离了“改造第一，生产第二”的方针，片面地追求经济效益，将监狱的劳动改造功能异化为生产功能。现代监狱则应当实现其行刑职能的回归，实现其监狱职能的纯化。

2. 监狱执法管理理念得到更新。监狱执法管理理念是监狱民警应具备的

---

[1] 参见张金桑主编：《监狱人民警察概论》，法律出版社2001年版，第56页。

信念或价值观。监狱法治的状况和水平是一个国家和社会文明进步程度尤其是民主状况和法治水平的重要标志之一[1]，这就要求监狱的一切工作都必须纳入法治化的轨道，要求监狱法治完备，要求监狱民警具有“法律至上”的信仰和公正执法。现代监狱执法理念应适应监狱体制深化改革的需要，体现惩罚与改造人的总宗旨、执法为民的要求，以及监狱法治化、社会化、科学化建设的原则，应是法治的、科学的、公正的、为民的，并得到民警的初步认同。

3. 监狱执法管理方式日趋科学。这一时期，监狱人民警察在执法过程中按照相关的执法要求，切实从言行举止、方式方法上规范和改进执法行为，在执法活动中坚持明之以法、晓之以理、动之以情，以法为据、以理服人、以情感人，也就是要将法治、道德、形势、政策、前途教育有机结合，实现执法形式与执法目的的有机统一。同时，在罪犯教育的内容与方式、关押管理模式、处遇厘定机制、矫正矫治手段等方面，也趋于科学化、法治化。

4. 罪犯改造主体地位得到确立。权利在立法中居于核心地位，当代中国的立法也应是以保护人民权利和公民权利为主旨、为重心，并要求建立与完善法定权利保障体系[2]。虽然《中华人民共和国监狱法》（以下简称《监狱法》）、《中华人民共和国刑法》（以下简称《刑法》）中对罪犯权利有明确规定，但在相当长时期内，罪犯的“权利主体”不被认可，在民警意识中罪犯即为惩罚对象，而在现代监狱中，罪犯“权利主体”意识在民警中将逐步确立。同时，由于多重因素的影响，罪犯结构呈现出一些新变化，外省籍罪犯比例有上升趋势，随着扫黑除恶专项斗争的持续深入，涉黑、涉恶、涉毒罪犯持续增多，二次及以上改造经历罪犯持续增加，另外，随着罪犯“应收尽收”要求的持续深入，狱内老病残罪犯不断增多，短刑期罪犯的暴增趋势明显。

5. 民警队伍素质得到明显提升。随着社会的发展，犯罪的性质和犯罪的手段不断变化，罪犯的结构随之变化，这就对监狱民警队伍提出了更高的要求。通过几十年的不断探索和完善，监狱人才评价、使用、选拔、考核、激励机制不断健全，分类培养、分层管理、分类考核、分别激励的警力资源管

---

〔1〕 参见张绍彦：《刑罚实现与行刑变革》，法律出版社 1999 年版，第 186 页。

〔2〕 参见郭道晖：《法的时代呼唤》，中国法制出版社 1998 年版，第 360 页。

理理念得以确立，措施不断丰富，民警文化素质、职业道德、业务技能显著提升，队伍专业化水平明显提高。

6. 行刑机制逐渐规范合理。监狱行刑工作机制是行刑效果的重要保障，行刑机制主要包括行刑的法律机制和监督机制。行刑的法律机制指修正与完善监狱法典，构建统一而完备的刑事执行法律体系。行刑的监督机制包括监督的主体、监督的内容以及监督的制约。在现代监狱视域下，既有严格的法律监督机制，也有自上而下的系统内部考核、监督机制，还有外部的检察机关、舆论媒体等监督，体系相对完善合理。

二、现代监狱语境下考量执法规范化的必要性与应然性

监狱是社会的一个缩影。高墙深院使社会免于对犯罪的恐惧，同时也使罪犯丧失复归社会的能力。监狱应当是重塑健全人格的学校，更是人性的复活地。[1]执法规范化是监狱工作发展的必由之路。监狱民警在警务活动中执法是否规范，关系到刑罚执行的严肃性，关系到监狱执法的公信力，更关系到党和政府的形象。执法规范化可理解为通过制定相关制度规定、理顺业务流程、确定民警岗位职责等将民警的警务执法行为程序化、固定化、标准化，形成各项工作按统一规则运行的实现模式，使民警的行为有章可循，从而实现规范执法、提高行刑效果。

现代监狱语境下的执法规范化，其必要性主要体现在以下三个方面。执法规范化构建是提高民警执行力的有效途径。公正执法是监狱工作的核心内容，体现在正确规范的执法行为和有效的控制约束之中。民警规范化理念将从根本上转变民警队伍的执法观念，强化执法程序意识、标准意识和规范意识。规范化体系通过明确民警岗位职责和协同责任，使当班民警对号入座，各尽其职，各显其能，避免相互推诿、扯皮的现象。可对民警执法行为形成强有力的制约，为民警执法提供依据和尺度，促使民警严格按照规范要求管理、操作，最大限度地减少人为干扰，填补随意执法、经验执法和变通执法的漏洞，实现依法治监、公正执法。执法规范化构建是保障基层监区安全的内在要求。抓基层、强基础是一项长期的工作任务，监狱必须始终重视和推

〔1〕 参见陈兴良：《刑法的格致》，法律出版社 2008 年版，第 102 页。

进“固本强基”，狠抓监区主阵地建设。如何最大限度整合资源，提升保安全的能力，是我们必须思考和解决的课题。当下的监区工作面临一些瓶颈问题，民警直接管理的作用不能有效发挥；基层队伍建设有待加强，岗位设置权、责、利不平衡，制约民警工作积极性；基层台账较多，基层工作负担较重；基层业务管理仍存在进一步规范的空间，依照经验、习惯执法的现象仍然存在，等等。这些问题的存在对监区管理手段提出新的要求，推行执法规范化建设，通过明晰权责、优化程序、统一标准，可以有效推进监狱基层各项工作的全面发展。执法规范化构建是强化警力资源开发的必要手段。实现人与事的最佳匹配是新的人力资源开发的重要职能。从管理的角度来讲，取得执法规范化的结果，就监狱民警而言，能够尽可能地与岗位适应，增加工作的满足感，提高工作质量，其实也就是整合人力资源，促进民警之间的和睦相处、协调共事，协调好民警个体与组织理念的关系，使民警朝着同一方向、同一目标共同努力，从而提高民警警力的有效使用，把民警的思想认识、奋斗目标统一到监狱或监区的目标要求上来。

而现代监狱语境下的执法规范化，其应然性可概况为以下六个方面：一是意识规范化，即在现代监狱中，广大民警对执法规范化的重要性、实施要求、推进步骤有清晰全面的认识和深刻的认同，并将规范意识内化为自觉行动，以民警意识的规范来影响监区工作的规范有序，以监区工作的规范保证监狱持续安全稳定。二是制度健全化。在现代监狱中，各条线的各类制度均有明确的实施细则，岗位职责明确、工作标准具体、管理程序规范、评价体系科学、奖罚合理适度，能确保执法环节有章可循，避免民警“乱作为”“不作为”“慢作为”。三是系统平台化。依托先进的工作流技术，加强包含警务人事处系统、OA 系统、警情月报系统的“警务工作流管理系统”的开发与利用，使系统具有操作简便、兼容可扩展、可定制调整等功能，有效实现信息共享和警务互动。四是管理科学化。即在现代监狱中，警力布局科学，最大限度地消除分工不清、职责交叉、扯皮推诿、效率低下的问题，尤其是在罪犯考核、减刑、假释、保外就医等重点执法工作中，坚持以程序规范保障实体公正，规范化管理的理念和具体要求已融入监狱各项工作中。五是运行流程化。现代监狱管理工作必然顺应规范运行的需要，在警力使用、岗位设置、现场管理、业务处理、功能协调、事权责任等方面都要有明确的标准、统一的规则，建有具备科学完善制度体系保障的运作模式，最大可能消除事权不清、程序不明、运作失衡的问题，消除民警失察、罪犯失管、现场失控的现象。六是考核项目化。将项目化理念引入现代监狱民警考核工作，主要从罪犯管理的基础入手，分条线细化考核基本业务知识，现场提问解答，对罪犯的“四知道”、背后点名着重考核，以现场管理为依据，及时兑现考核奖惩，规范化管理水平体现在管理现场中，民警的规范行为在现场管理中得以养成与强化。

三、路径探讨

现代监狱建设对执法规范化提出了更高的要求，要推进执法规范化管理精细化，就要在转变执法管理理念上下功夫，提升监狱民警业务素质和履职能力，通过执法规范化建设，细化执法流程，使具体民警在执行中有职责可明、有标准可依、有规范可行、有制度可考，使民警对号入座，防止执法随意。

1. 理念层面，追求执法目的的谦抑性，突出“理性、平和、文明、规范”的理念。

刑法哲学追求的三大价值目标是：公正、谦抑、人道。[1]现代刑罚的目的已经废弃了报复主义的观念。《论语·宪问》中记载，“或曰：‘以德报怨，何如？’子曰：‘何以报德？以直报怨，以德报德。’”，即要以公平正直的态度对待伤害自己的人。现代刑罚更多地赋予其理性主义、人道主义和科学主义的内核，以促进犯罪人重新社会化、复归社会，从而预防犯罪为刑事政策和刑罚制度的基础价值。这些都表现为在执行刑罚上的谦抑，即严格遵循宪法和法律授予的权限，规范谨慎行使，非法勿言，非法勿行。这也是利用刑罚资源产生最优化、最大化刑罚效益的需要。刑罚对犯罪的预防和控制存在着一个边际效用递减原理。刑罚的运用和吃饭具有同样的原理。刑罚量投入不足，固然不能有效地威慑和遏制犯罪，刑罚量投入过头，反而会激起罪犯的对抗、失去公众的支持、削弱刑罚的伦理基础、刑罚贬值等，并且无谓地消耗了本来就稀缺的刑罚资源。因此，将有限的刑罚资源最佳化和最大化地

---

〔1〕 参见陈兴良：《刑法哲学》，中国政法大学出版社2004年版，第3页。

发挥其功能所能达到的预防和控制犯罪的程度，就是我们所期待的刑罚效益。

（1）理性的思路。与理性执法相对的是感性执法、靠经验执法、机械执法、感情用事，防止冲动，摒弃情绪化，讲政治、讲大局，严格依法执法。不仅要求有非常高的法律意识，而且要有强烈的大局意识、政治意识、责任意识。在行刑中要让罪犯能够真正感受到什么是人道主义，罪犯越能感受到人道主义，他们得到改造的可能性就越大，因为人道主义的基本改造机理是感化，感化在很大程度上可以抵消刑罚惩罚对罪犯人格带来的负面影响。在具体的工作中，理智地运用分析、判断、综合能力，恰当地运用法律，真正做到“以法为据、以理服人”，以理性思维去分析矛盾、化解矛盾，真正地融法、理、情于一体，实现执法与其形式、效果的统一。

（2）平和的心态。平和执法以平等、客观、审慎、谦和为要义，是执法的基本要求，只有持有平和的心态，才能厚德载物，才能在执法过程中客观理性。要求监狱民警要以平等谦和而不是居高临下的冷漠态度对待罪犯，要以公心、诚心和耐心疏通和化解罪犯之间的矛盾，及时解决罪犯改造中存在的实际困难，指导帮助罪犯制定服刑生涯规划，尊重罪犯的基本权利，从而最大限度地保障监管秩序的安全稳定。

（3）文明的方式。监狱民警能否做到文明执法，将直接关系到党的监狱工作方针政策的贯彻执行，影响到社会秩序的安全稳定。因此，监狱民警在执法过程中，要坚决纠正简单执法甚至粗暴执法的问题，除了按照法律法规严格执法外，还要用文明的语言、方式，使罪犯不仅感受到法律的尊严和权威，而且能感受到监狱民警队伍的精良素质，从而达到执法管理的目的，减少和预防暴力抗法事件的发生。只有将这一新理念切实贯穿到每一个执法细节，才能树立起监狱机关良好的执法形象。

（4）规范的流程。法理学认为，没有程序的公正，实体公正就会成为空话，实体与程序不可分割、互为条件。因此，监狱机关要着力在完善执法管理上下功夫，细化办案规程，完善业务流程，规范办案环节，力求使每个执法环节都有章可循。具体而言，就是要不断规范执法行为，在认真调研的基础上，制定收押、释放、减刑、假释、保外就医等工作流程，严格工作程序，切实突出程序的保障作用，在一定程度上可避免民警满足于“看得住，跑不了”的初级目标。

2. 器物层面，围绕执法环境的科学性，注重信息化应用，实现“实战、实用、实效”功能。

监狱信息化应用是一项复杂的系统性工程，囊括监狱工作的各个方面和层面，借此，笔者简要从门禁系统、监狱周界防范系统、视频智能分析系统等举例阐述后布局调整时期监狱信息化的应用。

一是强化门禁系统。设置三级联网型门禁系统，其中监狱大门为一级门禁（双门控制），各建筑物及敏感点（如档案室、机要室、枪弹室、财务室等）设立二级门禁（单门单向控制），各监区设立三级门禁（单门双向控制），各门禁根据不同的安全管理需要选择不同的身份识别设备，如指纹、虹膜、射频卡、密码等。同时，门禁系统将集考勤、巡更、对讲等功能为一体，监狱应急指挥中心不仅可以监控各级别门的开合状态，还能直接控制门的开启和关闭，从而更好地确保监狱大门安全可控。

二是健全监狱周界防范系统。充分利用信息化手段，在监狱围墙周界和监管门周界科学设置防入侵监管带，利用传感技术组成传感网防入侵探测报警系统，人员临近或侵入时，前端探测器报警并协同处理、分析现场报警数据，对现场视频、声音、照明、人员定位系统进行联动报警和上传。也就是要发挥视频智能分析技术的方便、快捷、准确特性，设置进入、离开区域告警提示、非法聚集告警提示、滞留徘徊告警提示、警戒线告警提示、遗留物侦测提示等功能，妥善处置各类突发事件。

三是建立视频智能分析系统。民警上班到达指定位置后，智能分析系统会将信息传送至后台，否则会提示后台督促民警尽快到位；在楼道入口、车间大门实现进出人数统计功能；在围墙处实现跨线检测，围墙外实现徘徊检测；在劳动现场，实现人员聚集检测，出现异常行为会自动触发报警系统，并通过跟踪系统的球形监控探头自动追踪目标，使目标持续放大并显示在画面中央，监控中心民警可以看到清晰的目标特征；在学习、休息、夜间等特殊区域、时段，发生起身、随意走动现象时，智能分析系统会立即提示监控民警提高警惕。

同时，监狱信息化的设计和应用，要充分考虑工作条件（如工作湿度、机械振动等）、环境照明条件、监控目标的特点及要求等因素，并着重考虑充分、有效地进行系统集成，实现各子系统的管理和信息最大程度的共享，形成信息化规模应用，防止出现信息孤岛、各自为政，对工作的整体管理造成障碍。

3. 体制层面，坚持执法机制的控制性，突出“问责制、诉冤制、内控制、监督制”职能。

（1）以事定流程、以岗定标准、以人定职责。检察院权限的界定，要理性把握法律监督的管辖范围。严格遵守法律监督法定界限和范畴，不能大包大揽，更不能不加限制地延伸到行政管理等领域去，做到有所为有所不为，切实把依法监督、规范监督、理性监督落到实处。要将问责贯穿于决策、执行、监督的全过程，实行目标倒逼进度、时间倒逼程序、效率倒逼责任、督察倒逼落实，促使在抓落实上见成效，在抓责任追究上动真格。

（2）建立健全限时办结制、首问负责制、多部门承办（协办）责任制。首先，建立横向的监督机制。成立由人大、政协、政府、司法机关和社会团体等共同组成的监狱视察委员会，定期视察监狱，一方面监督监狱的执法情况，另一方面监督社会上贯彻执行监狱法的情况。其次，完善纵向的管理监督机制。完善司法部监狱管理局和各省、自治区、直辖市监狱管理局对全国及本地区的监狱工作的管理与监督，成立定期的巡察制度与定期汇报制度。再其次，完善社会对监狱的监督机制。深化狱务公开，把公开的关口前移。加强舆论监督，增强监狱的透明度。聘请社会各界人员定期巡视监狱，接受社会对监狱工作的监督。最后，在监狱内部设立罪犯诉冤机构。由监狱有关负责人和罪犯代表组成，解决较为重大的罪犯诉冤请求，更好地维护罪犯的合法权益。

4. 制度层面，体现执法过程的严密性，突出“清晰化、流程化、精细化、闭环化”设计。

（1）职责清晰化。对普通民警，要实行责任目标管理，明确每个责任主体的责任内容，细化每个岗位、每个环节的责任目标，建立健全全员、全岗、全程的责任体系；对领导干部要区分业务领导责任和行政领导责任、集体领导责任和个人领导责任、主要领导责任和直接领导责任，为不同执法环节、执法岗位的执法提供明确依据。

（2）履职流程化。根据不同执法行为的不同要求，按照业务流向，建立落实、执行、流转、追踪、修正、完成等步骤流程，“只有规定动作，没有自选动作”。以顽危犯的教育转化为例，要制定出认定——严管——夹控——个别化教育——心理矫治——攻坚等业务流程，使监狱民警清楚地知道什么时候该做什么、该怎样做。

（3）过程精细化。在执法过程中，发散思维，创新举措，进一步细化执法行为要求。以罪犯劳动工具管理为例，可借用劳动工具管理图表强化工具管理，使民警及时、准确掌握工具使用情况和回收情况。同时，要充分利用执法质量考评这一有效载体，将各项制度狠抓落实，提高制度、措施的到位率。

（4）管理闭环化。闭环管理是综合闭环系统、管理的封闭原理、管理控制、信息系统等原理形成的一种管理方法。就监狱而言，一方面我们可将监狱工作作为一个闭环系统，并把该系统中的各项专业管理，如罪犯收监、改造质量评估、新犯分流、技能培训、释放等作为闭环子系统；另一方面结合客观实际，进行灵敏、正确有力的信息反馈并作出相应调整，使矛盾和问题得到及时解决，从而在循环积累中不断提高，促进罪犯改造质量的不断提升。

5. 氛围层面，凸显执法文化的先进性，突出“法治化、价值观、主旋律”的构建。

（1）注重依法治监工作的有序推进。要以依法治监为切入点，认真组织学习《监狱法》等法律法规，不断强化监狱工作法治化建设。促使广大监狱民警从思想认识上逐步树立依法办事的意识，在行为上落实依法、严格、科学、文明管理。通过深入开展“公正文明执法树形象”等相关活动和减刑、假释、保外就医等专项检查活动，突出严格办事条件、程序及日常的纠错机制建设，解决文明执法、严格执法方面的问题，不断强化广大监狱民警的法治观念，使法律至上的法治观念逐步深入人心，从而不断提升监狱公正、文明执法水平。

（2）注重培养民警正确的价值取向。扎实有效的思想教育，是学习培育活动的坚实基础。监狱民警是监狱管理主体，代表国家对罪犯执行刑罚，通过刑罚的执行，达到教育转化罪犯、维护社会稳定的目的。要通过加强思想教育，使民警明确“是谁执法，为谁执法，为谁服务”，以正气凝聚人心，对贪腐行为“零容忍”，切实加强执法风险教育，引导广大民警进一步端正价值追求、纯洁思想道德，不断强化政治意识、奉献意识、忠诚意识、风险意识、危机意识和职业荣誉感，不断提升民警执法履职能力，为监狱发展提供持久动力。

（3）注重唱响执法主旋律。监狱肩负着管理和改造罪犯、维护社会稳定大局的重任。要进一步增强全局意识、法律意识，树立监管改造、队伍执法、生产安全有机统一的大安全观，唱响严格、文明、规范执法主旋律。通过完善执法制度，加强执法档案建设，健全考评机制，促进执法“零过错”；通过信息公开，以公开促公正，推进“阳光执法”，听取意见建议，促进公正文明执法；通过开展规范执法练兵、比武、征文等活动，引导民警关注执法质量，主动投身到“令行禁止、注重细节、严格规范、法律至上”的文化氛围中去，全力维护法律的公正、公平。

四、需要关注的问题

一是执法规范化的标准问题。标准包括刚性标准和软性标准两类。刚性标准主要适用对象是单一的与单向的，强调严格的控制，有数据、有约束性指标，衡量标准容易量化的工作。软性指标适用对象是创造性要求较高的，自由维度较大的工作，强调的是工作责任、工作态度和个人潜能，依靠主观评价的工作。工作标准的制定要体现定量和定性的有机统一、刚性和软性的科学结合，把效益型工作数量化、指标化，达标性工作位次化，综合性工作规范化。同时，无论是刚性还是软性，都必须坚持可操作性原则。

二是工作推进与民警发展的问题。工作的推进离不开民警，民警的发展依据是推进工作的显著成效，这就要求在现代监狱执法规范化过程中，注重绩效考核与奖惩激励的运用，推荐工作踏实、积极主动的民警到新的岗位锻炼提升，并走上领导岗位；让个别不上进、不作为的民警“装不成样子、守不住摊子、混不成日子”，引导民警不做“碰到问题不敢抓的庸警、热衷表面文章的昏警、人在位不作为的懒警、弄公权以谋己私”的贪警。同时，要适当强化岗位交流轮换，防止个别民警因长期从事一项工作而产生倦怠情绪。

三是预期目标与客观实效的问题。要实现执法规范化预期目标，首先，在目标定位中要按照科学原则和程序，要结合监狱工作实际，准确定位，而不能不加调研，分析就提口号、定任务，要发挥预期目标的“加压”“驱动”作用。其次，要强化推进措施的可操作性，方案立足现实情况、体现科学性，让基层民警学有方向、做有标准。最后，要加强过程管理，即对推进过程进行跟踪式考核，督促责任民警增强履职主动性和执行力。

四是警务管理绩效衡量与评价机制。在现代监狱框架下，警务管理评价指标除了传统的狱内发案率、安全责任事故、重新违法犯罪率等指标外，也要采用新的主观评价指标，如公众满意程度调查、被害人调查、公众对监狱执法工作评价等。既要有监狱系统内部自上而下的评价，也要有公众、社会、科研部门等进行的调查。实现主观指标与客观指标、官方评价与社会评价相结合，形成多侧面、多维度、多形式的综合评价。

作者简介：

吕长寿：江苏省溧阳监狱党委书记、监狱长
密传银：江苏省溧阳监狱办公室主任
吕海笑：江苏省溧阳监狱办公室四级警长

利用个人破产制度辅助财产刑履行之初探

黄之洋

摘　要：目前，个人破产制度已经在我国一些省份进行试点。而在信用经济蓬勃发展的当下，个人破产制度被广泛适用也是大势所趋。在这一背景下，本文通过讨论设立个人破产制度的目的与当前刑事流程中财产刑执行方式的困顿，比较两者对于债务履行能力的认定标准，尝试性地提出将个人破产制度纳入罪犯财产刑执行的框架之中。在确定了退赔部分的履行能够被当事人自由意志处分之后，详细分析了允许服刑人员在监内通过个人破产程序处理自己债务，能够更好地弥补被害人之损失，帮助刑罚执行机关更好地管理服刑人员之奖惩，以及帮助服刑人员避免未来可能的新的刑罚，帮助其在刑释之后更好地回归社会。

关键词：个人破产　退赔　财产刑　减刑假释

一、讨论背景

随着个人破产制度（浙江省称之为个人债务清理制度）的概念逐渐被大家所接受，目前在深圳市、浙江省都已经出台了相关的法律法规。可以预见的是，在当前推崇“信用经济”的市场背景下，个人破产制度必将会在实践中逐步走向成熟，填补过往我国破产制度只覆盖企业法人的缺憾。

而对于因为触犯刑法而身陷囹圄的服刑人员而言，对于通过减刑假释以提前获得自由的需求直接产生了积极履行财产刑（包括退赔部分）的动力。因为只有履行了部分或是全部的财产刑，才能获得减刑假释的机会，或是争取更多的减刑扣减、更早地申报假释。但是并非每个服刑人员都有能力履行全部的财产刑，实践中只有部分履行能力的占多数。对于这些服刑人员而言，一方面他们亟须一个可行的履行标准，用以证明自己已经用尽了履行能力；另一方面他们也希望避免民事债务对自己未来的服刑和释放后的生活带来过多的影响。

虽然到目前为止，尚没有个人破产程序适用于服刑人员的先例，但是就如站在当前的视角回观个人破产制度在全世界各国的法律体系中是如何被提出和发展至今的一样，该制度的产生及变化实则依赖于特定的经济环境和社会道德水平的发展。即使在个人破产制度发达的美国，个人破产最初设立的目的也只是彻底保护债权人的利益，而对于债务人没有任何怜悯。在后续的发展过程中，随着社会文化的发展，人们才逐渐开始重视债务人之权利以及社会之福祉。因此我们不妨用发展的眼光来继续看待个人破产制度在未来的变化，期待其与刑事领域碰撞的火花。

二、个人破产制度的基本逻辑

（一）设立个人破产制度的目的

在现代信用经济导向的商业环境下，为了调节面临商业风险的自然人、负债消费的消费者过度负债等问题，个人破产制度的实践可以说是一个必然的选择。

就目前来看，个人破产制度的应然价值取向有三点：一是为全体债权人的利益提供公平的保护；二是为个体经济的有序发展与市场的稳定运行提供保障，维护良好的可预期的社会秩序；三是保护诚实守信的债务人的利益，鼓励其重启价值创造模式。〔1〕

通过个人破产程序，债权人的权利实现可以获得一定的保障。首先，个人破产并不等于个人债务立即被免除。进入债务清理程序后，尚有部分偿还能力的债务人往往需要在一段偿还期间内尽力清偿债权人；而完全丧失偿还能力的债务人的个例虽然存在，但也能让债权人转变为积极应对的状态，帮助债权人积极参与到债权实现的过程中。事实上个人破产程序使得所有的债权人能够公平地参与到剩余财产的分配环节，防止债务人利用别有目的的个别还款行为损害大部分债权人之利益的行为发生，更好地保护了债权人之利益。

对于整个市场而言，这一制度也有利于当前的“信用经济”秩序的建立，给予各个市场主体尽可能准确之预期。允许个人破产并不绝对意味着对信用

---

〔1〕 参见徐德臣等：“个人破产制度与公证制度的耦合性——兼评《深圳经济特区个人破产条例》”，载《中国公证》2020年第11期。

体系的破坏，一方面对于试图恶意利用该制度牟利之人而言，个人破产制度可以设置后续的撤销机制来防止对于信用环境的恶意破坏，实现对于债权人的救济；另一方面在个人破产的过程中和完成之后，通过失权和复权制度使得个体的信用水平能够更好地反映在整个信用体系中，更好地促进信用经济体系的健康运行。

而对于那些“诚实但不幸”甚至“诚实但不慎”的债务人，通过个人破产，获得在经济上“重新开始”的法律保障，更能体现当前对于人权制度中生存权和发展权的理解与实践。给予此类债务人一个合理的市场退出机制，甚至是更进一步的重新开始的机会，也符合当前民法典语境下对于个人生存权与发展权的调整与保护。

（二）个人破产制度的几个基本特征

个人破产制度在各国的实践中存在各种变化，也衍生出了其他程序。但是究其内核，免责、自由财产和失权复权制度三个基本特征是始终贯穿其中的概念。

1. 免责制度

个人破产制度给予特定的债务人获得债务免责的机会，使其在符合一定条件之后，有机会获得对于原有债权的免责，这也是设定个人破产制度的初衷。同时为了防止债务人恶意利用免责制度逃废债，目前在实践中也设立了各种资产检验追查机制，用以防止恶意免责情况的发生，以及保障免责失效之后对于债务的追偿。

一般来说，为实现债务免责，债务人需要经历一段时间的考验期。在这段时间内债务人需履行特定义务，方能在到期后获得免责。但在免责制度中也一直有一种声音，即对于已经可以明确丧失劳动能力或者未来确实不可能有超过自身及抚养、赡养的家庭成员所需合理开支的收入可供分配的部分债务人，因为其具有低收入低财产、无收入无财产、债务规模较小等特点，对他们主要是进行救济，设定免责的行为考察期既不能使其迅速摆脱困境，也并不会使债权人得到更多的清偿，因此对这部分债务人，可以在破产分配或者无财产可供分配的情况下宣告破产，同时裁定其免责。[1]

---

〔1〕 参见刘静、刘崇理：“建立我国个人破产制度若干问题研究”，载《人民司法》2020年第19期。

2. 自由财产

自由财产，即可以在破产程序中得到豁免，免于执行的财产。在《深圳经济特区个人破产条例》和《浙江法院个人债务集中清理（类个人破产）工作指引（试行）》中，均参照了《中华人民共和国民事诉讼法》（以下简称《民事诉讼法》）第251条对“生活必需品”进行了认定，声明此类必需品不受执行。

对于债务人而言，这类财产通常包括：（1）债务人及其所抚养人生活、学习、医疗的必需品和合理费用；（2）因债务人职业发展需要必须保留的物品和合理费用；（3）对债务人有特殊纪念意义的物品；（4）没有现金价值的人身保险；（5）勋章或者其他表彰荣誉的物品；（6）专属于债务人的人身损害赔偿金、社会保险金以及最低生活保障金；（7）根据法律规定或者基于公序良俗不应当用于清偿债务的其他财产等。

值得关注的是，个人破产中保留的“生活必需品”之概念，与减刑假释过程中“暂无履行能力”的状态有相同之处（参考《浙江省办理减刑、假释案件实施细则》第37、38、41条）。但事实上目前监狱在实践中所认定暂无履行能力的标准只有三条：（1）没有汇款；（2）每月平均消费低于150元；（3）监狱账户余额小于500元。相比个人破产制度的涵盖范围及考察标准，显得十分单薄。

3. 失权复权制度

失权制度实质是对破产债务人的行为限制和资格限制。即在进入破产程序直至免责裁定生效之前，禁止债务人的特定行为和从事特定职业。包括限制大额消费、从事特定职业的限制等。

复权程序则与之相对，自债务人免责之日起，恢复其被限制之权利，其行为和任职资格均不再受任何限制。

三、刑罚执行中的财产刑

（一）广义和狭义的财产刑

狭义的财产刑，是指以剥夺犯罪分子的财产为惩罚内容的刑种，有没收财产和罚金两种。没收财产是法院判处犯罪分子强制没收其个人所有财产的一部分或全部；罚金是法院判处犯罪分子强制其向国家缴纳一定数额的金钱。

而本文中所讨论的广义的财产刑，除了没收财产和罚金，还包括判决书中的退赔内容。

虽然退赔和没收财产、罚金相比，在支付对象、设立目的等属性上都有所差别。但是在实践中，当对服刑人员的服刑情况作出评价，以决定其是否适用减刑假释政策时，为了尽可能地保护被害人的利益，服刑人员实际支付的退赔金额与罚金金额一并计算，用以考量服刑人员是否确有悔改表现，主观恶性是否有所降低。因此在当前对于财产性判罚尚处于诱使缴纳模式的大环境下，针对服刑人员而言，将退赔部分纳入财产刑来讨论并无不妥之处。

（二）财产刑执行的困顿

虽然财产刑有着和主刑一样的设计目的，但是和自由刑比起来，财产刑的执行则显得有所不足。事实上罪犯或者没有足够的能力履行罚金刑，或者缺少履行罚金之动力。

当下对于罚金刑的执行，还是倾向于诱使缴纳的模式。在司法实践中，法院将被判自由刑的罪犯送往刑罚执行机关时，会附上判决书以及罚金已缴或未缴情况。于是刑罚执行机关承担了督促服刑人员缴纳罚金的义务。而所谓的诱使缴纳是指，刑罚执行机关将罚金的缴纳情况作为服刑人员减刑、假释考虑的因素之一，以期达到罚金刑的执行效果。[1]因此，若服刑人员因为其他考察因素，而无法通过缴纳罚金获得更多的减刑假释的优待（如因为犯罪性质而无法减刑假释，又或者必须从严掌握），其对于履行罚金刑的动力则必然受挫。

此外，在目前的判决中，法院出于种种考虑，往往会在判决书中以“共同追缴、共同退赔、后续追缴”等方式对多人犯罪的罚金刑作笼统的表述。这一方面看似保障了被害人的利益、维护了刑法的权威，但是实践中由于不同的服刑人员情况之差别，反而会出现：刑期较短的服刑人员因为减刑假释可以期待的收益较低，拒绝缴纳罚金；而刑期较长的服刑人员虽然希望通过缴纳罚金获得刑罚执行上的优待，但是因为其需要缴纳所有的罚金（至少要包括未缴纳人员所需要缴纳的部分）才能获得全部（指不会因为没有全部缴纳而扣除一定减刑期间，或推迟假释时间）的减刑假释机会，反而也导致了

---

〔1〕参见张少男：“比较法视野下罚金刑制度研究”，载《江西民警学院学报》2016年第3期。

其出于经济或是心态等原因拒绝缴纳罚金，最终不利于挽回被害人之损失。

四、服刑人在刑罚执行过程中对于个人破产程序需求

如上文所述，在刑罚执行过程中，如何保证罚金刑有效且完整地被执行，不但直接影响法律的威严，涉及受害人的救济，更是关系到社会对于法治的需求。但是，一方面，司法实践中罚金刑的缴纳主要依靠的是罪犯的守法意识，带有较强的被动性，不愿缴纳罚金的罪犯比比皆是；而另一方面，无能力缴纳也成为制约罪犯主动性的重要因素。究其原因，其一，刑罚执行机关在服刑人员释放之后，就失去了对于罪犯人身自由的持续控制。由于罚金刑的执行尚未被完全纳入信用体系，因此罪犯在被执行完自由刑后，就彻底地失去了履行罚金刑的动力。其二，对于部分服刑人员而言，其在释放之后尚需努力工作才能保证自己的正常生活水平，在一段时间内并无余力来完成罚金刑的缴纳。其三，对于罪犯的履行能力，目前并没有形成体系化的判断标准。在服刑期间监狱只能依靠其在监内的消费情况进行判断，作为提请减刑假释的第一个环节就对服刑人员的履行能力失去了判断能力，这也就导致试图使用减刑假释作为诱导罚金刑之路径出现了漏洞。

因此当个人破产制度出现的时候，我们发现这一制度似乎能较好地镶嵌在罪犯履行罚金刑的路径之中，实现财产刑的履行更加优化。

（一）引入个人破产制度，能够更好地引导服刑人员履行对被害人的赔偿责任

对于尚有能力全部或是部分履行退赔的服刑人员而言，通过个人破产制度，能够积极寻求与被害人的和解。

首先，退赔部分由于是支付给被害人的债权，是允许被害人与罪犯之间通过意思自治的方式进行调整的。在法律上和实践中也有被害人选择放弃退赔或是双方协商退赔支付方式、支付金额的情况，说明该债务的性质更接近于民事债务，出现在刑事审判的过程之中或许能够强化其实现的顺位，但是并不影响其能够作为个人破产所调整债务的性质。

其次，允许这部分债务能够通过个人破产程序被调整，也是对于被害人更好的保护。退赔作为对被害人遭受损失的金钱弥补，其获得的时效性是非常重要的评价标准。如各类交通事故案件中，退赔部分很可能就是被害人的

救命钱，能够尽早获得该笔费用对于切实防止被害人遭受损失的进一步扩大有着极其重要的意义。

再其次，由于被害人的退赔这一债权的特殊性，是明确优于普通民事债权的。实践中，在服刑期间对于服刑人员在监外的财产，除法院之外，监狱或是被害人既无权也没有意识去进行了解或是主张权利，导致服刑人员在服刑期间对自己的监外财物依然拥有几乎完整的支配权，并可能将其转移或是用于清偿其他债务。而个人破产程序如能及时介入，不但无损财产刑实现的可能，还可以避免罪犯有意或无意地通过优先偿还其他债务而规避退赔的履行，切实地保障司法的公正。

最后，一旦个人破产得以顺利终结，由于最后只保留了生活必需财产，可以说是将尽可能多的财产放置于对被害人的救助当中，也更加有利于对被害人损失的弥补。

（二）引入个人破产制度，能够更好地评价服刑人员的主观恶性

不论是认罪认罚制度或是法庭上的量刑争辩，还是服刑期间的减刑假释制度，能做到的都是尽可能鼓励罪犯退赔和支付罚金，但是对于罪犯的实际履行能力却没有任何的判断——即罪犯是否转移了财产，或是明显有履行能力而拒绝支付等情况，又或者仅仅是因为财产不足——而在我国这种使用客观行为来推断主观意图的刑法逻辑之下，罪犯的实际履行能力以及最终的履行结果对于判断罪犯的主观恶性有着极其重要的作用。

对于刑罚的执行而言，对罪犯在刑罚执行期间的主观恶性直接决定了其在服刑期间是否能够适用减刑假释。当前对于主观恶性的评价大多只能依赖于其在监狱内的表现——但是现代监狱并非过去的死牢，服刑人员也并非与世隔绝——即使在监内，依然有能力就监外财产做出各种处分。因此监狱内的表现并不能代替社会对于服刑人员的整体评价。当我们试图对服刑人员作出尽可能整体评价时，就会发现在目前我国法律所规定的程序中，个人破产程序可以说有着对自然人所能提供的最为准确的经济评价。在《深圳经济特区个人破产条例》和《浙江法院个人债务集中清理（类个人破产）工作指引（试行）》中，对于财产申报的项目以及财产调查、核实的部分做了详尽的列举式说明，涵盖本人、配偶、未成年子女和共同生活的近亲属名下的十余类财产和财产权益。由于专业化的分工和支付相关费用，这种调查的水平是远

高于目前在刑罚执行过程中的财产刑履行能力之调查水平的，因此一旦个人破产得以顺利终结，若最后只保留了生活必需财产，对于服刑人员而言也就明确获得了对于自己的实际履行能力之评价，使得监狱和法院能够在后续的减刑假释过程中能够更好地评估其主观恶性。

（三）引入个人破产制度，还能够避免新的刑事案件的产生

对于一部分服刑人员，特别是涉及民商事行为的服刑人员而言，及时完成个人破产，还可能避免未来新的刑事案件的发生。

在实践中，有债权人因为发现债务人涉及刑事案件入监服刑后，担心自己的债权无法得到及时充分的清偿，而采用刑事诉讼的方式，以诈骗或是非法集资等理由，试图将民事借贷行为上升到刑事领域，从而获得明确的债务数额和更靠前的清偿顺序。

其中，固然有债务人可能涉嫌非法行为的因素，但是这部分的违法是否必须要用刑法来调整是存疑的——如果在现金流正常的情况下，债权人几乎没有主动提出将类似行为诉诸法院的可能。特别是对于一些企业的管理者而言，难免在经营过程中存在类似的借贷、融资行为。而债权人之所以要将其作为刑事案件报案，最根本的目的也是希望获得经济上的补偿。对于这类案件，目前不论是检察机关或是法院都倾向于使用较为缓和的处理方式。因此若能够及时地进行个人破产清算程序，则能够较好地避免这类情况的发生，将矛盾化解在立案之前。

（四）引入个人破产制度，能帮助服刑人员更好地回归社会

对于服刑人员而言，除了极少数被判处无期徒刑的罪犯，始终会面对如何顺利回归社会这一问题。而其中部分人由于被监禁，回归社会时本已经在经济上捉襟见肘，若还有一定的民事债务缠身，就成为一个典型的潜在个人破产申请者。

对于这类服刑人员而言，若其能在服刑期间就对债务进行清理：首先能够与债权人重新建立良好的沟通关系，将双方之现状与情感互相交换；其次，趁早开始清算程序，不但可以用已有的财产尽早弥补债权人的损失，还可以通过后续监督程序，建立起良好的管理监督体系，使管理人能够对债务人尚有的财产进行管理，使债权人对债务人后续的行为进行监督。另外，服刑人员也可以通过这一程序，使自己能够保留未来职业发展所必需的财物，而不

用担心因为保有这些财物而被视为不积极履行财产刑，无法获得减刑假释之优待。从而在出狱之后以最轻的负担开始新的生活。这对于帮助服刑人员尽快地回归社会，恢复社会功能，不无裨益。

五、结语

个人破产制度虽然还未在全国被广泛认可，但是其适用前景是毋庸置疑的。而与传统的财产刑执行方式相比，其程序化的设定和严谨的流程，对于解决服刑人员在刑罚执行上的财产问题，有着程序上的优势和道德上的保障。既避免了“刑钱交易”的诟病，也为评价服刑人员的履行能力提供了更有说服力的方案。

本文仅从笔者在罪犯减刑假释流程中的所见所闻出发，讨论所想所思，只做抛砖引玉。

作者信息：

黄之洋：浙江省十里坪监狱，四级警长

以监狱为赔偿义务机关的涉医疗纠纷刑事赔偿问题分析

——以宋某某、王某某刑事赔偿案件为例

王一淇

《中华人民共和国国家赔偿法》（以下简称《国家赔偿法》）规定，监狱管理机关及其工作人员因刑讯逼供或者以殴打、虐待等行为或者唆使、放纵他人以殴打、虐待等行为造成公民身体伤害或者死亡的，应当予以国家赔偿，其中“等行为”包括哪些行为？对于因医疗纠纷引发的以监狱为刑事赔偿义务机关的国家赔偿案件，其赔偿范围如何，如何适用和排除？法律和司法解释尚无具体规定，需结合法律、规章、规范性文件的内容综合确定，赔偿责任的确定需要从违法行为、损害后果、因果关系等方面综合分析确定。笔者结合办理过的两件同因医疗纠纷引发的国家赔偿案对分析结果进行适用和印证，从而明确以监狱为赔偿义务机关的涉及医疗纠纷的刑事赔偿范围和赔偿责任的确定方式。

一、两起案件基本情况

案例一：宋某某刑事赔偿案

2018 年 11 月 9 日刑满释放人员宋某某向承担其治疗工作的某监狱提起国家赔偿申请，以诊疗过错为由申请其赔偿损失＊＊＊元。2019 年 1 月 9 日某监狱作出不予赔偿决定，宋某某随后于 2019 年 1 月 17 日向上级机关申请复议。某监狱局于 2019 年 3 月 6 日作出复议决定，维持某监狱的不予赔偿决定。宋某某对复议决定不服，于 2019 年 4 月 2 日向某市中院赔偿委员会申请赔偿。经审理查明后，法院认为：《国家赔偿法》实行法定赔偿原则，只有符合第 17 条规定的情形的，才属于刑事赔偿案件的受案范围。本案中，某监狱作为负

责全市监狱疑难重病犯诊治工作的医疗机构，对服刑人员某某予以救治并无不当。宋某某系认为某监狱的医疗行为存在过失，因此提出国家赔偿申请，该申请事项不属于《国家赔偿法》第 17 条规定的刑事赔偿案件受案范围，决定驳回宋某某的国家赔偿申请。

案例二：王某某刑事赔偿案

2018 年 12 月 27 日刑满释放人员王某某向承担其治疗工作的某监狱提起国家赔偿申请，以未尽诊疗和监管责任致使其疾病恶化癌变为由要求其赔偿损失＊＊＊元。某监狱于 2019 年 1 月 30 日作出不予赔偿决定。王某某不服，向上级监狱管理局申请复议，监狱局于 2019 年 6 月 25 日作出复议决定，维持某监狱的不予赔偿决定。王某某不服刑事复议决定，于 2019 年 7 月 10 日向某市中院赔偿委员会申请作出赔偿决定。法院经审理查明后认为：对于王某某疾病的诊治，监狱不存在怠于或拖延治疗的情形。直至王某某服刑期满出狱，某监狱始终积极对其履行诊疗职责，不存在消极不作为行为。综上，王某某所提国家赔偿请求，缺乏相应的事实及法律依据，本委不予支持。某监狱决定对王某某不予赔偿，市监狱管理局复议予以维持是正确的。根据《最高人民法院关于人民法院赔偿委员会审理国家赔偿案件程序的规定》第 19 条第（一）项的规定，决定维持市监狱管理局 2019 年 6 月 25 日作出的《刑事复议决定书》。

二、结合法律、规范性文件等相关规定的内容，厘清监狱因医疗问题引发的刑事赔偿范围

（一）《国家赔偿法》的相关规定

《国家赔偿法》将国家赔偿分为行政赔偿与刑事赔偿两种。关于涉及医疗问题引发的监狱刑事赔偿的范围，第 17 条规定“行使侦查、检察、审判职权的机关以及看守所、监狱管理机关及其工作人员在行使职权时有下列侵犯人身权情形之一的，受害人有取得赔偿的权利：……（四）刑讯逼供或者以殴打、虐待等行为或者唆使、放纵他人以殴打、虐待等行为造成公民身体伤害或者死亡的……”。

上述两起国家赔偿案件主要为医疗纠纷，是否属于刑事赔偿的范围，需

综合分析第 17 条第（四）项规定的“刑讯逼供或者以殴打、虐待等行为或者唆使、放纵他人以殴打、虐待等行为造成公民身体伤害或者死亡的”中“等行为”。因此对于涉及医疗的“等行为”如何进行解释，是判定监狱医疗行为是否属于刑事赔偿范围的关键。

（二）《会议纪要》的细化规定

2019 年 12 月最高法、司法部印发了《关于监狱作为赔偿义务机关的刑事赔偿有关问题的调研会议纪要》（以下简称《会议纪要》），对监狱作为赔偿义务机关的刑事赔偿案件进行了细化和规范。对于“等行为”也作出了一定程度的解释：监狱及其工作人员在罪犯之间殴打、虐待等行为发生时，存在人员脱岗、工具失管等怠于履行职责情形，或者监狱及其工作人员在日常监管过程中存在其他怠于履行监管职责的情形。

从《会议纪要》的内容看，“等行为”被解释为“怠于履行监管职责”的行为，怠于履行监管职责的涉医疗行为有哪些？哪些怠于履行监管职责的医疗方面的行为属于刑事赔偿的受案范围？这就需要厘清监狱在罪犯医疗方面承担的责任和义务，才能明确医疗方面怠于履行监管职责的行为。从合法性方面，必须结合《中华人民共和国监狱法》（以下简称《监狱法》）、司法部相关规定、监狱规范性文件规定的内容，方可综合判断。

（三）司法部《若干规定》及监狱规范性文件的内容规范

根据《监狱法》和司法部《关于加强监狱生活卫生管理工作的若干规定》（以下简称《若干规定》）的内容，监狱机关主要有以下医疗方面的职责：

首先，设立监狱医疗机构的职责。《监狱法》第 54 条规定，监狱应当设立医疗机构和生活、卫生设施……罪犯的医疗保健列入监狱所在地区的卫生、防疫计划。《若干规定》进一步规范了监狱医疗机构的具体设置标准。

其次，及时诊治罪犯的职责。《若干规定》明确了监狱对患病罪犯及时诊治的职责，提出应当做好常见病、多发病的诊治和急诊抢救和转诊工作。

再其次，病情告知义务。《若干规定》规范了监狱医疗机构的罪犯病情告知义务和手术、创伤性检查签字制度，规定医疗机构应将罪犯病情和主要医疗措施、医疗风险等情况如实告知患病罪犯和其所在监区的监狱民警，并由监区告知家属。

最后，其他医疗职责。根据《监狱法》第 54 条规定的要求，监狱应当建立罪犯生活卫生方面的制度，监狱的相关医疗管理规定等规范性文件对监狱的医疗行为的规定，同样构成了监狱医疗职责的体系。

上述法律、规范性文件中关于监狱在罪犯医疗方面的应履行职责的规定，构成了监狱对罪犯医疗工作的职责范围。在明确了监狱应当承担的医疗监管责任之后，怠于履行医疗监管职责的行为就相对明晰了：负有上述职责的监狱机关应为、能为而不为的，属于怠于履行医疗监管职责。

三、从怠于履行医疗监管职责的行为、损害后果、因果关系等方面分析监狱应承担涉医疗刑事赔偿责任的条件

（一）违法行为

刑事赔偿必须以行为违法为前提，怠于履行监管职责的行为主体主观上应为故意或过失，客观上存在未履行监管职责的行为，如对于罪犯急症需要转院治疗的，民警主观上故意拖延或存在过失，客观上未及时转院，属于执法行为违法。

然而在实务中，如何确定监狱在医疗救治中怠于履行监管职责属于行为违法，却存在诸多困难。对于及时诊治罪犯职责，如医生根据罪犯就诊时主诉的症状简单诊断后，给罪犯开药做处理，告之病情加重时随诊，但罪犯要求开更好的药，做价格更高、更全面的检查，被监狱拒绝，是否属于怠于履行监管职责？因《监狱法》仅规定“罪犯的医疗保健列入监狱所在地区的卫生、防疫计划”，并未配套任何衔接措施，各监狱的医疗费用完全由国家财政支付。在国家拨付的医疗经费不足，基层监狱医疗机构医疗设备落后的情况下，不能满足罪犯更高的医疗需求或未作费用更高的检查、治疗，对罪犯的病情未及时查出，不能简单地认为监狱存在违法行为。

因此，在对监狱行为合法性作判定时，应结合合理性、可行性等诸多因素分析确定。《会议纪要》中也对判定依法履行监管职责的情形进行了明确，对于服刑期间发生的突发、意外情形，经审查监狱对罪犯的监督、处置、救治等行为符合法律、法规及相关规范性文件的规定，或者已尽到正常认知范围内的合理、及时注意义务的，应当认定为依法、正当履职，国家不承担赔偿责任，不得仅以是否造成损害后果作为判断应否赔偿的标准。

（二）损害后果

根据《国家赔偿法》规定，刑事赔偿中的损害后果是指造成受害人身体伤害或死亡的损害后果。这种损害后果不能根据申请人的身体现状简单确定，需对比申请人入监时的身体状况和违法行为发生后的身体情况后，综合确定。如申请人入监时已患有某些疾病或存在身体残疾，在申请人所诉违法行为发生后原身体疾病或残疾情况没有加重的，不能认定存在损害后果。这种情况在监狱执法中较为常见，如某刑满释放人员以监狱未尽及时诊疗责任为由申请国家赔偿，监狱查明，此申请人入监体检时查出其右眼缺失，左眼因基础病导致视力障碍，出监时右眼仍然缺失，左眼视力反而好转，但仍存在视物不清的情况。通过对比不能认定存在损害后果，监狱不应该承担刑事赔偿责任。

（三）因果关系

违法行为是刑事赔偿的前提，损害后果是刑事赔偿的结果，因果关系是违法行为和损害后果之间的客观上的因果关系。因果关系需结合合理性标准作出判断，如罪犯因心脏病睡眠时猝死，民警在早上点名时发现罪犯死亡，但未及时送医院救治，后死亡鉴定中明确死亡时间是凌晨，民警发现时罪犯已死亡 6 小时，送医不及时的怠于履行监管职责行为与死亡后果之间不存在因果关系。

此外，对于多因一果的情形，关于因果关系的判断需明确违法行为对损害后果的作用比例，方可确定国家赔偿的数额。对此《会议纪要》规定，综合考虑该情形在损害发生过程和结果中所起的作用等因素，适当确定国家赔偿的比例和数额。

（四）排除国家免责

以上三要件齐备的情况下，如存在《国家赔偿法》第 19 条列明的国家不承担赔偿责任的情形，国家不应承担赔偿责任。适用于监狱机关涉医疗刑事赔偿案件的主要是第（四）项“行使侦查、检察、审判职权的机关以及看守所、监狱管理机关的工作人员与行使职权无关的个人行为”以及第（六）项兜底条款。对于个人行为致害的，监狱不承担赔偿责任。例如罪犯发病后送医院治疗，监狱医院医生手术时发现与罪犯有私仇，故以手术刀刺罪犯心脏致其死亡，属于医生个人行为致使受害人死亡，国家不应承担赔偿责任。

在确定涉医疗问题引发的监狱赔偿责任时，需结合怠于履行医疗监管职责违法行为、损害后果、行为与损害结果之间的因果关系进行综合判断，三个要件齐备，不存在国家免责情形，监狱承担刑事赔偿责任。反之，缺少某一要件的，可排除监狱的赔偿责任。而且，在三要件齐备的前提下，存在国家不承担赔偿责任情形的，监狱亦不承担赔偿责任。

四、从两起因医疗纠纷引发的刑事赔偿案件审判实务分析：对监狱涉医疗纠纷的刑事赔偿范围和赔偿责任认定要件的应用

（一）从刑事赔偿范围分析

通过对比这两起案件的判决，法院赔偿委员会同样从是否履行监管职责的标准对受案范围进行了适用。在宋某某案中，因宋某某提出的赔偿事实和理由是：对监狱医生手术缝合技术不满。因为某监狱及时为宋某某进行了手术，已履行了医疗监管职责。而手术缝合技术的问题不属于监狱医疗机构怠于履行监管职责的范围。法院在明确了《国家赔偿法》的法定赔偿原则之后，认为宋某某提出的个人认为某监狱在医疗过程中的纯粹诊疗过失行为造成其身体伤害，不属于《国家赔偿法》第 17 条规定的范围，故而依据《最高人民法院关于人民法院赔偿委员会审理国家赔偿案件程序的规定》第 3 条立案后发现不符合申请条件的，决定驳回申请，在程序上作出了驳回的决定。

在王某某案中，王某某的申请理由：监狱未尽诊疗和监管职责，即未及时救治，为怠于履行监管职责的行为，属于刑事赔偿范围。法院对监管不作为行为的范围进行了解释：根据《国家赔偿法》第 17 条规定，结合既往司法实践，涉及监狱管理机关的赔偿案件，除积极作为的违法行为，还包括部分不履行监管职责的不作为行为，如出现服刑人员患病、突发意外事件时，玩忽职守，不履行监管职责，怠于或者拖延救治，致使损害后果发生或者加重等情形。因此，与宋某某程序上驳回不同，法院对王某某案进行了实体审理。

通过对比分析法院对这两起因医疗纠纷引发的刑事赔偿案件的裁判情况，从涉医疗的监狱刑事赔偿范围上看，未履行及时诊治罪犯这一司法部规章规范的监狱医疗职责，属于怠于履行监管职责，即罪犯生病或突发意外后不予医治，怠于或者拖延治疗等未尽到及时救治义务的行为属于“等行为”。且生病不予医治，本身属于虐待行为。而对于罪犯的纯粹医疗技术行为，因为不

属于监狱医疗机构的监管职责范围，所以并不属于“等行为”的范围。

（二）从刑事赔偿责任构成要件分析

从违法行为、损害后果和因果关系三要件分析，王某某在赔偿申请中提出监狱的违法行为未充分尽到诊疗和监管责任，延误诊断及治疗，行为的损害后果是疾病恶化癌变，且二者存在因果关系。

法院从行为合法性这一要件出发，对监狱的治疗行为进行了重点审理，并查清事实：王某某在服刑期间，因罹患左乳腺纤维瘤、子宫腺肌症、盆腔炎等多种疾病，数次被送往某监狱就医，某监狱予以积极治疗，并视病情需要安排住院、手术。某监狱及时为王某某安排住院手术，并在征得王某某同意后对其进行子宫全切术，不存在怠于或拖延治疗的情形。直至王某某服刑期满出狱，某监狱始终积极对其履行诊疗职责，不存在消极不作为行为。因此监狱不存在违法行为，不应承担赔偿责任。这是证实无违法行为排除赔偿责任的应用。

五、从法律规定等修订的趋势分析：加强对监狱承担的涉医疗纠纷刑事赔偿责任的范围研究

关于涉及监狱相关刑事赔偿责任范围的规定，1994 年颁布实施的《国家赔偿法》对于刑事赔偿的范围规定，行使侦查、检察、审判、监狱管理职权的机关及其工作人员在行使职权时有下列侵犯人身权情形之一时，受害人有取得赔偿的权利：……（四）刑讯逼供或者以殴打等暴力行为或者唆使他人以殴打等暴力行为造成公民身体伤害或者死亡的……，2012 年修订的《国家赔偿法》将原 15 条第（四）项修改为，刑讯逼供或者以殴打、虐待等行为或者唆使、放纵他人以殴打、虐待等行为造成公民身体伤害或者死亡的，删除了“暴力”，并增加了“放纵”和“等行为”。删除“暴力”将非暴力性行为纳入刑事赔偿的受案范围，增加“放纵”将消极的不作为行为纳入此项的范围，而“等行为”更是扩大了刑事赔偿中殴打、虐待以及唆使、放纵他人以殴打、虐待的行为的外延。

2019 年《会议纪要》对“放纵”情形进行了必要的解释：监狱及其工作人员在具有制止殴打、虐待等行为条件的情况下，明知殴打、虐待等行为已经发生，但不予理睬、听之任之，严重不负责任，放任甚至追求损害后果发

生或者加重的，属于前款规定的放纵情形，由国家承担赔偿责任，并将“等行为”概括解释为“怠于履行监管职责”的行为。

从《国家赔偿法》的修改内容上看，保障罪犯的生命健康权和合法权益，拓宽罪犯救济渠道是法律修订的发展趋势和方向。在审判实务中，对比本文研究的两起案件，法院在立案审理中将未积极履行诊疗职责列入“等行为”范围。在其他监狱医疗方面的国家赔偿案例中，未及时告知重要病情、未及时转院治疗等造成严重损害后果的均被认定为怠于履行监管职责，承担刑事赔偿责任。在今后随着司法实践的发展和法律规定的修订，也很可能把明显的医疗过失行为或有合法有效证据证明的医疗过失行为纳入“等行为”范围，这就意味着对“等行为”的等外解释范围还将继续扩大。因此对于以监狱为赔偿义务机关的刑事赔偿案件的受案范围的研究也将不断深入。

作者信息：

王一淇：北京市监狱管理局法制处一级主任科员

浅议监狱执法规范化实现路径

朱志娟

摘　要：当前，监狱“执法难、难执法”的现象依然突出，民警执法权益保障和罪犯维权意识高涨的矛盾依旧激烈，规范执法和执法过当的边界亟待厘清，全面、深度规范监狱执法势在必行。造成监狱执法困境的原因是多方面的，一是立法相对滞后，无法适应司法实践；二是监狱功能扩张，主业意识不强；三是民警队伍能力素质参差不齐，教育培训机制不完善；四是民警维权渠道不畅通，难以激发监狱民警规范执法的主观能动性。规范监狱执法是一个系统工程，需要思想统一、制度保障、全警参与。一要尽快完善立法或司法解释，为监狱民警执法赋权；二要突破大墙思维，明确监狱主业，集中力量规范执法；三要完善民警教育培训机制，提高全警规范执法水平；四要加强监狱民警执法权益保护机制建设，激发民警规范执法意愿。只有从以上四个方面多管齐下，监狱规范执法才能开创新局面，进一步提高监狱执法的公信力。

关键词：监狱执法　规范　路径。

一、监狱执法的现状

（一）授权性规定模糊，监狱执法有法难依

《中华人民共和国监狱法》（以下简称《监狱法》）第 5 条规定：“监狱的人民警察依法管理监狱、执行刑罚、对罪犯进行教育改造等活动，受法律保护。”该条赋予监狱民警管理、改造罪犯的法定职权，但该规定过于笼统，存在理解和操作上的模糊空间。仅凭一条原则性的规定，监狱执法没有具体的权力清单和权力的运行程序，基层执法缺乏统一标准，随意性较大，难以兼顾实体正义和程序正义。1994 年《监狱法》颁布以来，一直没有出台监狱法实施细则，时至今日，我们依然不清楚监狱规范执法的工作内容是什么？

规范执法的方式方法是什么？哪些是工作行为？哪些又是执法行为？正是由于监狱执法授权性规定简单、模糊，导致监狱民警在实际执法过程中，有法难依，严重影响了监狱民警执法的规范性和有效性。

（二）监狱执法高标准，民警执法疲于应对

近年来，随着监狱执法环境的改善，通过依法治监，规范执法行为，强化文明执法，监狱越来越重视对罪犯权益的保护，加上罪犯维权意识不断提高及社会大众的舆论倾向，对监狱执法的要求不断提高，并超出监狱承受范围。

（三）监狱民警素质参差不齐，规范执法能力堪忧

实现监狱治理现代化的关键在于监狱民警的执法执勤是否在法治轨道上。目前我国大部分的监狱民警规范执法意识不强，做工作凭感觉、靠个人经验者不在少数，执法中容易造成同样的违规不同的处罚尺度，公平公正执法缺少根基。另外，大多数监狱民警除了常规的警衔培训外，专业的业务培训机会少、时间短，缺乏实战实训，难以做到“干什么、学什么，缺什么、补什么，差什么、练什么”。实践中传帮带的工作方法实效不突出，老的工作方法已然不适应当前监管形势。少数民警在工作中不善于学习钻研，对监狱工作缺乏必要的认识，对于罪犯抗拒改造的情形缺乏清醒的认知，在工作中较易陷入被动，规范执法能力堪忧。

（四）监狱执法保护机制不完善，监狱民警执法如履薄冰

法律关系讲究的是权利和义务的平衡，执法者的权力应该与执法相对方的权利保持总体上的平衡。然而，当下社会各界往往偏重对监狱民警权力的制约，过多地强调对罪犯权益的保护。在当前罪犯结构日益复杂、罪犯维权意识日益增加的情况下，监狱民警执法环境变得越来越严峻，改造与反改造气焰日益高涨，我们的司法机关，特别是检察机关，在处理案件中，过多地强调保障罪犯的权益，社会舆论也经常受惯性思维的影响，认为在监狱里，罪犯是弱势群体，民警处于绝对强势，只要发生监管安全事故，不问原因，都应该追究监狱民警的责任。其根本原因是执法保障制度的缺失，导致监狱民警执法如履薄冰，很多年龄在45岁~50岁的一线民警，宁愿从事一般的工作岗位，也不愿在分监区主管的岗位上担负巨大的执法风险和政治风险。

二、监狱执法困境的原因分析

造成当前监狱执法困境的原因是多维度的，归纳起来，主要有以下几个方面：

（一）立法相对滞后，无法适应司法实践

监狱执法相关的法律主要有《中华人民共和国刑法》（以下简称《刑法》）、《中华人民共和国刑事诉讼法》（以下简称《刑事诉讼法》）、《监狱法》《中华人民共和国人民警察法》（以下简称《人民警察法》），本应详实规定监狱执法的权力清单及权力运行的程序、方法，建立法律至上、依法办事、程序正义、执法公开的执法制度。然而，现行的法律体系对监狱民警行使职权的规定非常笼统，甚至模糊。《刑法》中虽然有“破坏监管秩序罪”，但由于缺乏具体的细节规定和相应的司法解释，在实际工作中难以把握，特别是对一些“大错不犯、小错不断”的罪犯，虽然已经严重扰乱监管秩序，却难以对其进行及时、有力的惩治。《刑事诉讼法》第 308 条第 4 款规定，监狱办理刑事案件，适用本法的有关规定。但是监狱办理刑事案件的主要对象是监狱内的罪犯，其被羁押的特点决定了《刑事诉讼法》中很多手段措施不能被天然地适用，需要出台实施细则来接监狱的“地气”。《监狱法》对于监狱执法的规定是原则性的，没有明确罗列监狱执法的权力清单及权力运行的程序，实际操作性不强，导致民警在执法过程中，即使没有任何失职问题，都有可能被追究法律责任。《人民警察法》更多的是从公安执法执勤角度出发，为公安民警赋权，监狱民警虽然逻辑上没有被排除在外，但整部法律没有考虑监狱机关和监狱民警的特殊性，监狱民警的执法权益明显地被边缘化。

（二）监狱功能扩张，主业意识不强

随着监狱功能逐步扩张，监狱民警承担的任务不断加重，监狱民警既是企业的经营者，又是监狱机关的管教人员，还是罪犯的教育人员和心理咨询人员，对监狱民警的要求往往是多面手，工作角色多、内容杂，导致监狱民警工作量巨大。据不完全统计，2018 年福建省监狱一线民警每月工作时间达到 360 多个小时，民警在岗每天工作时间超过 16 个小时。每逢元旦、春节等节假日和国内重大事件，监狱经常要求民警放弃休息日，确保警力维护监管场所的安全稳定。其次，当前监狱建设和发展所需的大量经费仍由监狱自筹，重生产轻改造的现象依然存在，监狱民警需要把更多的精力放到生产管理中，对罪犯教育改造工作的实效不高，主业意识不强，难以保证监狱惩罚、改造罪犯功能的实现。

（三）民警队伍能力素质参差不齐，教育培训机制不完善

监狱民警是监狱执法的实行者，其执法能力直接决定了监狱执法水平的高低。新中国成立初期，我国监狱民警多由部队及当地民兵转制而来，文化水平总体偏低，加之很多监狱被建在了远离城市、交通不便的偏远地区，垂直管理体制下的监狱与当地政府各自为政，信息交流极为有限，监狱工作现代化缺乏内在动因及外力孵化。近年来，监狱招录新警工作逐步步入正轨，过去裙带关系错综复杂的陋习一去不复返，监狱民警队伍的综合素质逐年提升。然而，由于监狱工作任务重、时间长，民警难有更多的时间用于自我学习、自我提升上。其次，民警教育培训机制不完善，无法定期开展执法业务培训，监狱民警执法大多本领恐慌，有些民警抱着多一事不如少一事的心理，不愿意过多介入罪犯违纪行为的处理，长此以往，民警执法权威荡然无存，更惶谈规范执法。

（四）民警维权渠道不畅通，难以激发监狱民警规范执法的主观能动性

国家机关工作人员依法履行职务，受法律保护，监狱民警依法管理、教育改造罪犯的行为是职务行为，受法律保护。然而，现有的法律体系中，很少有维护监狱民警执法权益的专门规定，司法部《监狱人民警察六条禁令》、“五条禁令”“六不准”等限制性、惩罚性的规定成为主流，权利和义务明显不对等。另外，监狱机关机构设置上，一是缺乏维护监狱民警执法权益的机构，监狱民警维权无门；二是监狱内部监察部门，管理、约束、处罚监狱民警成为其工作的主要内容，而在保护监狱民警执法权益方面，不仅缺乏措施，甚至缺乏认识。近年来，驻监检察院的司法监督把重心偏向对罪犯权益的保护，遇到罪犯投诉时，抱着对民警“有错推定”的方式，从执法行为开始调查，对罪犯投诉的原因和手段则在所不问，甚至不注重收集罪犯不法行为的证据。事件调查后对民警缺乏澄清制度，难以挽回民警执法权威。对罪犯不实举报缺少惩戒机制，助长罪犯嚣张气焰。最后，监狱民警缺乏维权意识，在工作中没有把规范执法转化为生产力，把对职业风险的认识转化为防范风险的应对措施。

三、监狱民警执法规范化实现路径

（一）完善立法，明确监狱执法权责

监狱作为公权力机关，法无授权即禁止，监狱民警执法执勤必须有法律授权，兼顾实体正义和程序正义。鉴于当前法律体系中对于监狱执法规定的模糊及难以操作，笔者建议尽快修改《监狱法》或出台实施细则，明确并细化监狱执法的具体内容，区分好工作行为和执法行为；罗列监狱执法权力清单，确保与罪犯应有权益的相当性；明晰每一项权力运行的程序、方法，保障监狱执法规范、程序清晰；增加并具象化监狱执法保护制度，防止监狱执法标准超人化，强化监狱民警队伍的凝聚力和战斗力。

（二）突破大墙思维，明确监狱主业，集中力量规范执法

首要标准中"降低刑释人员违法犯罪率"的要求不仅仅是对监狱机关提出的，更是对整个公、检、法、司机关的要求，在降低整个社会的刑事犯罪率面前，需要不同职能部门甚至是整个社会的共同介入。因此，监狱机关的功能是有边界的，监狱机关和监狱民警只能是实现首要标准一个方面的力量，无法担当降低重新犯罪的全部责任。在当前警力仍然不足的情况下，监狱应当明确主业，突出中心工作，将惩罚和改造罪犯放在首位，明确监狱民警职权，集中力量规范执法，当好监狱"火药桶"的安全卫士。另外，监狱单位要进一步加强狱务公开，增进社会各界对监狱工作职责的了解，争取媒体和公众对监狱执法的理性理解和合理监督，改善监狱执法社会环境。

（三）完善民警教育培训机制，提高全警规范执法水平

探索完善监狱民警教育培训机制是提高监狱执法规范化水平的关键。一是要坚持"干什么、学什么，缺什么、补什么，差什么、练什么"的原则，有针对性地开展民警分类教育培训机制；二是要从民警执法必须掌握的最基本的环节和技能抓起，进一步完善监狱执法程序规范、技术规范和装备使用规范，实力武装监狱人民警察；三是要贴近实战，培训中要求学员既要结合自身的直接经验，又要反思各种有悖于监狱现代监管理念的错误做法，同时还要研究典型案例，汲取间接经验，教育培训坚持实战实训；四是要大胆探索一线民警执法的训练模式和机制，根据民警的工作规律摸索预约制训练模式，以解决工训矛盾；五是要全面开展练兵比武，将规范执法列入比武考核

范畴，和监狱年度考核挂钩，全方位提高监狱民警规范执法、安全执法、精准执法能力。

（四）加强监狱民警执法权益保护机制建设，激发民警规范执法意愿

加强监狱民警执法权益保护机制建设，主要从三个方面发力：一是加强监狱民警执法权益相关法律法规的建设，确保权利和义务的相当性，监狱执法适当地去政治化；二是完善监狱内部机构设置，增加监狱执法权益保护部门，建立完备的维权通道和机制，加强监狱内部监察部门对监狱民警执法权益保护的监督；三是监狱机关应增进与驻监司法机关特别是检察院的沟通，明确检察院的监督范围、监督方式，建立对不实举报的及时澄清制度，落实对相应罪犯的严厉惩处；四是加强对全体民警规范执法意识教育，强化民警依法维权观念，坚决落实民警规范执法免责制度，激发民警规范执法主观能动性。

结　语

监狱执法是监狱民警履行监管改造罪犯职责的基础工作，监狱执法规范化是一个需要法律护航、制度保障、全警参与、全社会共同关注的时代课题，它的实现不是一蹴而就的，需要我们一代甚至几代监狱民警秉持依法治监理念，不忘来时路，坚守人民卫士岗。

参考文献：

1. 张进："监狱制度问题研究"，载《法制与经济》（中旬刊）2012 年第 1 期。
2. 杨殿升主编：《监狱法学》，北京大学出版社 2000 年版。
3. 刘建会等：《监狱民警本体论研究》，中国人民公安大学出版社 2009 年版。
4. 徐晓锋、章恩友主编：《监狱劳教人民警察心理健康与帮助策略》，中国政法大学出版社 2010 年版。
5. 王春雷："论建立监狱民警权益保障机制"，载《中国监狱学刊》2006 年第 3 期。
6. 杨正鸣等："权利保护视野下的依法治监"，载《犯罪研究》2005 年第 5 期。
7. 刘利明："规范执法行为与保障监狱民警权利的思考"，载《河南司法警官

职业学院学报》2009 年第 1 期。
8. 黄永辉、张清凤:“当前监狱民警的‘执法困境’与对策”,载《中国司法》2011 年第 10 期。
9. 张仲祥:“监狱执法面临的困境”,载《犯罪与改造研究》2006 年第 12 期。

作者信息:

朱志娟:福建省司法民警训练总队,四级警长

浅析监狱人民警察执法规范化问题

卢有义　韦　华

摘　要： 近年来，罪犯在监内违规减刑、在监外“纸面服刑”等案件成为老百姓关注的热点，监狱人民警察队伍执法的规范化问题日益成为舆论关注的焦点。本文结合2021年开展的队伍教育整顿暨监狱综合治理，从当前监狱人民警察执法规范化存在的问题入手，分析存在问题的原因，提出进一步增强监狱人民警察队伍执法规范化的思路和对策。

关键词： 执法规范化　存在问题　成因分析　对策和思路

监狱人民警察队伍肩负着惩罚和改造罪犯、维护社会安全稳定的神圣职责。从监狱事业的发展看来，70余年的发展历程中，我们的监狱人民警察队伍事业心、责任感较强，能吃苦、讲奉献、敢担当，为确保监狱的安全稳定做了大量艰苦而深入的工作。总体来看，我们监狱人民警察队伍主流上是好的，是党和人民可以信赖的队伍。但也要清醒看到，当前监狱人民警察队伍还存在一些问题。在当前开展的政法队伍教育整顿中，以及从近年来发生在监狱系统内的违纪违法案件看，监狱在队伍管理、执法环节存在深层次的突出问题。

近年来，罪犯在监内违规减刑、监外“纸面服刑”等案件成为老百姓关注的热点。监狱是否做到了严格公正执法、科学规范执法，直接关系着人民群众对法治公平、正义期盼的实现。因此监狱人民警察队伍执法的规范化问题日益成为舆论关注的焦点。本文结合2021年开展的队伍教育整顿暨监狱综合治理，从当前监狱人民警察执法规范化存在的问题入手，分析存在问题的原因，提出进一步增强监狱人民警察队伍执法规范化的思路和对策。

一、当前监狱人民警察中存在的执法规范化问题表现

（一）法治观念淡薄：法纪意识不强，执法理念陈旧，部分监狱人民警察没有做到严格执法

1. 存在法治意识淡薄的情况。监狱人民警察作为国家刑罚执行者，是法律的化身，监狱人民警察的执法行为代表的是国家的权威，是社会的公平正义。但是少数监狱人民警察的法治意识淡薄，出现不懂执法、不善执法等情形，比如一些监狱人民警察对于刑罚执行工作把握不透，出现执法不规范的情形；对罪犯顶撞管理、抗改等执法冲突，许多监狱民警束手无策；一些监狱人民警察法律知识储备不足、更新不及时，导致“说法律说不过罪犯，讲政策讲不过罪犯家属”，存在心理恐慌和本领恐慌的情形。

2. 存在习惯于以老观念做事的情况。几十年的监狱工作使很多老民警形成了固有的旧思维老观念，传统的管理理念根深蒂固，对变化了的监狱内外新形势认识不清，心理准备不足，习惯于用传统的管理理念和工作方式做事，不研究新的规章制度要求，不规范自身执法行为，不对自己提出更高的要求，导致一定程度上出现一些执法不严、执法不公等现象。比如一些监狱民警把执法权、管理权隐性转移给罪犯，削弱了民警的执法权威；在队伍教育整顿中查处的罪犯呈报减刑后又违规受行政处罚未及时处理的，部分监区民警长期不重视，不按要求办理，导致没有及时建议撤销减刑，出现违规执法的情形；一些监狱人民警察不善于把握刑罚执行的新要求、新规定，对罪犯的掌控能力滞后，不能很好地履行执法管理职能。

3. 存在有法不依、执法不严的情况。在队伍教育整顿中，从倒查30年的“减假暂”案件中，不难发现，很多监狱民警存在法纪意识淡薄，责任心不强，没有做到严格执法的情形。比如对减刑、假释、暂予监外执行案件各环节的办理，标准不高，要求不严，随意性大，粗放管理比较突出；对一些执法的基础工作重视不够，仅仅以办理一般业务工作来对待，没有从公正执法的高度，从群众期待的高度去认识，法律效果、社会效果不佳；在涉及罪犯计分考核、表扬记功、减刑假释、保外就医等切身利益问题时，不坚持依法办事，甚至违规违法、徇私枉法等。

（二）责任意识弱化：履职意识不强，担当精神缺乏，敬业精神不足，部分监狱人民警察规范执法有欠缺

履职尽责，担当作为，提升队伍政治判断力、政治领悟力、政治执行力，打造一支党和人民信得过、靠得住、能放心的铁军队伍是当前对监狱人民警察队伍建设的要求，是监狱人民警察执法规范化的前提。但在监狱工作实际中，少部分监狱人民警察一定程度上仍存在责任意识不强，积极履职欠缺，担当精神缺乏，敬业奉献精神不足的情况。

1. 履职意识不强。对上级布置的各项工作任务、学习教育、教育整顿等，存在“上热中温下冷”的情况，特别是基层的监狱人民警察，存在责任意识不强、工作热情不高、履职不到位的情况，习惯性漠视仍在一定范围存在，难以做到积极主动履职，导致执法不规范。

2. 担当精神欠缺。在队伍教育整顿自查自纠期间，一些受到组织查处的民警，心理压力过大，而监狱层面和监区层面都欠缺有效的疏导方式，使得出现了“做得多错得多”“谁签字谁负责，我不签字不用担责”等错误思想，少数基层民警在执法环节不敢担责，推卸责任；少数基层民警碰到问题，不敢管、不愿管、不会管、怕负责；少数基层民警，对工作“选择执行”，合意的就干，不合意的就拖着，甚至顶着，就是不执行；少数基层民警，工作不主动，等着领导指示解决，推一推，动一动，把自己降格为“传声筒”，没有主动担当作为的意识。

3. 敬业精神不足。少数民警在工作上不深不细不实，到岗不尽职，人在心不在，职责不清，程序不明，做事不认真细致，特别在执法工作中，忽视工作细节，管理上有空档、漏洞；少数民警缺乏积极进取和创新精神，工作只求过得去，不求过得硬，敬业精神不强，执法执行力弱化，导致工作效率不高，执法不规范的情形时有发生；少数民警出现了享乐主义、个人至上倾向，对工作安排认同度不够高，执行力弱化，规范执法力度不够。

4. 风险意识不强。很多监狱人民警察是身处监狱最前沿阵地的管理者，直接接触、管理、教育罪犯，在罪犯的工种安排、荣誉评比、考核奖罚等执法行为中，对职业风险缺乏足够的认识，不严格按照规定办事，在工种安排上有私心，或是在刑罚执行领域有微腐败的情况发生，这些都是导致执法不规范不公平的因素，这些情形会导致监狱人民警察执法公信力以及对罪犯威

慑力的减弱，以致给执法工作、给社会公平正义造成不利影响。

（三）违规违法执法：部分监狱人民警察执法工作中存在的顽瘴痼疾

在队伍教育整顿暨监狱综合治理与查纠整改环节查纠工作中，我们发现监狱不同程度上存在一定的顽瘴痼疾，主要表现在：违反防止干预司法“三个规定”；违规参股借贷；违规经商办企业，配偶、子女及其配偶违规从事经营活动等方面；违规违法办理减刑、假释、暂予监外执行案件方面；在“减假暂”案件倒查 30 年的过程中，出现违规计分考核罪犯、违规管理特岗罪犯、罪犯档案管理不规范、未及时撤销罪犯荣誉、罪犯劳动能力评定不规范、罪犯月度劳动定额制定和考核不合理、不规范等内部执法管理不规范方面的问题。顽瘴痼疾的存在，在一定程度上体现了监狱人民警察的执法不规范、不严格。

二、导致监狱人民警察出现执法不规范问题的成因分析

（一）政治站位不高，法治意识跟不上形势发展的新趋势

少数监狱人民警察没有从维护国家政权安全的高度去看待监狱工作的重要性，没有以习近平法治思想指导工作实际，没有意识到人民群众对监狱的关注和期待已经上升到了一个历史高位，没有认真思考如何建立科学完善的执法管理模式和执法工作监督机制。民众对“阳光执法”“公开执法”呼声较高，对监狱人民警察执法的规范化关注度越来越高，监狱的执法活动全部置于社会监督之下，但监狱执法者的执法意识、执法管理理念、工作方法却难以适应新形势下的工作需要。

（二）执法能力不足，执法工作跟不上刑罚执行的新要求

一是法律知识学习欠缺。部分监狱人民警察对法律法规、规章制度的学习没有足够重视，学习不主动、学习不深入、缺乏刻苦钻研精神，导致对新出台的政策规定没有学深悟透，法律知识储备不足，刑罚执行专业知识技能和素养提升缓慢，执行时把握不准。二是习惯性思维作祟。习惯于用陈旧的管理思维模式、管理方法、管理手段进行管理，以“老一套”的做法行事，不善于更新理念，不懂得适应新形势，执法工作跟不上刑罚执行的新要求。三是缺乏严谨的执法态度。部分监狱人民警察满足于现状，工作上得过且过，刑罚执行工作缺乏认真严谨的心态，缺乏刻苦钻研的精神，缺乏细致核查的

态度，没有成为“行家里手”的想法和行动，导致出现不严不实的行为，执法不公现象在一定程度上依然存在。

（三）法规执行不严，执法行为跟不上执法规范新需求

在队伍教育整顿工作中，我们看到部分监狱人民警察出现执法不规范的情形，很大程度上就是部分监狱人民警察有令不行，有禁不止，规定执行不严。一是对法规的学习不深不透。部分监狱人民警察对法律规定的学习不上心，对执法工作相关规定不了解，对制度的学习不认真，业务不熟练、责任心不强，执法工作存在随意性。二是少数民警责任心不强。出现少数民警对于计分考核数据把关不严；少数民警执法存在随意性，未按照规定要求严格执行劳动力等级评定；对减刑、假释、暂予监外执行案件各环节的办理，标准不高，要求不严，随意性大，粗放管理比较突出等执法问题。三是对法规执行不严格。在队伍教育整顿中，出现的很多执法问题就与法律法规执行不严有关，比如部分民警对制度落实跟踪不及时，监督检查不到位，罪犯计分奖励考核、减刑假释方面的制度规定没有得到很好的执行，监督、检查存在不细不严不实情况，出现罪犯减刑期间违规受到警告以上处罚，监区没有及时撤回减刑，导致罪犯获法院减刑裁定情况；再如，罪犯入监教育未满 2 个月就分配到生产监区劳动改造，导致出现较多罪犯入监未满 2 个月给予考核分的问题等。

（四）担当作为不够，执法工作跟不上时代前进的新步伐

在队伍教育整顿中整治的顽瘴痼疾，体现出了在队伍管理中存在的宽松软的现象，也体现出一些监狱人民警察担当作为的不足。很多监狱执法工作，习惯于按部就班，对业务部门和基层监区的责任传导上，没有把考核管理和纪律制度落到实处；一些监狱人民警察对职业风险缺乏足够的认识，在罪犯的工种安排、荣誉评比、考核奖罚等执法行为上不认真履职，不严格考核，不规范执法，导致出现诸多执法问题；一些监狱人民警察干事创业精气神不强，担当实干不够，责任心缺失，不敢管、不想管、不愿管现象在一定程度上存在；一些监狱人民警察担当精神和开拓创新意识不足，破解队伍管理难点和棘手问题的能力和勇气不够……这些现象的存在，不同程度上影响监狱执法工作，影响执法的公正性、严肃性。

三、进一步加强监狱人民警察执法规范化的思考

新形势下，党中央、司法部和上级党委对监狱执法工作提出了更高标准、更严要求，在2021年开展的队伍教育整顿暨监狱综合治理中，就是聚焦“筑牢政治忠诚”“清除害群之马”“整治顽瘴痼疾”“弘扬英模精神”四项任务，紧盯违规违法办理“减、假、暂”案件，内部管理潜规积弊、队伍管理宽松软等三方面执法行为，全面提升监狱执法规范化水平。

（一）提高政治站位，全面加强学习，不断提升监狱人民警察队伍执法实践能力

深入学习贯彻习近平总书记关于加强政法队伍建设的重要指示精神，深入学习习近平法治思想，深刻领悟习近平总书记视察广西重要讲话精神，切实提高政治站位，全面加强学习，特别是加强执法方面的业务知识的学习，不断提升执法理念和执法意识，提高执法能力。

一是筑牢法治理念。以习近平法治思想为指导，牢固树立法律至上和法律权威意识，不断强化监狱人民警察对法治的理解和把握，规范执法行为，真正做到内化于心、外化于行，防止和杜绝违法行为发生，实现和维护司法公正。

二是强化执法为民理念。监狱规范执法、严格执法、公正执法的目的，是惩罚和改造罪犯，实现社会公平正义。监狱人民警察要坚持为人民服务和对工作负责的态度，把维护监狱的安全稳定、提高罪犯的改造质量、造就更多的社会主义守法公民，作为努力工作的价值追求，摒弃固化的思维理念，思想观念与时俱进，真正做到严格、公正、文明执法，为打造平安、法治、文化、智慧监狱提供坚实的队伍保障。

三是切实加强学习。“人非生而知之者”，通过学习可以掌握更多的知识和本领。通过支部集体学习、个人自主学习、民警的传帮带、跟班学习、开设执法方面的专题培训班、开展执法技能竞赛、加强执法规范化的监督检查等方式，加强监狱人民警察执法方面知识的学习和教育，进一步提升监狱人民警察的执法规范化专业知识水平。

四是切实将学习成果转化成执法实践能力。教育引导广大监狱人民警察把执法制度学深悟透，把执法规范学懂弄通，精准推进执法工作，做到有法

必依、执法必严，将学习成果转化为工作方法，转化为执法实践能力，进一步提升执法规范化水平。

（二）强化责任担当，切实压实责任，不断提升监狱执法规范化工作水平

一是加强教育，切实把责任扛起来。2021 年开展的队伍教育整顿，就是要在思想上、政治上、组织上、作风上进一步纯洁队伍，筑牢政治忠诚，教育引导广大民警增强“四个意识”、坚定“四个自信”、做到“两个维护”，确保始终听党指挥、忠诚使命。对作为执法者的监狱人民警察来说，责任必须履行，放弃执法权力就是失职渎职，逃避责任就必须受到处罚。执法责任不仅是在解决执法者应当做什么、不应当做什么的问题，而且还要解决不履行和不正确履行职责所要承担的后果。在强化责任担当时，要教育引导广大监狱人民警察正确履职、严格履职，把自身的执法责任扛起来，坚持“谁执法，谁负责”的原则，每一个执法行为都要见人见事见责任，每一名监狱人民警察都要切实做到履职尽责。

二是强化引导，把担当精神树起来。强化责任担当，监狱各级领导班子要充分发挥“头雁”效应，主动打头阵、挑重任，以“关键少数”带动绝大多数，推动规范执法在一线落实，成效在一线检验。要大力弘扬英模精神，大力宣传身边的先进典型，以英模奉献精神为榜样，引导广大监狱人民警察，切实把担当精神树起来，切实履职尽责，推动文明执法、阳光执法、规范执法，全面展示监狱改造成果和队伍新形象，提升执法公信力。

三是严格要求，把执法工作严起来。司法部刘志强副部长在司法部会议中指出，监狱突出问题表现在“减、假、暂”案件办理，源头在监狱内部管理，根子在民警队伍建设。“‘严’是爱，‘松’是害。”从队伍教育整顿中查处的案件情况看，对队伍的履职管理不严格，队伍管理过于宽、松、软，就会造成很多潜规积弊，形成众多监狱顽瘴痼疾。在监狱执法工作中，必须“严”字当头，从严管理。对执法工作严起来，监狱各级领导班子要发挥好监督作用，对违纪违规或执行要求不严不实的行为要大胆指出、大胆批评、大胆纠正，绝不包庇姑息；纪检部门要强化监督执纪问责，坚决向官僚主义、形式主义等各种不良作风开刀问斩；广大监狱人民警察要自觉作为，以铁的纪律，以铁的作风，严格履职，推动执法工作严起来。

四是规范执法，把执法水平强起来。要防范执法风险，最主要的方式就

是严格执法、规范执法。当前队伍教育整顿暨监狱综合治理，就是要兴利除弊，进一步完善各项执法制度，抓好监狱人民警察的内部执法管理，推动监狱工作高质量发展。一方面要以队伍教育整顿为契机，围绕队伍教育整顿过程中暴露出的执法不严不实问题和管理监督的短板漏洞，通过完善制度堵塞漏洞，从严管理防微杜渐；另一方面，紧跟新形势新要求，做好监狱工作制度的废立改，进一步修改和完整各项规章制度，形成依法管理常治长效的工作机制；第三方面，要引导广大监狱人民警察，以规范的执法制度为保障，严格落实好各项制度要求，促进执法的规范化、执法的科学化、执法的公正化，切实把监狱的执法水平强起来。

（三）坚持问题导向，全面查纠整改，着力清除监狱人民警察中存在的顽瘴痼疾

一是围绕突出问题，有针对性地查纠整改。队伍教育整顿紧盯违规违法办理“减、假、暂”案件，内部管理潜规积弊、队伍管理宽松软等三方面的突出问题，全面深入地开展监狱人民警察队伍顽瘴痼疾查纠整改工作。我们要围绕在队伍教育整顿中查纠出来的问题，一病一方、一症一策，精准发力、彻查彻治。同时组织民警对办理减刑、假释、暂予监外执行以及罪犯计分考核、特岗罪犯使用等法律法规进行全面学习，深入分析典型案例中政策、法规运用存在的问题，以学促改，切实提升执法规范化水平。

二是明确治理重点，全面查纠顽瘴痼疾。要围绕“筑牢政治忠诚、清除害群之马、整治顽瘴痼疾、弘扬英模精神”教育整顿目标，进行一次全面彻底的查纠，对监狱民警长期存在的顽瘴痼疾，坚持问题导向与目标导向相统一、自查从宽与被查从严相统一，查纠整改和常治长效相统一，以整改为契机，不断纠查监狱民警中的顽瘴痼疾，要以自我革命、自我净化的毅力决心，刀刃向内、铁腕治警，坚决清除害群之马、重拳整治顽瘴痼疾，进一步净化执法环境和执法队伍。

三是坚持长治长效，提升执法水平。围绕社会普遍关注的问题，开展队伍教育整顿暨监狱综合治理，已成为落实全面从严治党、全面从严治警的必然要求。在队伍教育整顿中，通过重点检查长期“保外就医”的罪犯、连续减刑的罪犯、“三类罪犯”、其他在社会上有一定影响的罪犯的减刑、假释、暂予监外执行案件等，使陈规积弊得到清除，违规违法办理的减刑、假释、

暂予监外执行案件得到纠正，减刑、假释、暂予监外执行体制机制和制度体系进一步完善，执法工作进一步规范，违纪违法和腐败现象得到根本遏制，执法能力和水平得到全面提升。

作者信息：

卢有义：广西壮族自治区桂林监狱政治委员

韦华：广西壮族自治区桂林监狱宣传教育科科长

新时代监狱执法规范化建设研究

侯 国

摘 要： 监狱执法规范化是法治社会最基本的要求，是推进全面依法治国的客观需要、是促进国家治理体系和治理能力现代化的内在要求、是落实监狱职能的迫切要求和提升监狱执法形象的必然要求。近年来随着我国犯罪形势的变化和宽严相济刑事司法政策的实施，罪犯构成发生了较大变化，狱内改造与反改造斗争复杂性异常尖锐，监狱失去了往日威慑力，刑罚执行弱化，出现“纸面服刑”乱象，公平公正受到挑战，因此，应通过健全完善执法基础、完善执法程序、跟进执法监督、完善执法保障，实现执法规范化的目标。

关键词： 监狱 依法治国 执法 规范化 研究

《中华人民共和国监狱法》（以下简称《监狱法》）第 3 条规定，监狱对罪犯实行惩罚和改造相结合、教育和劳动相结合的原则，将罪犯改造成为守法公民。由此看出，监狱对罪犯执法是法律授予的权力，监狱作为国家重要的刑罚执行机关，执法是否规范，关系着法律法规的实施价值，也关系着罪犯的权益是否得到保障，更关系着监狱执法水平和法治化进程。新时代，如何加强和改进监狱执法规范化建设成为迫切需要研究的课题。

一、执法规范化的内涵

执法，也称为法律执行，顾名思义就是掌管法律，执行和运用法律的过程，传布、实施法律的一系列活动。对于监狱而言，执法包含两层含义：一是实施法律，即监狱作为法律的执行机关，依据法律的授权，监狱民警依照法律规定的职权和程序，在法律规定的范围内贯彻落实法律的一系列活动；二是传授法律，监狱民警依照职权的职责，对罪犯进行法律知识普及和教育。

规范化，现代汉语词典解释为使合于一定标准。定义为在经济、技术和科学及管理等社会实践中，对重复性事物和概念，通过制定、发布和实施标准（规范、规程和制度等）达到统一，以获得最佳秩序和社会效益。[1]

监狱执法规范化是法治社会最基本的要求，也是对监狱执法民警最根本的素质要求，是为了实现公平公正严格文明的执法目标，在法律规定的框架内，对各项刑事执法活动程序化与标准化建设的系统工程。

二、执法规范化的意义

司法部在“十四五”规划纲要提出，要完善刑罚执行制度。我们要围绕完善刑罚执行制度，进一步规范刑事执行工作，要持续加强党对监狱工作的绝对领导，健全完善监狱系统领导体制、工作机制、监督制约机制，进一步规范减刑、假释、暂予监外执行工作，推进监狱工作规范化、标准化、法治化。[2]因此，加强监狱执法规范化建设具有重大意义。

（一）推进全面依法治国的客观需要

坚持依法治国、依法执政、依法行政共同推进，法治国家、法治政府、法治社会一体建设，是习近平法治思想之一。全面依法治国重在“全面”，监狱作为社会的组成部分，只有坚持严格规范公正文明执法，才能切实维护社会公平正义，才能提升监狱执法公信力，才能更好地满足人民群众的需求，带动罪犯、罪犯亲属及全社会共同尊法守法，让执法有韧度有温度，做到执法效果与社会效果相统一。

（二）促进国家治理体系和治理能力现代化的内在要求

习近平总书记强调，要强化依法治理，培育全社会办事依法、遇事找法、解决问题用法、化解矛盾靠法的法治环境。法治是推进国家治理体系和治理能力现代化的重要抓手，监狱作为刑事执行机关，依法治理监狱是最可靠、最稳定的治理，善于运用法治思维和法治方式推进监狱治理体系和治理能力现代化，消未起之患、治未病之疾，形成符合中国国情的监狱治理体系，精

---

〔1〕 参见“规范化百度百科词条”，载 https://baike.baidu.com/item/%E8%A7%84%E8%8C%83%E5%8C%96/3193374#1，最后访问时间：2021 年 4 月 22 日。

〔2〕 参见“国务院新闻办就‘深入贯彻落实习近平法治思想 为“十四五”良好开局贡献法治力量’举行发布会”，载 http://www.gov.cn/xinwen/2021-03/29/content_5596567.htm，最后访问时间：2021 年 4 月 22 日。

准执法，柔性执法，准确把握执法功能和目标。

（三）落实监狱职能的迫切要求

中国特色社会主义法治体系是中国特色社会主义制度的法律表现形式，为国家解决一系列问题从法治上提供制度化方案。监狱作为国家刑罚执行机关、政治机关，其任务就是要维护国家的政治安全，维护社会稳定，让人民群众有更多获得感、幸福感、安全感。当前我国法律体系基本形成，但法治领域存在一些短板，特别是监狱职能与法治建设存在差距，执法不严格，执法不规范，选择执法，粗暴执法，造成刑罚执行力弱化，民警不敢管，罪犯嚣张服刑。要使监狱春风化雨、润物无声地履行好职责，就需要不断改革、完善不适应实践发展要求、不适应新时代要求的监狱法治制度体系，通过不断改革完善，让监狱制度更加定型、更加成熟，为实现平安中国提供有力法治保障。

（四）提升监狱执法形象的必然要求

监狱是刑事司法社会公平的最后环节、最后防线。监狱作为人民民主专政的重要工具，是党和人民手中的“刀把子”，要让人民群众切实感受到公平正义，提升执法公信力，就需要民警不断提升运用法治思维和法治方式打击罪犯、改造罪犯，化解矛盾，维护稳定，提高应对风险的能力和水平，把握对党忠诚、服务人民、执法公正、纪律严明的总要求，将规范文明融入执法的每一个环节、每一个细节，体现人民利益、反映人民愿望、维护人民权益，切实保障公平正义和人民权利，提升监狱形象。

三、监狱执法规范化建设的路径探讨

从十八届四中全会提出，形成完备的法律规范体系、高效的法治实施体系、严密的法治监督体系、有力的法治保障体系，形成完善的党内法规体系的要求来说，执法规范化是事关监狱工作的一项重大战略任务，同时也是一项十分迫切的现实任务，为了实现这一目标，既需要创新思路也需要创新举措及路径。

（一）健全执法基础

在执法规范化建设具体操作过程中，很自然需要构建法治监狱的执法基础体系，从刑罚执行推进科学立法，确保法律目标实现。

1. 执法理念法治化。法治信仰是人们从内心尊重法治的规则、追求法治的实现。习近平总书记提出，做到严格执法、公正司法，就要信仰法治、坚守法治。首先，监狱民警作为执法者要树立依法治狱的法治理念，法治信仰是监狱民警法律行为的重要支配因素和执法守法动力，如果监狱民警从内心不对法治信仰、崇尚和敬畏，就不会有严格执法的外在表现，如果没有严格执法，也不会形成依法治监、规范化执法，因此监狱民警必须树立法治理念，发自内心尊重法律。其次，监狱民警要广泛开展普法宣传教育，做法律的忠实崇尚者、自觉遵守者、坚定捍卫者，用法治思维和法治方式分析问题、解决问题，把依法办事、依法履职作为工作方式、行为准则，从精神层面不仅自己而且要让罪犯视法律为最高权威，内化形成对法治的认同、信赖和遵从。最后，监狱民警要依法履职，法国思想家卢梭曾说，规章只不过是穹窿顶上的拱梁，而唯有慢慢诞生风尚才最后构成那个穹窿顶上不可动摇的拱心石。这就是说，监狱民警强化运用法治方式抓工作，坚决克服形式主义、官僚主义，形成依法决策、依法履职的良好局面，才能用法治促进监狱各项工作的提升。

2. 法律法规系统化。完善的执法规范体系，在法治监狱建设中具有基础性、保障性作用。法治是理念、是手段，要执法规范化就需要建设公正、高效、权威的监狱法律体系，为干警依法履行职责、行使职权奠定基础，做到有法可依，有章可循。首先，着眼于健全国家治理急需的法律制度，国家应该制定“刑事执行法”，与《刑法》《刑事诉讼法》《监狱法》等共同构成监狱执法基础。其次，加快推动出台监狱法实施细则，对《监狱法》进行细化、释义和补充，使法律法规制度更加完善，具有可操作性。最后，建立完善的规章制度，在依法治狱过程中，矛盾风险挑战增多，要改变令出多门的无序状况，就需要及时跟进研究新技术新业态新模式，着力填补空白点，从法治的高度重视监狱各部门制定的制度和规范，做好“立改废”工作，构建起完善的规章制度，实现执法行为规范化、标准化。

（二）完善执法程序

严格的执法程序是执法规范化的重要支撑，也是防止司法腐败，确保执法质量的有力保证。因此，在执法过程中，不仅要有具体的操作流程，而且要有可操作的标准，确保流程可操作，达到执法规范化。

1. 明确执法标准。要全面落实严格执法要求，就需要捍卫法律权威，健全完善执法权责清单制度。执法效果如何，必须经过科学的考核评定，监狱执法依据各部门分工不同，作出不同的考核执法标准。因此，针对现实存在的问题，监狱应该明确界定不同部门出台执法标准的考核内容、标准及应用结果，便于民警做到有指标、有标准、有量化、有考核，通过考核使罪犯感受到惩罚对自己改造的作用。针对考核内容、方式甚至岗位分配问题，监狱应该细化执法岗位的规范步骤、程序、标准，将法定性、原则性、指导性作为考核标准。特别对于程序、标准要量化，通过数据库，建立合法合理流程，保证信息执法的准确、完整、实时、规范。

2. 明确执法文书规范。监狱对罪犯的执法文书是监狱民警在对罪犯监管执法的过程中，依据事实适用法律法规所作出的具有法律效力的文书。在过去特别是法治不完善时代，由于文件规定的不标准，无论是考核还是岗位分配，无论是行政奖惩还是减刑、假释、暂予监外执行都存在不同的瑕疵。因此，在大数据时代的今天，要创新“互联网+”的思维，全面推行网上办案，通过集成 oa 系统资源，建立监狱电子执法信息平台，完善执法全流程记录工作机制，进而实现办案规范留痕、监督即时精准。同时罪犯刑罚执行通过动态考评，实时监控，实现执法问题自动预警、异常数据动态监测，对执法办案流程实现智能化监管，建立起符合法律规定的监狱执法文书，确保每一名民警公平公正公开执法。

（三）跟进执法监督

监督是治理的内在要素。强化执法过程全程监督，着力构建程序严格、标准严密、运行规范、高效快捷的监狱执法监督管理体系，是推进阳光执法、规范执法权力、规范运行，确保执法权力在规范化、制度化、法治化轨道内正确运行，构建起不愿犯、不能犯、不敢犯的监督制约机制。

1. 监督靠前。严格落实执法责任制，构建执法绩效考评体系，深化考评结果运用。习近平总书记曾指出，推进权力运行法治化，消除权力监督的真空地带，压缩权力行使的任性空间，建立完善的监督管理机制、有效的权力制约机制、严肃的责任追究机制。监狱执法规范化就是要从监区分配、日常考核奖惩、减刑假释暂予监外执行等程序中的内容、形式、范围等由驻狱检察室、监狱纪委组成监督主体进行全程督查，实现执法全过程留痕留迹。与此同时，政工部门要加大对民警履职情况纠察，纠正甚至约束民警执法不规范问题。通过紧盯执法全过程全流程全要素中的突出问题和环节，及时建立检查整改常态化机制，特别是个案监督和执法巡查，确保民警的执法权力在法治轨道上规范运行。

2. 狱务公开。监狱处于执法司法工作第一线，能不能做到严格规范公正文明执法，事关人民群众切身利益，事关党和政府法治形象。依据《监狱法》相关规定，拓展社会监督渠道，自觉接受人大、政协、社会团体及人民群众的监督和建议，在狱内设立举报箱，对罪犯的日常考核、减刑假释暂予监外执行等实行公示制，确保全程纳入监督之内。同时把科技创新置于突出位置，加强智能化执法监督建设，深入推进大数据智能化应用，创新执法监督手段，有效支撑防范管控和精准打击。

（四）完善执法保障

在刑罚执行中，要坚持依法、规范惩罚罪犯，构建新时代具有中国特色的监狱惩罚与改造罪犯体系，要理性分析中华优秀传统文化与罪犯“文明”管理的怪圈，彻底消除管教矛盾，直面罪犯与民警的关系，真正依法深化惩罚罪犯的手段，细化惩罚罪犯的措施，使罪犯在相对封闭的环境中，感受法律的威严、震慑和震撼，但要真正实现刑罚的目的，就需要构建科学的民警执法保障体系。

1. 探索监狱民警豁免机制。列宁曾说，只有什么事也不干的人才不会犯错误。民警在规范执法实践中，犯错误在所难免，但只有变“人性化执法”为“规范执法”，才能使人民群众信仰法治。然而，执法是一件既简单又复杂的事，说简单就是执行刑罚，说复杂主要表现在执法时可能面对种种无法预料的人情干扰。监狱民警每天与负能量的人打交道，如果执法者自身得不到保护，特别是自身权益受到损害时，民警会萎靡不振，甚至心情一落千丈，给民警的身心健康带来极大危害，因此，要建立民警自身权益保护机制。只要民警在执法过程中依法、依序，即使出现瑕疵，执法所产生的后果不应由监狱民警承担，而应本着“三个区别开来”，明辨“为公”还是“为私”，分清“无心”还是“有意”，划分“失误、错误”还是“违纪、违法”的界线，判定哪些错误可容，哪些不可容，具体问题具体分析，建立容错机制，让干事者放下包袱。

2. 正确利用袭警罪。2021 年 3 月 1 日《中华人民共和国刑法修正案十一》（以下简称《刑法修正案十一》）正式施行，袭警罪纳入刑法，这是我国首次将袭警行为列入法律。长期以来，在监狱，袭警行为屡屡发生，民警被罪犯打了，由于伤情鉴定不够伤害标准，只能默默忍受，而罪犯也最多关个禁闭，民警也只能选择容忍，有理的让无理的，忍气吞声。执法本身是一种强制的过程，配备执法记录仪后，罪犯不再那么嚣张，然而袭警行为仍时有发生。监狱民警在执法过程中，应遵循“严而不厉”的原则，面对袭警行为零容忍，更好地保障民警执法权威，维护法律尊严和社会秩序，努力打造规范执法、文明执法、为民执法的新形象。

监狱作为法治中国、平安中国的建设者、践行者、捍卫者，要把公平公正文明执法作为工作的生命线，始终深入学习习近平法治思想，聚焦监狱执法的困惑，着眼解决执法中的突出问题，持之以恒深化执法规范化建设，在依法治国进程中真正担负起捍卫国家政治安全、维护社会稳定、保障人民安宁的新时代任务。

作者信息：

侯国：河北省石家庄监狱监区长、医院院长、二级高级警长

习近平法治思想视阈下监狱执法规范化构成及发展研究

顾晓浪

摘　要：2020年召开的中央全面依法治国工作会议上，党中央正式提出了“习近平法治思想”。对于监狱而言，执法规范化与法治化之间存在一定的差别。执法规范化的构成除了包含合法性要件、合理性要件之外，还包括执法效果要件和执法安全要件。从过程要件中可以看出，监狱执法规范化一方面是在法治要求之下的细化要求，另一方面是在法治要求之外的严格要求，它还包含多种行为规范，追求法律效果和社会效果的统一。而要实现监狱执法规范化的持续推进，必须重视两方面要素：一是内部要素，包含合法、合理的执法规范和科学的、具有可持续性的执法思维；二是外部要素，包含刑罚执行制度的完善和有效运行。监狱在执法规范化进程中必须以“习近平法治思想”为科学化引领，以发展的视角研究确立执法规范化管理创新机制。

关键词：习近平法治思想　执法规范化　执法效果　执法安全

引　言

2020年召开的中央全面依法治国工作会议上，党中央正式提出了“习近平法治思想”，不仅具有十分重大的理论和实践意义，而且具有非常深刻的政治和法治价值，也是引领今后监狱法治工作方向的重要思想。同年，浙江省委政法委在全省政法系统开展了“执法司法规范化水平提升年”活动，对未来执法规范化建设提出了执法规范化建设的总体目标，同时也对今后一个时期的执法规范化建设进行了总体性安排。根据浙江省委政法委执法司法规范化水平提升年活动的要求，执法规范化建设以“三个更加、两个明显”为总目标，即执法司法理念更加正确，执法司法行为更加规范，互相配合制约更加到位，民警综合素质明显提升，人民群众司法获得感明显增强。[1]以此为起点，作为政法机关的监狱执法规范化建设得以长期地、持续性推进。监狱执法规范化建设目标的具体落实得以不断推进，不仅包括制度上的细化，而且包括监狱机关的实践探索。仔细研究监狱执法规范化总目标，可以发现其核心是执法行为的标准化、精细化，其他目标都是为这一目标提供保障的。

为了实现执法行为的标准化、精细化，浙江省监狱管理部门强调执法依据的细化，2020 年至 2021 年制定了 102 项制度、264 条考核标准，涉及监管安全、应急指挥、规范执法、教育改造、安全生产、信息技术、生产经营、队伍管理等内容。基层如浙江省乔司监狱制定的监管改造工作目标责任制考核内容涉及 230 余条标准，涉及安全生产的有 120 余条标准。

面对如此繁多的监狱执法工作标准和细化要求，笔者不禁要问，监狱民警完全熟悉并掌握这些内容后是否能在执法实践中完全应付自如呢？答案是否定的，因为执法实践的情况是变动的、多样的，再精细化的执法标准也无法完全涵盖现实中的状况。这意味着，必须归纳总结出繁多的执法标准和细化要求下的执法规范构成要件，以构成要件为分析工具，依据其对监狱执法行为是否合乎规范化要求进行有效分析。在研究监狱执法规范构成要件的过程中，必须引出新的问题，如监狱执法规范化建设与法治建设是什么关系？如果完全相同为什么要提出规范的概念，不使用法治化的概念，如果二者并不能划等号，那么为什么需要在法律规定之外还需要有其他要求等。本文正是循着对这些问题的思考而开展的，围绕受社会关注度较高的监狱减刑假释案件办理为主要出发点，期望能够引发对监狱执法规范化建设更多的关注和更多的深入思考。

一、监狱执法规范化构成

关于监狱执法规范化到底包含了哪些方面规范要求，这是监狱执法规范化的核心内容所在。但是之前的研究对这方面的关注较少。即使有对基本构成要素的论述，也是从监狱执法规范化建设的角度展开的，认为包括执法主体法定，执法行为制度化和透明化，严格执法程序，转变轻程序观念，执法

---

〔1〕 参见“浙江全省政法系统启动执法司法规范化水平提升年活动”，载 http://news.cnr.cn/native/city/20200409/t20200409_525047899.shtml，最后访问时间：2021 年 3 月 23 日。

保障机制的建立，执法监督到位，执法责任追究要落实，执法效果评估要真实、客观，这其实是制度建设的要素。而从规范“执法行为”的角度来看，其构成要求必须是对执法行为具有指引意义的要素，这需要具体分析监狱管理部门和监狱出台的执法标准和细化要求。通过研究可以发现监狱执法规范化的构成要件包括四个方面，即合法性要件、合理性要件、执法效果要件和执法安全要件。

（一）合法性要件

监狱执法规范化要件中，合法性是首要要求。最高人民法院、司法部和监狱管理部门为推进执法规范而出台的执法细化标准中对合法要求均作了严格明确的规定。《监狱计分考核罪犯工作规定》出台，浙江省制定的减刑假释实施细则、减刑假释择优呈报、暂予监外执行工作规定等制度，进一步完善刑罚执行的法律法规和制度。总结最高人民法院、司法部和各省监狱管理部门的要求，基本上都将合法要求落实在职权合法、主体合法、内容合法、程序合法等方面。

就职权合法而言，一方面强调“法无授权不得为之”，要求必须由明确的法律授权执法才能进行；另一方面强调“法有授权必须为之”，要求法定职责必须履行，否则属于不作为违法。在监狱执法规范化建设中，职权合法的要求具体落实对减刑假释暂予监外执行案件办理的细化规定。不断通过各项规定的修改强化监狱“依法履职”的要求，避免违法职权法定而出现的“超越职权”“推诿履职”以及“非法履职”等问题。

就主体合法而言，目前监狱执法实践中新出现最大问题是“警务辅助人员”问题。2019 年，基层监狱开始仿照监狱执勤模式引入了“警务辅助人员”，帮助指挥中心和分监区基层夜间执勤工作，以缓解基层监狱民警工作压力。如何实现对此类人员的规范化管理，这在监狱执法规范化进程中将会逐步受到关注，但目前各省还没有出台“警务辅助人员”规范管理的规定，监狱执法规范化进程中要强调“警务辅助人员”不能行使监狱民警的执法权，不能在没有民警带领下独立从事执法活动这一基本要求。

就内容合法而言，执法规范化要求监狱必须在事实清楚、证据充分的前提下做出执法行为，这些要求具体化到了监狱执法环节的规定之中。如 2020 年制定的《浙江省监狱提请减刑假释工作规程》第 17 条指出，刑罚执行部门收到监区提请减刑、假释案件后，就应当就下列事项进行审查：（1）案件卷宗是否完整、规范；（2）罪犯确有悔改或者立功、重大立功表现的具体实施的书面证据材料是否来源合法；（3）罪犯是否符合法定减刑、假释的条件；（4）提请减刑、假释的建议是否适当。〔1〕

就程序合法而言，因其容易流程化、标准化，监狱执法规范化建设在这方面下了不少力气，一方面细化程序标准，监狱管理部门出台了程序标准。如前文提及的《浙江省监狱提请减刑假释工作规程》第二章专门对监狱提醒减刑、假释的程序作出了具体规定，主要分为分监区人民警察会议研究程序、监区长办公会议审核程序、监狱刑罚执行部门和法制部门审查程序、监狱评审委员会评审和公示程序、监狱长办公会议审议决定程序；第三章专门对省监狱管理局审核程序，第四章对撤回、补充建议和提请纠正程序进行了具体规定。〔2〕另一方面，监狱的减刑假释案件办理智能化建设业多从程序设计上入手，如浙江省监狱和中级人民法院研发的“浙江省减刑假释办案系统”和“政法一体化单轨制办案平台”。总的来看，程序合法的要求转化为程序标准化、流程化的设计。

（二）合理性要件

法律赋予执法机关裁量权是执法之必要，但由于缺少行为标准，又成为权力滥用的高发地带。监狱执法规范化中执法标准的规定大多数是针对监狱的减刑假释裁量权所作出的细化规定。监狱管理部门出台的执法规范中就包含了大量减刑假释裁量基准方面的内容。〔3〕罪犯减刑假释择优呈报规定的建立，目的在于为执法民警提供针对减刑假释的自由裁量权行为获得对应性的规范指引。但是，无论涉及怎样精确的裁量基准，总存在无法完全涵盖现实多变执法实践的问题。因此把握贯穿于裁量基准中的原则是关键所在，这样才能避免执法民警面对新问题时出现手足无措的现象。分析《浙江省减刑假释择优呈报工作规定》可以发现，贯穿于裁量基准中的是合理性原则。规定

〔1〕 参见《浙江省监狱提请减刑假释工作规程》，载 http://www.zj.gov.cn/art/2015/10/27/art_13013_247824.html，最后访问时间：2021 年 3 月 23 日。

〔2〕 参见《浙江省监狱提请减刑假释工作规程》，载 http://www.zj.gov.cn/art/2015/10/27/art_13013_247824.html，最后访问时间：2021 年 3 月 23 日。

〔3〕 参见《浙江省提请减刑假释择优呈报工作规定》，载 http://jyglj.zj.gov.cn/，最后访问时间：2021 年 3 月 23 日。

中就明确择优呈报所依据的主要是合理性原则，要求：择优呈报是指对符合法律规定的“可以减刑”或者“可以假释”起始时间（间隔时间）和最低表扬个数（考核得分）的罪犯，根据犯罪性质和情节、服刑期间改造表现等情况，综合评价其悔改表现并排出先后位次，为分监区人民警察集体研究确定提请减刑或者提请假释对象提供参考依据的工作机制。开展择优呈报应当坚持依法、公正、公平原则，坚持条件公开、结果公开。[1]

（三）执法效果要件

在监狱执法规范化的范畴内，不仅考量执法行为的合法、合理，而且要求把每个执法行为所带来的执法影响纳入考量范围之内。对执法影响的考量包括两个方面，即法律效果和社会效果。

就法律效果而言，特别强调监狱执法行为必须达到执法权威的目的。如《浙江省监狱人民警察使用警械规定》第5条规定，监狱人民警察遇有下列情形之一，经警告无效的，可以当场适用警棍、催泪喷射器：（1）罪犯打架斗殴，寻衅滋事，需要及时制止的；（2）罪犯聚众哄闹，扰乱正常监管秩序的；（3）罪犯破坏监管设施、劳动设备的；（4）罪犯超越警戒线和规定区域，脱离监管擅自行动的；（5）罪犯以暴力方法抗拒或者阻碍监狱人民警察依法履行职责的；（6）罪犯袭击监狱人民警察或者其他监狱工作人员的；（7）法律法规规定的其他情形。[2]这些规范要求强调对于妨碍民警正常执法的行为应严格依法处置，维护监内改造秩序和安全稳定职责的执法权威。

就社会效果而言，监狱机关在执法中尝试实现其理性执法的形象，通过确立着装规范、语言规范、动作规范实现良好形象展示、理性平和沟通对话，最终实现社会认可、接受并支持的目的。从这个意义上说，监狱执法规范化必须是人民群众看得见摸得着的建设，而且也应该让人民群众看到、知晓监狱执法规范化建设是对以往存在的执法弊病的重要改革举措。只有人民群众通过社会新闻媒体、自有宣传媒体、日常会见、监狱开放日活动等途径，以及外聘人民执法监督员亲身感受到监狱机关执法的规范和高效，监狱执法规

[1] 参见《浙江省提请减刑假释择优呈报工作规定》，载 http://jyglj.zj.gov.cn/，最后访问时间：2021年3月23日。

[2] 参见《浙江省监狱人民警察适用警械规定》，载 http://jyglj.zj.gov.cn/，最后访问时间：2021年3月23日。

范化建设才可以说是有社会效果的。

（四）执法安全要件

执法安全主要包括两个方面的内容，一是保护基层执法民警的安全，二是保障基层执法过程的安全。

就保护基层执法民警的安全来看，这主要是针对现场执法行为提出的。尝试通过执法规范、动作规范，甚至是站位规范化解潜在的危险因素，最大限度地保证执法民警的执法安全。如罪犯外出就医过程中需要“品”字型站位，一人面朝罪犯，两人面向周围，不仅对罪犯进行包围，而且也对外围复杂环境保持警戒。如出收工队列站位也是采取“品”字型站位流动。这些是法律规范中未曾也不可能规定的内容，是执法规范化的特别规定。

就保障基层执法过程的安全来看，主要涉及对警械具使用的安全问题和罪犯的监管安全问题。《浙江省监狱人民警察使用警械规定》中就有这方面的规定，监狱人民警察使用警械，应当接受检察机关的监督，监狱警务督察部门应当对民警使用警械情况进行监督检查。发现违反规定使用的，应当责令其立即纠正；情节严重的，应当通报监狱纪委监察部门依法依规处理。监狱人民警察使用警械的，应按要求做好证据固定和保全工作。监狱人民警察违法违规使用警械，造成罪犯伤亡，构成犯罪的，依法追究刑事责任；尚不构成犯罪的，依法给予行政处分；对受伤、死亡的罪犯，监狱应当依法承担赔偿责任。关于执法安全标准的确立非常重要，因为上述现象一旦出现就会产生巨大的社会负面影响，特别损害监狱的执法形象和执法权威。

二、监狱执法规范化与法治化之间的关系

在监狱执法规范化建设中，问得最多的一个问题就是，既然已经在推进法治化建设了，为什么还要提执法规范化概念，二者是什么关系呢？通过对监狱执法规范要件的分析，可以得出明确的结论，监狱执法规范化与法治化并不能完全相同，二者之间的关系具体表现如下：

（一）监狱执法规范化并不只是法治要求的细化，还包括更严格的内部要求

监狱执法规范化是在法治的框架内展开的，法治要求也构成监狱执法规范化的核心内容，没有合法性要件，监狱执法规范化就成为无源之水、无本之木。监狱执法规范化的内容之中大量是对立法的具体化、细化，即使合理

性要件的确立也是建立符合法律规定基础上裁量基准的确立。同时，监狱执法规范化中的内容还包括大量法律并未要求，但是属于监狱内部确立起来的更为严格的执法要求。监狱执法规范化中更为严格的执法要求本身是为了适应法治建设的要求，把外部的要求转化为内部的严格规定。比如，监狱机关执法规范化中很多内容的规定就是对以审判为中心的刑事诉讼制度改革的回应，监狱大量的减刑假释案件需要通过中级人民法院和高级人民法院裁定。以规范取证制度方面的内容为例，能够清晰地看到这种回应带给监狱执法规范化方面的影响。这种影响往往表现为监狱执法规范化比法律规范的规定更加严格。监狱执法规范化建设中，则对监狱内部提出了比刑事诉讼法更为严格的要求。整体来看，监狱执法规范化建设中存在着更为严格的内部规范要求，大量把外部监督与制约制度转化为了内部规范，从性质上讲属于风险内控型规范，是监狱机关从内部进行自我监督的具体表现。

（二）监狱执法规范化中包含多种类型的行为规范，法律规范只是其中之一

从行为规范角度来讲，法律规范只是众多行为规范中的一种。监狱执法规范化建设中所构建起来的规范体系就并非只包含法律规范，而是具有多种属性行为规范的综合体。要分析规范的属性关键是要看违反规范之后承担怎样的责任。监狱机关执法规范中大量的规范并不直接规定法律责任的承担，而是采用“准用性规范方式”规定违反了法律、法规的规定时应承担的法律责任。在法律责任之外，还包括大量其他责任形式。其中包含的责任有三种：一是管理责任，基于内部管理而形成的责任，警示性谈话、诫勉谈话、通报批评等都属于内部管理责任；二是纪律责任，针对民警的处分是纪律处分，根据《监狱和劳动教养机关人民警察违纪违规行为处分规定》；三是法律责任，在执法规范的责任设定中，内部管理责任是其特有的责任，其他如纪律处分责任、法律责任一般采用“准用性规范”方式进行规定，援引法律的规定即可。由此看来，执法规范中的内部管理责任是基于内部管理规范而形成的，承担责任的主体既包括执法不规范的民警个人，也包括执法不规范的单位和单位负责人。除了由不同性质的责任支撑起来的监狱执法规范之外，还包含着并无行为责任却以规范的要求出现的规定。这类规范内容应被纳入到管理规范的范畴内。由上观之，监狱执法规范中的行为规范包括法律规范、纪律规范以及内部管理规范。其中管理规范极有特点，这种规范并不产生对

外的法律效力，内部管理规范是在法律、法规等法律规范之外对执法民警或者监狱机关的内部管理的要求，以管理、考核为主，并基于考核结果给予被考核者以奖励或者惩罚的方式督促执法民警或监狱遵守规范，甚至包括基于对执法民警的生命、健康安全考虑而提出的执法规范要求。

（三）监狱执法规范化追求法律效果和社会效果的统一

监狱执法规范化首要强调的是严格依法执法，实现法律效果。执法本身的任务就在于要实现立法所设置的目标，对于监狱机关执法而言，《中华人民共和国监狱法》（以下简称《监狱法》）立法的目标是总体要求监狱机关为了正确执行刑罚，惩罚和改造罪犯，预防和减少犯罪；实行惩罚和改造相结合，教育和劳动相结合的原则，将罪犯改造成为守法公民。因此，监狱机关必须是为了上述目的而执法，一方面，要履行维护国家安全和社会治安秩序的职责，对于妨碍民警执法实现上述目的的行为，必须能够采取强制措施（如高戒备度管理）予以制止和排除。从司法部和各地监狱出台的执法规定中，都可以看到一个核心思想，就是无论在何种情形下都应当保证执法目标的实现。当然，监狱执法规范化所强调的执法目的必须在法治的范畴之内实现，以法治的方式实现执法目标，这是监狱执法规范化所强调的法律效果。监狱执法规范化中还特别强调社会效果，以实现法律效果和社会效果的统一。监狱执法规范化的建设也多重视执法的社会效果，在执法态度和执法方式、着装规范、语言规范、动作规范等方面提出了要求，前文所谈到的理性执法、人性执法等要求都表现出对社会效果的关照。强调法律效果与社会效果的统一是我国国家性质的必然要求。《中华人民共和国宪法》（以下简称《宪法》）规定，国家的一切权力属于人民，国家机关权力源于人民的赋予，因此国家机关行使权力必须对人民负责，对于政法机关来讲亦是如此。强调与社会效果的有机统一，这既是衡量执法质量好坏的重要标准，也是政法机关认真践行习近平法治思想，保障构建依法治国水平的具体体现，应成为政法工作追求的最高价值和终极目标。监狱执法规范化对法律效果和社会效果统一的强调就是对“执法为民”要求的具体体现。

三、监狱执法规范化建设继续推进的内部要素和外部要素

习近平法治思想概括的“十一个坚持”中指出：坚持全面推进科学立法、

严格执法、公正司法、全民守法。[1]监狱推进执法规范化建设，恰恰契合了党中央提出的新时代法治建设的“十六字方针”。监狱执法规范化建设是监狱对学习贯彻习近平法治思想的主动适应，是在法治之下自我严格要求的一种积极行为。“十六字方针”既有执法规范化的内部要素和外部要素，从监狱执法规范化建设的可持续发展来看，既包括执法规范化的内部要素，也包括外部要素，具体而言表现在以下方面：

（一）监狱执法规范化建设继续推进的内部要素

执法规范是监狱执法的依据，只有执法规范具备合法性、合理性，才能为监狱规范执法提供指导；执法者的法律意识、规范意识是执法主体对执法规范的具体运用能力的体现，是把执法规范转化为执法实践的重要依托所在。因此，这两个要素至关重要。

1. 保证具有合法性、合理性的执法规范

推动监狱执法规范化建设中，从司法部到各地监狱管理部门再到监狱，大量的执法规范要求应运而生，成为执法民警的直接执法依据。如前文所述，执法规范的内容包含了两个方面的内容，一是法律规定的细化要求，二是内部管理规范，体现出对法律规定的更为严格的要求。在细化要求和更严格要求的规定之中，如何保证规范的科学、合法、合理成为关键问题。由于执法规范的制定并不像立法那么严格，缺少立法程序的限制，如何保证执法规范内容的合法性、合理性就显得极为重要。综观各地监狱执法规范化建设实践，出现了一些不合法、不合理的规范内容。就执法规范应遵循合理性原则的要求来看，也存在着有些细化内容无法体现合理性原则的问题。若不合法或者不合理的执法规范成为执法依据，不仅不能推动执法规范化，反而会对执法规范化建设造成损害。因此，相关的制度应尽可能减少不合法、不合理的执法规范，对此执法规范在出台之前及之后都应有相关的制度保障。在执法规范出台方面，应当构建多元参与的机制，举行相关的论证会，包括倾听司法机关、法制部门以及社会公众的意见；在执法规范出台之后，应当构建科学的评估机制和监督机制，对于在运行中发现的不合法或者不合理的执法规范应当及时废止或者修改。

---

〔1〕 参见“人民日报评论员：坚持习近平法治思想”，载 http://theory.people.com.cn/n1/2020/1120/c40531-31937686.html? from=singlemessage，最后访问时间：2021 年 3 月 5 日。

2. 注意监狱民警执法规范化的工作方式

监狱机关所进行的刑罚执行工作，主要是与社会安全稳定密切相关的管理工作。一是法律至上思维。监狱一切执法工作都要以法律为准绳，以事实为依据，任何监狱和民警都要服从法律，都不能有凌驾于法律之上的权力，要能坚持原则，坚持依法办事，正确履行好自己的职责。要树立法律权威即尊重宪法和法律的权威。任何监狱和民警都不具有超越于法律之上的权力，都必须依法办事，坚决反对“权大于法”“人情大于法”的法律虚无主义观念。监狱民警要认识到自己在执法过程中所处的地位，要无条件地服从和遵守国家的宪法和法律，让法治精神渗透到监狱管理的方方面面。二是严格执法思维。监狱坚持严格规范执法，是全面推进依法治监的基本要求，是维护社会公平正义的重大举措，是提升监狱执法公信力的重要途径。当前，我国正处于社会主义初级阶段，全面建成小康社会进入决定性阶段，改革进入攻坚期和深水区，监狱执法工作面临的形势和环境发生了复杂而深刻的变化。形势的发展、环境的变化、事业的开拓、人民的期待，都对监狱执法工作提出了新的更高要求。监狱执法工作必须从全局的高度，深刻认识坚持严格执法理念的重要性。三是规范执法思维。监狱作为刑罚执行机关，最基本的活动就是执法活动。规范执法就是在罪犯刑罚执行过程中要确立标准、统一尺度、规范行为、规范文书、规定装备、规范场所，确保实体规范、程序规范，注重语言规范、行为规范，实现罪犯刑罚执行标准化、程序化。

（二）监狱执法规范化建设继续推进的外部要素

监狱执法规范化建设是在学习贯彻“习近平法治思想”大背景下展开和推进的，对监狱执法规范化建设起着根本性的决定作用。有些执法依据和执法要求的完善单靠监狱机关自身是无法完成的，必须依赖立法制度完善，法律解释制度的有效运行。

1. 立法制度的完善是监狱执法规范化建设继续推进的基础

涉及监狱执法的法律规范仍然存在很多不完善的地方，这是监狱机关细化执法规则时无力弥补的问题。执法规范只能在法律规范的框架范围内进行细化和具体化，不能在法律规定尚不完善的地方自行增加内容或做出不同的规定。作为规范监狱民警行为的重要法律依据的《监狱法》就存在不少空白和有待完善的地方，在民警使用武器与警械方面的规定过于简略，不符合法治要求，对民警执法的正当程序内容也没有原则性规定等。上述内容的缺失或者不完善都直接影响执法规范的细化，使得监狱民警执法在有些方面出现指引空位或者指引偏差。还有一些新出现与新技术手段相关的民警执法行为也缺少法律规范的明确规定，仅仅依靠监狱管理部门法规或者规章无法进行科学规定，无法在权力行使和权利保障之间做出恰当的平衡，甚至在一定程度上忽视对相对人权利的保护。很显然，法律制度上缺失的内容无法在执法规范的细化要求中有所表现，是执法规范建设本身无法跨越的制度障碍。因此，执法规范建设的继续发展建立在立法制度不断完善的基础之上。

2. 执法规范化外部建设的有效运行是继续推进的保障

应该看到，由于监狱的工作性质，监狱的执法活动本身是面对罪犯、罪犯家属和人民群众的行为，执法规范化建设必然有其外部建设的面向。监狱执法规范化建设中的执法培训、执法管理、执法制度建设等内容，其主要解决的是监狱机关公正廉洁执法问题，提高执法能力、执法水平的问题最终也是为了提高执法公信力。因此，监狱执法规范化建设从最初的出发点上来说，不仅是为了回应人民群众对美好生活的期待，更是人民群众对监狱维护社会公平正义、公正廉洁执法的要求，其最终也必须以人民群众是否满意为评价标准。事实上，仅仅从监狱内部进行执法规范化建设以提高人民群众满意度的角度来论证执法规范化建设的外部面向仍然是不够的，其依然只能看作是一个宏观的目标指向，而非具体的建设内容。从微观的角度看，监狱执法规范化建设的具体措施，如规范减刑、假释、暂予监外执行制度、规范计分考核制度、规范警械适用制度等，罪犯都是其中的直接参与者，是执法规范化建设中直接面对的对象，人民群众则是重要的社会监督者和感触者。因此，执法规范化建设的外部面向在于其建设本身就应是以直接参与者和人民群众为对象的建设，是罪犯在接受监狱的管理和人民群众感受或者直面监狱规范化执法的建设。从这个意义上说，监狱执法规范化必须是人民群众看得见摸得着的建设，而且也应该让人民群众看到、知晓监狱执法规范化建设是对以往存在的执法弊病的重要改革举措。这也就意味着，监狱执法规范化建设的内部面向必须以其外部面向为指引，方能避免内部建设的程式化倾向。

四、结语

监狱执法规范化建设既是对实践习近平法治思想过程中依法执法要求的

贯彻，也是对监狱机关“执法为民”使命的具体落实。包含了监狱执法的细化要求、严格要求、关注法律效果与社会效果的统一、关注执法效果与执法安全的统一，是多种行为规范的综合体系。从中可以看出监狱机关约束自身权力、规范自身行为的积极努力和有益尝试。在这样背景之下的监狱执法规范化建设也并非一时的运动，也应具有长期性和稳定性的特点，使监狱和执法民警养成符合法治发展要求，符合监狱执法要求的规范思维和规范意识，最终保障监狱执法在法治的轨道内良性运作，实现与社会的良性互动，真正让人民群众感受到监狱刑罚执行的公平正义。

作者信息：

顾晓浪：浙江省乔司监狱一级警长

执法司法制约监督机制建设

信息均衡条件下的效率最优化：监狱刑罚执行中权力监督制约和协调机制构建

李云东

摘　要：如何构建有效的监狱刑罚执行权力监督制约机制？本文围绕监狱执法过程中的权力监督制约机制构建，从有效配置资源、充分利用资源和协调各方利益等三方面着手分析探讨了如何实现权力运行过程的信息及利益均衡，进而实现效率最优化的权力监督制约机制的设计构想。

关键词：监狱刑罚执行　权力监督制约　信息均衡　利益均衡　效率最优化

一、前言

权力就其本质而言，体现的是一种公共意志，是社会和群体组织有序运转的指挥、决策和管理力量。[1]权力监督即对权力行使过程的协调，其目的在于确保权力行使过程中不出现偏差，保证权力运行过程的公平、公正。权力监督制约机制设计所追求的效果就是跟踪权力运行轨迹的同时，实现监督过程格式化、模块化、制度化，确保权力行使中不出现可能影响权力行使方利益的过界行为，同时促进权力行使程序规范化、制度合理化，实现权力行使的效率最大化，这也是权力监督制约机制设计的根本目的。

一般情况下，权力监督制约机制可分为三种运行方式：以权力制约权力、以道德制约权力、以权利制约权力[2]，本文主要探讨属于以权力制约权力方式的监狱刑罚执行中权力监督制约机制的构建。

作为权力监督制约机制的设计者，政府或是社会群体，界定机制设计成

〔1〕 参见王守国："论法治视角下的权力制约机制"，载《行政与法》2011 年第 8 期。
〔2〕 参见王守国："论法治视角下的权力制约机制"，载《行政与法》2011 年第 8 期

为有组织、有指向的活动，涉及三方：权力行使方、权力被行使方和权力行使监督方，其中权力行使方和权力行使监督方可能存在重合，但其发展趋势要求二者不能出现重合。权力行使的过程可以认为是在既定条件下，权力行使者把既定权力信息通过运行机制传递给权力信息接收者，接收信息后权力被行使方的行为在权力范围内规范行使，同时由权力行使者监督其行为是否符合权力要求，从而完成权力行使过程。权力行使过程中，权力行使者或是权力制定者，对权力和权力被行使者都有各自的激励或利益预期，两者重合部分即为权力行使的共同期望。由此，要实现权力监督机制效率最优化，必须保证权力行使涉及三方的两个均衡：

1. 三方的信息均衡：公共信息透明，三方对权力行使过程的信息占有必须与所处位置相当，任何一方不能占有过多信息；同时任何一方不能过多、过界占有或隐藏属于另一方的信息，并能确保三方各自所属应知的信息在既定范围内公开。

2. 三方的利益均衡：权力行使的利益分配必须同各方在权力信息上享有的地位匹配，三方能够通过各自占有的信息获得相应的利益，并且保证该利益在权力行使前、中、后不会有超出权力形式本身承载的损失。同时该利益均衡符合三方在权力行使时已产生的利益预期。

二、权力监督机制设计的基本分析

诸多经济学文献和经济学家认为，一个好的经济制度应满足三个要求：它导致了资源的有效配置；有效地利用了信息；能协调各个经济单位的利益，即激励兼容。[1]这同样也是评价机制设计是否有效的三个基本条件。

1. 资源的有效配置：机制设计须满足对各方资源的有效利用。即机制设计能够充分考虑到涉及的多方资源可能出现的不同配置组合，该组合在机制运行过程中不会因为单一资源占比过多或过少而出现该资源不足或过剩的情形。

2. 有效利用了资源：机制的运行应具有尽可能低的信息成本。在资源进行重新配置的过程中所对应或消耗的信息实现最优化，即资源配置与信息成

---

〔1〕 参见［美］利奥尼德·赫维茨、斯坦利·瑞特：《经济机制设计》，田国强等译，格致出版社 2009 年版，译者序。

本形成优化组合，达到最佳收益。

3. 能够协调各方的利益（即激励兼容）：机制能够协调各方包括集体、社会和个人利益。机制运行后带给各方的利益要符合各方在机制运行前的预期。

在不同的竞争条件下，由于信息公开程度及获取难易的不同可能出现两种情况：

1. 完全竞争条件下的机制设计：满足信息的尽可能公开要求，涉及各方信息能够不断均衡，例如理论上的市场经济调节机制。

2. 不完全竞争条件下的机制设计：信息的不完全公开导致机制设计本身具有排他性和利己性的缺陷。现实中，权力行使方往往就是权力运行机制的设计者，会利用占有权力信息的优势，使运行机制朝有利于自己的期望设计，利用制度中可能存在的信息漏洞排除其他利益方对权力行使的干涉，尽可能独自占有该权力的行使。

由此，权力监督机制要取得效率最优化，需做到：

1. 尽可能压缩不完全竞争条件下的设计缺陷，有效制约机制设计存在的排他性和利己性。

2. 满足机制设计三个基本条件的兼顾实现，特别是保证第三个条件的必须实现，实现效率最大化。

三、监狱刑罚执行过程分析

在我国，监狱执法权从属于司法权，同样是不完全竞争条件下的机制设计，具有排他性和利己性。

《中华人民共和国监狱法》（以下简称《监狱法》）第3章规定，刑罚执行包括：收监，对罪犯提出的申诉、控告、检举的处理，监外执行，减刑、假释，释放和安置。由此，监狱执法的核心集中在对刑罚执行的考核上，也就决定了监狱执法的直接利益双方就是刑罚执行者和罪犯，行使“裁判权”的主要者——检察官（检察机关、监狱刑罚执行监督的主体）即为利益第三方，通过行使裁判权来解决刑罚执行过程中冲突双方的利益均衡问题，实现法律价值的维护，体现刑罚执行的公平公正。这也是监狱执法的权力监督制约机制的本质所在。

1. 刑罚执行者和被执行者的信息处理：刑罚执行过程的效果考核经历了不同的发展阶段，主要体现在对罪犯改造情况的界定上，即对罪犯表现是否改善的数量定义——百分考核上。初期对罪犯的查评考核和百分考核集中在对罪犯客观表现的信息界定上，侧重对刑罚执行过程中被执行者的信息明确，满足于罪犯表现的人为定性表述，往往忽视了对罪犯改造效果的正确评价和罪犯的利益诉求。刑罚执行者在查评考核和百分考核中能够自由裁量，充分体现其主观意识，或者是说“长官意识”可能左右考核的结果。

监狱执法推行狱务公开后，对罪犯的考核逐渐发展到计分考核和达标累进制考核，进一步增强了刑罚执行的规范化和科学化，考核方法和手段更加侧重对罪犯矫正效果的信息评价，考核因素的构成和评价同时公开面对司法权行使所涉及的利益三方。罪犯能够通过狱务公开或者是考核机制的公开，清楚地知道自身被考核的因素和绩效构成，通过查对或比较能够正确判断考核结果是否符合或对应自己的利益诉求，或是自己的利益诉求是否被正确地给予考核。刑罚执行者的自有裁量权逐步被压缩直至量化，“长官意识”逐渐被“利益意识”所代替，在刑罚执行的过程中，执行者必须，也已经能够清醒地判断自由裁量可能带来的利益得失，而不仅仅是只为主观满足或是“长官”满意。刑罚执行过程中的信息处理更进一步符合执行者和被执行者的利益诉求，双方在既定范围内能够达到信息和利益的相对均衡。

2. 刑罚执行监督者的信息处理：刑罚执行初期对于第三方而言，对于刑罚执行过程没有明确的信息给定，面对的只能是“长官意识”的格式文书，做出的“裁判”是被动的。刑罚执行者和被执行者面对考核信息的不对等地位，也直接导致了自有裁量权的轻易出现和利益冲突的不平衡状态，刑罚执行者得以掌控了司法权行使的利益分配权甚至于支配权，而第三方的存在由于对执法信息的“盲从”，只能是“顺其自然”了。

推行狱务公开后，刑罚执行过程中刑罚执行者和被执行者因为考核量化出现了信息对等的均衡地位，双方利益最大化的诉求促使双方“适可而止”：执行者不再追求主观意识的信息体现，更加主动地在意自由裁量权的最小化；被执行者由于对考核信息有了明确的认识，在矫正过程中就会倾向于将自己的利益诉求主动同考核标准对应——双方都在主动公开并追求自己的最大利益。双方的信息对等地位明确了双方面对信息的共同均衡，对应信息均衡的是双方利益最大化的追求。“利益最大化”的诉求使利益双方被动地捆绑为一体，成为不同利益诉求的利益共同体。这个利益共同体中的利益个体虽然有着不同的利益诉求，却有着“一荣俱荣、一损俱损”基本性质，这也决定了双方会主动遵守这一利益，而不是主动脱离共同体的存在，形成了利益均衡。

第三方“裁判者”所要面对的是清晰量化考核标准和明确的利益界定，面对的是司法权行使过程中“自然”形成的信息均衡和利益均衡共同体。对这一共同体，“裁判者”能够清楚地筛选明确自己利益相关的信息，并将在行使司法裁判权的过程中“轻松”地尊重共同体的信息均衡和利益均衡，也就是自己和共同体之间达成“默契”的信息共享和利益共享，并乐于见到“因不满利益得不到诉求的举报者”的出现，进而对失衡方出现的利益损失诉求进行追究，达到监督制约机制的执行到位，并促使执行行为在既定范围内长期有效。

综上，监狱刑罚执行过程在狱务逐步公开的情况下，经历了从定量到定性的信息界定，通过信息量化均衡后有效实现了刑罚执行冲突双方的利益均衡，并有利于第三方主动介入监督利益冲突双方信息，确保“裁判权”被有针对地执行，保证了司法的公正实现。

四、监狱刑罚执行监督机制现状及相关规定

《监狱法》第 6 条规定，人民检察院对监狱执行刑罚的活动是否合法，依法实行监督。《中华人民共和国人民警察法》（以下简称《警察法》）第 42 条规定，人民警察执行职务，依法接受人民检察院和行政监察机关的监督。在法律上明确现今我国监狱执法监督主体是人民检察院和行政监察机关。结合现今我国监狱执法实际，执法监督主要分为外部监督和内部监督两类：

1. 外部监督：包括主体监督和社会监督，侧重对监狱执法活动程序的监督。

一是权力机关的监督：主要是各级人大常委会机关通过执法检查、受理罪犯投诉等方式对监狱执法行为可能存在的问题进行监督。

二是检察机关的监督：各级人民检察院根据如下相关规定对监狱执法行为可能存在的问题进行监督：（1）《人民检察院刑事诉讼规则》第 14 章“刑罚执行和监管执法监督”第 8 节对监狱执法行为监督作出规定，人民检察院

对监狱执法行为具有监督审查权，并可提出纠正意见。(2)《人民检察院监狱检察办法》中对监狱收监、出监、刑罚变更执行、监管活动等执法行为作出具体职责规定，并对检察机关受理罪犯控告、举报和申诉作出规定。(3)《人民检察院监外执行检察办法》中对监外执行中的执法行为监督作出规定。

三是社会力量监督：社会团体及公民个人，包括刑释罪犯通过检举、控告等方式对监狱执法进行监督。同时为加大对监狱执法行为的监督力度，我国监狱通过聘请社会监督员等多种形式开展执法行为的社会监督。

2. 内部监督：侧重对监狱执法行为人的监督。

一是行政机关的监督：主要是指司法行政机关和监狱管理机关等监狱直接管理机构对监狱执法行为及行为人的监督，主要依据为《警察法》《监狱法》《监狱和劳动教养机关人民警察违法违纪行为处分规定》等相关规定。

二是监察机关的监督：主要是由司法行政各级监察机构对监狱执法行为及行为人的监督，主要依据为《中华人民共和国行政监察法》(以下简称《行政监察法》)、《中华人民共和国公务员法》(以下简称《公务员法》)、《行政机关公务员处分条例》等相关规定。

五、当前我国监狱刑罚执行监督存在的问题及原因分析

从实践来看，包括近几年监狱系统民警违纪违法案件通报来看，监狱执法监督还面临不少问题：

1. 外部监督信息缺位。主要表现在权力机关监督缺乏依据、检察机关监督缺乏抓手、社会力量监督得不到保障等。

权力机关监督缺乏依据，执法信息缺位。各级人大对监狱执法没有形成制度，尚处于探索建设阶段，同时对监狱执法信息缺乏，所谓的执法检查也是走过场、重形式，更为重要的是对监狱执法监督缺乏足够的法律依据，相关法律规定对监狱执法行为监督没有具体规定，依然停留在对监狱减刑、假释、保外就医，罪犯是否受到打骂、体罚虐待等执法领域以及监管责任事故的责任追究上，对监狱主要职责即执法效果缺乏基本的监督，对罪犯矫治过程中的教育改造等执法行为漠视。

检察机关监督缺乏抓手，执法信息不对称。《中华人民共和国刑事诉讼法》(以下简称《刑事诉讼法》)和《监狱法》涉及监狱执法监督的内容很

少，仅限于原则上的内容界定，对监狱执法监督涉及的具体范围、执行程序和权责职能没有清晰的规定，缺乏实际的操作性。同时检察机关的《人民检察院刑事诉讼规则》等内部制度对监狱的执法监督仅限于“具有监督审查行为，并可提出纠正意见”，只是对检察院单方行为作出规定，没有明确监狱机关对检察机关“纠正意见”是否需要回应及作出回应的相关程序问题，容易造成“事出无果”的现象。并且从执法监督实践来看，驻监检察人员对监狱执法对象、执法过程、执法结果等基本的执法信息缺乏必要的了解，多数是通过“看材料、听会议、说套话”来监督监狱执法行为，对监狱执法的基础材料缺乏核实，明显处于无为状态。

社会力量监督得不到保障，执法信息不匹配。目前监狱执法监督员监督的方式主要是由监狱执法机关定期组织具有第三者身份的社会执法监督员集体听汇报、看资料、开座谈会和个别谈话等，监督效果不明显。同时个别社会监督员或因个人名气、社会地位被聘，对监狱执法过程缺乏了解，仅是走了监督的形式，少了监督应有的效果。

2. 内部监督利益失衡。主要表现是监督重结果轻过程、重追责轻保护。

监督重结果轻过程，利益诉求不清晰。现行的监狱执法监督重点集中在监狱民警在执法过程中是否有贪赃枉法、以权谋私、执法不公的问题，过于重视执法过程的结果监督，往往是因为出现“恶果”才去紧急查找原因，进行“点对点”的监督，缺乏对监狱民警日常行为和执法过程的“面对面”的监督。

监督重追责轻保护，利益诉求不平衡。监狱执法监督的实质是保护监狱执法双方的权利和义务，即保护罪犯的权利的同时限制监狱民警的权力。实践中监狱执法监督更多地关注罪犯人身权利是否受到伤害，是否受到监狱执法人员权力滥用造成的权利侵害，而缺乏对罪犯其他的权力应有的保护，特别是应有的一些合法权益和民事权利得不到回应和关注，影响罪犯行为矫正效果。

3. 监狱执法监督缺乏协调制约，资源利用不足。

纵向看，现行监狱执法监督体系构成是多方面、多层次的，既有权力机关、检察机关和社会力量的外部监督，又有行政监察机关的内部自我监督。但从执法监督实际运行过程看，现行监狱执法监督机构间缺乏有效合力，内外监督相互之间各行其是、各行监督，只注意某些“方面”或者“点”上的监督，造成监督空档和死角，同时监督机制设计上缺乏必要的制度约束，不能促进各监督个体间积极配合，缺乏长期稳定地协调配合的制度基础设计，直接导致监狱执法监督的资源不能合理利用，形不成有效的监督网络，执法监督体系的整体功能得不到充分发挥。

4. 监督效力不实，利益期望失效。

实践中看，监狱执法监督的构成主要来自监狱系统内部的纪检检察机关的监督，而不是来自执法监督信息实际占有者——检察机关。这也是导致监狱执法监督缺乏独立性和权威性的主要原因。监狱的纪检监察机关属于监狱内设机构，受同级党委和上级纪委的双重领导，工作人员的人事、工资福利待遇隶属于所在监狱，任职、待遇、管理均受到限制，监督主体受制于监督客体，监督行为沦为“事前开开会，事中做陪衬，事后签签字”，纪检人员成为陪衬，监督过程流于形式。

六、构建有效的监狱刑罚执行监督制约和协调机制

健全监狱执法监督机制，就是要严格遵循十八届三中全会提出的司法体制改革的方向，优化司法职权配置，健全司法权力分工负责、互相配合、互相制约机制，加强和规范司法活动的法律监督和社会监督，要把党内监督同国家监察、群众监督结合起来，同法律监督、民主监督、审计监督、司法监督、舆论监督等协调起来，形成监督合力，进一步规范监狱执法过程和行为实施中权力运行机制，确保刑罚执行过程的信息和利益均衡，提高刑罚执行的效率，达到“公平、公开、公正”的标准。

1. 有效配置资源：通过优化监狱执法职权配置，以制度的形式固定规范执法信息的有效处理，保证决策的科学化。

一是规范监狱执法岗位职责。科学规范监狱执法岗位职责，执法内容与岗位职能权责对等，细化执法岗位职责和执法程序，职责到岗、人员定岗、程序分岗，文明规范监狱人民警察的执法行为，切实做到每个工作岗位都应有相应的职权、责任和义务，并在整个法律制度体系内，不存在私有的个人的权力。

二是建立健全监狱执法案卷及评查制度。监狱应当建立健全执法活动案

卷，包括提请罪犯减刑、假释、暂予监外执行案件，狱内又犯罪案件，罪犯行政奖惩案件，罪犯死亡处理案件，罪犯及刑释人员其他涉法涉诉案件等案卷，及时收集有关办案材料、证据并立卷归档，定期组织执法案卷评查活动，规范监狱执法活动保全。

三是建立监狱执法质量的考核评估和追究问责体系。监狱应当对具有执法职责的业务部门、基层单位及其民警行使执法职权、履行法定义务进行定性、定量考核，将监狱的执法质量考评结果与单位和个人的工作业绩挂钩。建立并实施执法责任追究制度，对有违法、不当执法行为或者不履行法定职责的行为人，依法追究其执法责任，对负有监督职责而疏于监督或知情不举的行为人追究其执法过错连带责任。

2. 充分利用资源：加强和规范对监狱执法活动的法律监督和社会监督，尽可能地公开执法信息，有效界定执法程序的信息实效，保证“裁判者”对执法程序准确掌控，确保执行力的坚决，即权力行使不宜更改，确立“权威”。

一是创新内部纪检监察监督体系。探索建立以权力制约权力、自上而下与自下而上的监督制约相结合的内部执法监督体系，逐步建立省级监狱管理机构纪检监察机关独立领导的监督机制，以形成监狱纪检监察机构派驻、人员垂直分布统一管理的两级监督体系。派驻各监狱纪检监察机构的领导和工作人员由上级委派，实行定期轮换制度和回避制度。

二是不断完善派驻监狱检察制度。健全检察机关监督监狱执法活动的法律制度和责任追究制度建设，增强检察机关主体监督责任。探索实行派驻任期制，有效解决当前监所派驻机构人员长期不流动造成的监督乏力局面。

三是探索设立独立的社会公正、裁判机构。探索建立人大等权力机关主导或是社会力量主动参与的独立的社会公正、裁判监督机构，对监狱执法活动进行独立、客观、公正的有效监督。

四是加强监狱执法过程信息化监督建设，探索监狱刑罚执行网络公开接受监督。

3. 激励兼容：健全监狱执法权力分工负责、互相配合、互相制约的科学有效机制，构建信息的有效均衡，满足各方激励期望诉求，实现利益均衡和效率最优化。所谓科学有效，是指权力的配置、上下级关系、同级关系等相互之间应该分权，应该相互制约，但相互之间又应该有协调，不是无边界地行使权力。

一是建立监狱执法监督责任制。建立和健全执法监督责任制，督促监狱执法行为人主动发现和纠正执法活动中存在的违法违纪问题。同时，建立监狱民警的执法责任制，督促监狱民警严格依法办事，增强公正执法的自觉性。

二是建立监狱执法自律机制。建立监狱执法自我约束机制，不断增强监狱民警自律意识，规范执法行为。进一步完善执法工作程序，对监狱执法活动和民警执法行为，特别是对罪犯的减刑、假释、暂予监外执行等活动要明确具体程序、便于操作，坚持相互制约，利于监督。

三建立监狱执法排查分析机制。要定期对监狱民警执法情况进行排查和分析，加强经常性的执法监督检查，及时发现执法过程中存在的苗头性和倾向性的问题，纠正执法中出现的问题和偏差。

七、结语

综上所述，监狱刑罚执行监督制约机制的有效设计至少满足三个条件：

1. 监狱刑罚执行过程中利益冲突双方的信息满足定性和定量界定。

2. 利益冲突双方因为信息的明确界定形成信息均衡，并在这一信息均衡状态下各自诉求自身利益最大化，最终达成利益均衡的共同体和利益均衡的状态。

3. 监狱刑罚执行的“裁判者”能够掌握利益冲突双方共同界定的信息并保持其均衡状态，同利益冲突双方共同体之间自然形成进一步的信息和利益均衡。

参考文献：

1. 王守国：“论法治视角下的权力制约机制”，载《行政与法》2011 年第 8 期。
2. 石茂生：“司法及司法权含义之探讨”，载《河北法学》2012 年第 2 期。
3. 周永坤：“司法权的性质与司法改革战略”，载《金陵法律评论》2003 年第 2 期。
4. 孙笑侠：“司法权的本质是判断权——司法权与行政权的十大区别”，载《法学》1998 年第 8 期。

5. 罗红军、李积程："强化和完善监狱执法监督制约机制的研究"，载 http://www.qhfx. org，最后访问时间：2022 年 3 月 1 日。
6. 袁洪："对建立监狱民警执法监督长效机制的思考"，载《中国监狱》2003 年第 2 期。
7. 白时红："对监狱系统内部监督问题的研究"，载《中国监狱》2009 年第 6 期。
8. 徐海发等："对监狱刑罚执行法律监督拓展的若干思考"，载《监狱理论研究》2008 年第 6 期。
9. ［美］利奥尼德·赫维茨、斯坦利·瑞特：《经济机制设计》田国强等译，格致出版社 2009 年版，译者序。
10. 山东省高级人民法院：《刑罚执行法律精编》2013 年版。
11. 监察部法规司、监察部驻司法部监察局、司法部法制司编著：《〈监狱和劳动教养机关人民警察违法违纪行为处分规定〉释义》，法律出版社 2013 年版。
12. 金鉴主编：《监狱学总论》，法律出版社 1997 年版。

作者信息：

李云东：山东省齐州监狱教育改造科二级警长

刑事赔偿视角下关于完善监狱执法制约监督机制的思考

陈丽明　周　阔

摘　要： 健全制约监督机制是完善监狱执法体系的一项重要内容。在刑事赔偿司法实践中，作为赔偿义务机关的监狱需在法定范畴内，按照违法归责和过错归责原则，对执法行为的合法性进行证明，且需承担主要的举证责任。通过分析近一年来的监狱刑事赔偿案件，在案由、证据分类、争议焦点等方面理清问题重点，围绕如何完善党的领导监督、政法部门之间制约监督、政法各系统内部制约监督、社会监督、智能化管理监督等五大制约监督机制提出方法论。

关键词： 监狱　刑事赔偿　制约监督　五大机制

在中央全面依法治国工作会议上，习近平总书记强调，要加快形成完备的法律规范体系，高效的法治实施体系，严密的法治监督体系，有力的法治保障体系，形成完善的党内法规体系。"五大体系"是构建中国特色社会主义法治体系的总抓手。其中，法治监督体系是五大体系中的重要一环。

2020 年 8 月，中央政法领域全面深化改革推进会着重研究部署了加快推进执法司法制约监督体系改革和建设工作，就如何加快构建新型制约监督制度机制，在更高层次上实现执法司法权力与责任的平衡、放权与监督的结合、公正与效率的统一，提出了一系列新举措新部署新要求，力求推动政法领域改革再上新台阶，进一步增强人民群众在政法领域的获得感、幸福感、安全感。

监狱是国家的刑罚执行机关。强化对监狱执法工作的制约监督，是完善司法制约监督体系的重要组成部分。近年来，因监狱违法违规执法时常处在舆论的风口浪尖上，成为社会关注的焦点。从表现形式上看，监狱执法环节容易出问题的领域具体表现在两个方面：一是监狱为罪犯违规办理减刑、假释、暂予监外执行等刑罚执行行为；二是监狱民警在日常管理中因违规执法或怠于履职致使罪犯伤残或死亡。《中华人民共和国国家赔偿法》（以下简称《国家赔偿法》）规定，国家机关和国家机关工作人员行使职权，有本法规定的侵犯公民、法人和其他组织合法权益的情形，造成损害的，受害人有依照本法取得国家赔偿的权利。由该法条可知，申请国家赔偿是受害人自主实施的救济自己人身权、财产权的法律行为。2019 年年底，最高人民法院和司法部联合颁布《关于监狱作为赔偿义务机关的刑事赔偿有关问题的调研会议纪要》（以下简称《会议纪要》），对近年来法院在审理监狱作为赔偿义务机关的刑事赔偿案件过程中积累的突出问题进行了重点说明。本文主要围绕以监狱作为赔偿义务机关的刑事赔偿司法实践，就如何完善监狱执法制约监督机制开展研究。

一、监狱刑事赔偿的法定范畴

笔者在裁判文书网上查阅了自《会议纪要》发布以来至 2020 年 12 月 31 日以监狱作为赔偿义务机关的全部国家赔偿决定书，将所有案件决定书的案由、裁决结果、证据分类等进行集中汇总。

从案件数量看，笔者共收集整理监狱作为赔偿义务机关的刑事赔偿案件 47 件，其中支持申请人赔偿请求的决定 3 件，驳回 44 件。从案由来看，经法院实体审理的案件主要有三类：一是罪犯服刑期间被殴打、虐待致伤致残致死，占案件总量的 61.7%；二是罪犯服刑期间非正常伤亡（自杀或因病伤残、死亡），监狱怠于履行监管职责或救治义务，占案件总量的 34%；三是其他不属于国家赔偿受案范围的案件，如劳动工伤，占案件总量的 4.3%。

对监狱提起的国家赔偿为刑事赔偿，而非行政赔偿。《国家赔偿法》中监狱作为赔偿义务机关的情形主要由第 17 条规定，行使侦查、检察、审判职权的机关以及看守所、监狱管理机关及其工作人员在行使职权时有下列侵犯人身权情形之一的，受害人有取得赔偿的权利：……（四）刑讯逼供或者以殴打、虐待等行为或者唆使、放纵他人以殴打、虐待等行为造成公民身体伤害或者死亡的；（五）违法使用武器、警械造成公民身体伤害或者死亡的。

从法律条文来看，刑事赔偿明确的违法行为既包含积极的作为，如刑讯逼供、殴打虐待、违规使用警戒具。也包含消极的不作为，如《会议纪要》第3条第（三）项规定，监狱及其工作人员在罪犯之间殴打、虐待等行为发生时，存在人员脱岗、工具失管等怠于履行职责情形，或者监狱及其工作人员在日常监管过程中存在其他怠于履行监管职责的情形，且以上情形与损害结果的发生或者加重具有一定关联的，应当综合考虑该情形在损害发生过程和结果中所起的作用等因素，适当确定国家赔偿的比例和数额。

从《国家赔偿法》的界定来看，监狱作为赔偿义务机关，赔偿的法定范畴仅限于对罪犯生命权、健康权等基本人格权的侵害。对于上文中提到的罪犯在减刑、假释、暂予监外执行等刑罚执行期间的合法权益遭受侵害，虽然也属于刑事执行范畴，但是《国家赔偿法》未将其纳入刑事赔偿的范围。按照《监狱法》《最高人民检察院关于执行〈监狱法〉有关问题的通知》《关于规范办理暂予监外执行案件若干问题的规定（试行）》等有关规范性文件，人民检察院对监狱办理罪犯减刑、假释、暂予监外执行实施法律监督。因此，罪犯认为服刑期间其在办理减刑、假释、暂予监外执行方面合法权益遭受侵害，只能通过检察院救济，不能申请国家赔偿。

二、监狱刑事赔偿的归责原则

从上述统计的争议焦点来看，47个案件中共涉及84项争议焦点，其中执法行为与损害结果是否存在因果关系占31.0%，监狱执法行为是否合法占21.4%，监狱履职是否存在过错占19.0%，是否超过赔偿申请期限占9.5%，其余是否属于国家赔偿受案范围、赔偿金额、举证责任分配等争议占20%左右。

从归责原则角度来看，《国家赔偿法》第17条第（四）项和第（五）项中对罪犯实施的侵权行为明显属于违法归责，即监狱执法民警有实施违法行为的主观故意，并着手实施了违法行为，侵害了罪犯的基本人格权——生命权、身体权和健康权，属于国家赔偿的法律范畴。

笔者认为其中一个重要突破，就是对监狱刑事赔偿的归责原则的扩张：通过上文《会议纪要》第3条第（三）项可知，相较于《国家赔偿法》，《会议纪要》将单一的违法归责原则扩大为违法归责和过错归责并行，即监狱工作人员作为履行监管责任的义务人，存在怠于履行法定职责情形导致罪犯人身损害结果的发生，要对其相应的过错部分承担相应的赔偿责任。所谓“怠于履行职责”，简言之是指公务组织及其工作人员依其职责，对公民、法人或其他组织有特定的作为义务，但在有能力、有条件履行的情况下，不履行、拖延履行或不完全履行作为义务的情形，[1]比如在罪犯突发疾病需要就医时，监狱工作人员因对病情主观认识不够致使罪犯未及时获得相应限度的医疗救治，造成罪犯伤残或者死亡的后果；或者罪犯突然自伤自残，因监狱工作人员未及时发觉，延误送医时间导致罪犯伤残加剧或者死亡，等等。此时可以判定监狱工作人员未尽到正常认知范围内的合理、及时注意义务，应当认定为存在一定的过错，需承担赔偿责任。

同时，《会议纪要》还明确排除了结果归责的原则，第3条第（四）项规定，对于服刑期间发生的突发、意外情形，经审查监狱对罪犯的监管、处置、救治等行为符合法律、法规及相关规范性文件的规定，或者已尽到正常认知范围内的合理、及时注意义务的，应当认定为依法、正当履职，国家不承担赔偿责任，不得仅以是否造成损害结果作为判断应否赔偿的标准。对绝对的结果归责原则的排除是对监狱正常执法工作的保护。

三、监狱刑事赔偿的举证责任

诉讼程序中，举证责任有两方面含义：一是“举”，即提供证据的责任；二是“证”，即通过提供证据来证明事实、论证主张。在刑事赔偿诉讼中，法律对举证责任进行了明确分配。从证据分类上看，按照“证据法定”原则，刑事诉讼法明确了八种法定证据分类：物证；书证；证人证言；被害人陈述；犯罪嫌疑人、被告人供述和辩解；鉴定意见；勘验、检查、辨认、侦查试验等笔录；视听资料、电子数据。笔者按照这八种证据类型，对决定书中采纳的证据进行分类汇总，提出书证的占案件总数的76.6%，鉴定意见占61.7%，证人证言占38.3%，电子数据占34%，勘验笔录占4.26%，请求人陈述占4.26%，物证、供述和辩解为0。

---

〔1〕参见侯孟君：“监狱服刑人员感染新冠病毒的国家赔偿问题——基于22份裁判文书的考察”，载《贵州省党校学报》2020年第5期。

（一）谁主张，谁举证

“谁主张，谁举证”是我国诉讼法最基本的举证责任分配原则。[1]《国家赔偿法》第 26 条第 1 款规定，人民法院赔偿委员会处理赔偿请求，赔偿请求人和赔偿义务机关对自己提出的主张，应当提供证据。2011 年出台的《最高人民法院关于人民法院赔偿委员会审理国家赔偿案件程序的规定》（以下简称《规定》）第 12 条进一步明确规定了，赔偿请求人、赔偿义务机关对自己提出的主张或者反驳对方主张所依据的事实有责任提供证据加以证明。由此可见，在刑事赔偿诉讼中，“谁主张，谁举证”原则普遍适用。

（二）监狱刑事赔偿的特殊举证责任

罪犯是被剥夺了部分权利的社会公民。服刑期间，即使其合法权利遭受侵害，罪犯的取证能力是很弱的，特别是对于因违规执法致伤、致残、致死的罪犯，其根本就不具备取证能力。基于此，《国家赔偿法》第 26 条第 2 款规定，被羁押人在羁押期间死亡或者丧失行为能力的，赔偿义务机关应就其履职行为与罪犯的死亡或者丧失行为能力之间是否存在因果关系提供证据。《国家赔偿法》出台后，相关司法解释对赔偿请求人和义务机关双方的举证责任进行了有针对性的平衡，《规定》第 13 条第 1 款明确规定，赔偿义务机关对其职权行为的合法性负有举证责任。赔偿请求人可以提供证据，证明监狱违法行使职权，但赔偿义务机关对其职权行为合法性的举证责任并不因此而免除。《最高人民法院关于人民法院赔偿委员会适用质证程序审理国家赔偿案件的规定》（以下简称《质证规定》）第 6 条和第 7 条，明确了由赔偿义务机关承担的举证责任，包括行为的合法性、无过错、免责事由、法定时效，等等。《会议纪要》进一步指出，罪犯在服刑期间造成身体伤害的，负责监管的监狱应当调取、收集其在羁押期间形成的相关影像、日常监管材料等，协助、配合审查处理国家赔偿案件的各级监狱、监狱管理机关、人民法院赔偿委员会调查了解案件的基本情况。由此可见，《国家赔偿法》整体的举证责任体系在“谁主张谁举证”原则的基础上，举证责任分配的重心已经发生了偏移，通过预先设定监狱的举证责任，更加倾向于保护处于取证能力弱势地位的服刑人员，让处于强势地位的监狱机关承担更多的举证责任。

---

〔1〕参见毕玉谦：“举证责任分配体系之构建”，载《法学研究》1999 年第 2 期。

（三）举证不能需承担不利后果

法律规定，承担举证责任的一方无法举证或者举证后仍不足以证明其主张的，需承担败诉的不利后果。《规定》第12条第2款规定，没有证据或者证据不足以证明其事实主张的，由负有举证责任的一方承担不利后果。《质证规定》第21条规定，有证据证明赔偿义务机关持有证据无正当理由拒不提供的，赔偿委员会可以就待证事实作出有利于赔偿请求人的推定。据此可知，在刑事赔偿诉讼中，法律预先将主要举证责任分配给赔偿义务机关——监狱一方，即监狱既要对自己执法的合法性承担全部举证责任，也要对否认、反驳赔偿请求人的事实和赔偿主张承担主要举证责任，否则就要承担举证不利甚至是败诉后果。

四、不断深化监狱五大制约监督机制建设

从近年来监狱作为赔偿义务机关的刑事赔偿案件的结果来看，赔偿请求人的赔偿申请被驳回的占绝大多数，这说明监狱在公正文明执法方面取得了令人可喜的成绩；另一方面，刑事赔偿程序的日趋完善，归责原则的逐渐明晰，举证责任分配的进一步明确，也倒逼监狱在执法过程中需进一步完善制约监督机制。

政法领域全面深化改革推进会议强调，要进一步推动执法司法制约监督机制改革，提升认识，加快步伐，准确把握加快推进执法司法制约监督体系改革和建设的总体思路、基本原则，着力完善五大制约监督机制建设：党对执法司法工作的领导监督、政法部门之间制约监督、政法各系统内部制约监督、社会监督和智能化管理监督，加快推进相关配套制度改革，全面提升执法司法公信力。

（一）深化党对监狱执法司法工作的领导监督机制

《中国共产党政法工作条例》（以下简称《条例》）旨在进一步提高党领导政法工作制度化、规范化、科学化水平。[1]监狱作为国家的刑罚执行机关，是党和人民的“刀把子”。《条例》指出，政法单位党组（党委）应当依法依规将政法工作情况纳入党务政务公开范围，依法有序推进审判执行公开、检

〔1〕 参见周悦丽：“实现党对政法工作领导的制度化规范化科学化”，载《公安研究》2019年第2期。

务公开、警务公开、司法行政公开、狱（所）务公开，完善政法单位之间制约监督机制，确保政法工作在依法有效监督和约束环境下推进。因此，要始终坚持和完善党对监狱工作的全面领导，进一步深化党委对监狱各部门的制约监督，强化教育引导，严明纪律作风，通过完善相关党内法规，建立完备的党委、纪委制约监督机制；监督关口前移，让各基层党支部成为对一线执法工作监督的“前哨站”，把党的领导和监督贯穿于监狱工作的始终。

（二）深化监狱与其他政法部门之间的制约监督机制

本着“不告不理”原则，只有当赔偿请求人向法院赔偿委员会提出刑事赔偿的申请时，法院才会成为对监狱制约监督的一环，且法院对监狱的制约监督主要体现为法院赔偿委员会对赔偿义务机关的监督。法院对监狱司法执法的制约监督要求法院秉持公平、公正的原则，坚持“以事实为依据，以法律为准绳”，不偏不倚地作出赔偿决定。

在刑事赔偿程序中，各级检察院只有法律监督的权利，而无作为公诉人直接参加诉讼的法律授权。《会议纪要》指出，依照《监狱法》等法律、法规规定，人民检察院在依法对监狱执行刑罚、日常监管等行使监督职权过程中作出的相关文书或者结论性意见，应当作为各级监狱、监狱管理机关、人民法院赔偿委员会审查、认定国家赔偿案件的依据。由此可知，刑事赔偿中检察院对监狱的监督职能主要体现在日常工作监督，从近年的统计中可以看出，检察院所提供的鉴定意见、公函、检察意见等法律文书，在刑事赔偿案件中对事实的认定往往起着至关重要的作用。笔者认为，要充分发挥发挥人民检察院的检察监督职能，通过检察派驻、深化监狱巡回检察、定期通报、随机抽查、专项督察等形式，严防监狱管理工作中出现刑讯逼供、暴力执法、违规使用警戒具、怠于履职致伤致死等负面影响案件。

（三）深化监狱系统内部制约监督机制

监狱系统内部按照业务分工划分为不同的职能部门，从上文中对证据的分类统计情况来看，一起刑事赔偿案件的证据往往来源于多个职能部门：狱政管理部门负责警戒具的使用审批和罪犯惩处的审批，生活卫生部门负责罪犯的体检、医疗和健康，信息化部门负责监控视频的保存，法制部门负责刑事赔偿的案件受理、答复和应诉，纪检部门负责对涉嫌违法违纪的民警进行调查。换言之，监狱系统各职能部门之间既有分工协作又有相互制约，二者是执法行为合法性的共同构成要件。因此，要进一步突出监狱系统内部不同部门之间的分工协作关系，理清权力清单，以职能划分促进制约监督，为监狱公正文明执法构筑坚实的内部屏障。

（四）深化社会对监狱的监督机制

社会监督是权力制约监督机制中不可或缺的重要组成部分，是我国反腐倡廉，防止权力滥用的可靠保证。[1]

一是发挥媒体监督“第四权力”的效能。新闻媒体之所以被冠之于“第四权力”，是因为其对政府的监督作用。[2]从近年来的热点刑事赔偿案件看，媒体的曝光和舆论的影响都对案件的进程起着重要的推动作用。面对媒体的压力和舆论的质询，暴力取证、非法使用警戒具、罪犯医疗事故等顽疾频发的监狱管理重点越来越规范，透明度越来越高；同时，监狱还要主动作为，从被动地接受媒体监督到主动向媒体公开，通过监狱开放日等形式邀请媒体进入监狱，借助媒体的“第四权力”服务于司法的“公信力”，让媒体成为宣传监狱文明执法、讲好监狱故事的“扬声器”。

二是优化信访监督这一独特制度的监督功能。作为我国公民参政议政的独特制度设计，信访制度就是人民群众对党和政府及其工作人员实行自发的、直接的、公开的、有效的民主监督的重要形式之一。[3]许多国家赔偿案件都始于信访，要进一步畅通信访渠道，优化接访、转办、督办、答复等信访流程，配合监狱长接待日等监狱特色，发挥信访这一独特制度设计的最大监督效能。

三是持续深化狱务公开。狱务公开是指监狱机关依照法律、法规、规章和其他规范性文件规定，将执法工作的主要依据、程序、结果，通过适当方式向罪犯、罪犯亲属和社会公布并接受广泛监督的一种工作举措。[4]作为一种法定公开机制，狱务公开已经成为监狱主动接受社会监督、努力实现“阳光执法”的有效措施，成为社会了解监狱的一个重要渠道，因此，随着监狱制约监督机制形式的不断丰富、内容的不断完善，狱务公开的深度、广度和

---

〔1〕 参见陆亚娜：“我国社会监督存在的问题及其原因分析”，载《江苏社会科学》2007年第2期。

〔2〕 参见丁玥：“关于新闻媒体如何依法行使第四权力的思考”，载《法制与社会》2013年第19期。

〔3〕 参见郑瑞涛：“论信访制度的监督功能”，中国政法大学2005年硕士学位论文。

〔4〕 参见高一飞、李慧：“狱务公开的现状评估与完善建议”，载《河北法学》2016年第6期。

公众的参与度将会越来越大。

（五）深化监狱智能化管理监督机制

长期以来，囿于封闭的环境，监狱的信息化改革较为滞后。2007 年，司法部颁布了《全国监狱信息化建设规划》，标志着监狱信息化改革驶入了快车道。近年来，在“智慧监狱”建设的总体思路下，智能化建设成果已经能够反哺监狱执法工作的制约监督，比如云存储技术大大延长了监控视频的存储时长；罪犯医疗系统平台化、信息化，纳入社会医疗体系，病例、服药、转诊、会诊、抢救等记录与社会医院共享，完善了罪犯就医和死亡的因果关系证据链；将生物识别技术运用在警戒具的保管和使用上，对所有警戒具的使用记录做到有迹可循，等等。因此，要更加充分地吸收信息技术革命带来的高科技成果，运用大数据、云计算、区块链、5G 等前沿技术，在证据保全、医疗卫生等方面助推监狱制约监督机制向智能化、集约化转型发展。

参考文献：

1. 路利娟：“监狱服刑人员获得国家赔偿问题探析”，载《科教导刊（电子版）》2015 年第 22 期。
2. 张玉卿：“浅析监狱作为刑事赔偿义务机关的几个问题”，载《中国司法》2020 年第 7 期。
3. 陈聪聪、李帆：“论国家赔偿的归责原则及其在我国的现状与完善”，载《法制博览》2018 年第 20 期。
4. 李欣：“我国刑事司法赔偿制度探究”，载《河北农机》2019 年第 2 期。
5. 孟祥锋：“更好发挥法治的引领和规范作用的基本途径”，载《理论导报》2014 年第 12 期。
6. 侯孟君：“监狱服刑人员感染新冠病毒的国家赔偿问题——基于 22 份裁判文书的考察”，载《贵州省党校学报》2020 年第 5 期。
7. 毕玉谦：“举证责任分配体系之构建”，载《法学研究》1999 年第 2 期。
8. 周悦丽：“实现党对政法工作领导的制度化规范化科学化”，载《公安研究》2019 年第 2 期。
9. 陆亚娜：“我国社会监督存在的问题及其原因分析”，载《江苏社会科学》2007 年第 2 期。

10. 丁玥："关于新闻媒体如何依法行使第四权力的思考"，载《法制与社会》2013 年第 19 期。
11. 郑瑞涛："论信访制度的监督功能"，中国政法大学 2005 年硕士学位论文。
12. 高一飞、李慧："狱务公开的现状评估与完善建议"，载《河北法学》2016 年第 6 期。

作者信息：

陈丽明：北京市第二监狱政委
周阔：北京市第二监狱办公室副主任

新形势下减刑假释暂予监外执行制约监督机制的理论与实践研究

——以上海市监狱系统工作为例

戴培胜　张　亮

摘　要：加强对监狱减刑、假释、暂予监外执行案件办理事前、事中、事后的有效监督，构建优化、协同、规范高效的制约监督体系，是严格办理减刑、假释、暂予监外执行案件，全面提升执法司法公信力，实现社会公平正义的必然要求。本文通过梳理上海监狱系统减刑、假释、暂予监外执行制约监督机制的现状，反思机制运行中的短板和盲区，结合具体司法实践，从立法完善、机制建设等方面对完善相关机制进行了探讨和展望。

关键词：监督　制约　责任　标准　机制

从近年来发生的北京“郭××案”、云南“孙××案”、山西“任××案”等轰动全国的典型案例，以及日常司法实践来看，当前个别案件办理仍存在计分考评、表扬、立功、病残鉴定等证据材料造假，违规安排劳动岗位方便获取奖分，调换监狱方便获取减刑，相关人员插手案件等违法违规行为，减刑、假释、暂予监外执行制约监督机制还存在一定的短板和盲区，亟需尽快完善补齐。而执法司法制约监督体系改革正是深入贯彻习近平法治思想，坚持以人民为中心，坚持问题导向、目标导向、效果导向，促进严格执法、公正司法，补齐短板和弱项的重要举措。目标就是要通过创新监督方式和手段，形成上下贯通、内外结合、系统完备、规范高效的制约监督体系，使人民群众反映的执法不公、监管不严和不作为、乱作为等顽瘴痼疾得到有效整治。

一、上海市监狱系统“减假暂”制约监督机制主要做法

上海市监狱系统主要依托狱内、狱外两条线，形成了“事前”“事中”

"事后"全过程的监督防控体系。

（一）加强源头治理，强化事前管控预防

遵循"以审判为中心"的裁判标准，夯实执法基础，形成对人、对事的立体监督机制，确保案件证据扎实有效。

一是抓牢民警廉洁自律。运用监督执纪"四种形态"，紧盯"关键节点"，重点围绕计分考评、等级评定等涉及减刑、假释、暂予监外执行权力集中的岗位环节，开展廉政风险隐患排查和违法违规风险苗子季度排查，制定防控措施。梳理审批清单、权力清单、执法责任清单等执法权责清单，健全完善权责一致的执法权运行机制，筑起第一道廉洁屏障。

二是加强制度机制建设。不断健全完善减刑、假释、暂予监外执行所需证据链条中的重点执法环节监督管理制度体系，在制度设计上，就注重相互制约监督，压缩权力寻租空间。例如，出台了 9 个配套制度的计分考评"1+9"制度体系，在制度设计上，就确立了严格控制加分，明确加分上限的原则，日常考核加分条款被压缩至只有 5 条，民警自由裁量权得到严格控制，所有加分必须经监区集体讨论报监狱审核批准，监狱根据计分考评结果给予罪犯表扬、物质奖励，同时将审批决定抄送检察机关接受监督。此外，为防止罪犯违规从事特定岗位方便获得加分，实行"基本条件+具体条件"两把标尺，针对不同岗位明确具体选用条件，明确 9 项禁止使用、2 项从严使用的情形。明确各监狱关押罪犯类型，区域回避、二次分流情形以及审批流程等，防止罪犯随意调动，方便获得减刑、假释、暂予监外执行。

三是加强立案管控。首先，各监狱均建立证据保全室，建立罪犯改造电子化档案，将改造重大事项均纳入电子档案，并落实集中保管、专人负责，确保案卷整洁、清晰，法律文书无文字瑕疵，证据不错不漏。其次，创新办案机制，在全国独创立案制度，罪犯减刑、假释、暂予监外执行案件办理前，按照一般罪犯监区申请、监狱审批，重要罪犯及特殊情况提交上级机关审定的程序，对案件办理进行多轮次立案审查，对于重大敏感案件，还征求法院、检察院、公安机关等单位意见，并报请上级单位。所有罪犯的减刑、假释、暂予监外执行案件，不经立案程序或者立案不通过，均不得启动办理。立案制度的建立，为确保案件办理所需证据材料、法定条件等要素合法，提供了多重保险，有效杜绝了自由裁量空间，防止执法随意。同时，也从上级机关层面对职务类罪犯减刑假释比例加以总量控制，监督各监狱案件上报情况。

(二) 坚持严字当头，突出事中动态监管

案件办理是一件十分严肃的执法活动，追求完美的“零差错”既是准确执法的基本要求，也是实施有效监督的目标追求。

一是案件办理实行全流程公开。上海市监狱系统根据减刑、假释、暂予监外执行案件办理程序，在全国独创了案件办理全流程公开，设计制作了包含罪犯立案情况等7项内容的“罪犯刑罚执行变更程序公开栏”，悬挂于罪犯监房走道内，每一起案件均根据案件动态办理情况，及时将每一个环节办理结果在相应程序内予以公开、公示，直至案件全部办理完毕，并主动接受罪犯、执法监督员、检察官以及来监的罪犯家属、社会公众、新闻媒体监督，并对公开公示情况予以记载。在监房走道内，设置监狱长、监区长、检察院信箱，安排专人每天开启，对反馈信息及时登记处理，对案件办理任何一个环节收到异议反馈的，案件均需对该程序环节同级集体会议再次调查、审核、讨论后重新作出决定。

二是案件办理实行全过程留痕。严格实行案件办理“谁承办谁负责、谁主管谁负责、谁签字谁负责”的案件办理终身负责制。程序在后、审批在后的部门和民警负责监督前置程序，层层审核把关，确保案件办理规范、准确。而监区集体讨论、监区长办公会、监狱评审委员会评审、监狱长办公会等集体会议，均要求与会人员人人发表意见，做好会议记录及签字，实行相互监督。与此同时，建立刑罚执行网上办案平台，启用电子签章，实现案件网上办理，网上监督，全程留痕，并积极与法院、检察院通过“206”工程开展网上协同办案，从制度和技术上确保案件监督到位。

三是案件办理过程多渠道监督。充分发挥监狱纪检监察部门监督作用，各监区支部纪检监察员参加监区集体讨论及监区长会议，监狱和局层面纪检监察人员作为评审委员会成员，参加案件集体评议。每一起减刑、假释、暂予监外执行案件都依法主动征求检察机关意见。对重大敏感或特殊案件，还主动邀请执法监督员、检察官、社会公众列席监狱长办公会议，确保执法公平公正。对于监狱不采纳检察机关意见的案件，均实行开庭审理，并适时组织罪犯旁听，邀请执法监督员、人大代表、社会公众等现场旁听或利用远程法庭进行旁听、监督，使案件审理更加公平公正，更具公信力。此外，编制完成“狱务公开标准体系”，通过监狱开放日、执法情况通报、罪犯信息一卡通、门户网站、“12348”狱务公开热线等平台载体，及时面向罪犯、罪犯家属及社会公众，主动按照司法部“23+10+16”公开内容，开展全要素、不缺项的公开，接受公众监督，回应和处置意见及建议。与此同时，对于拟保外就医罪犯，坚持开展病情调查及现场察看，通过向主治医生询问了解病情，翻阅病史资料，掌握、监督监狱提请的准确性和真实性。

（三）严保工作成效，狠抓事后跟踪督导

积极履行自身监督职能，延伸法律监督触角，强化案件办理事后监督，避免案件一办了之。

一是专项检查常态化。近年来，上海市监狱系统每年开展一次全局范围内的减刑、假释、暂予监外执行专项检查活动，针对发现的薄弱环节和存在的问题，结合最新法律、制度及时进行规范和纠正，落实整改责任人，进行集中整改。

二是协调机制制度化。强化与公检法司卫民政联席会议、监检联席会议、监法联席会议、公监联席会议等，加强与各政法机关沟通联系。与此同时，积极配合检察机关、市人大、市委政法委开展的巡回检察、执法回头看、扫黑除恶等专项监督活动，共同维护好“高墙内”的公平正义。

三是事后监督精细化。严格落实狱务公开有关规定，在会见室统一设置发布栏目，面向罪犯近亲属，公告罪犯司法奖励情况。在上海市监狱系统门户网站，专门设立狱务公开专栏，对罪犯暂予监外执行决定书全部上网公开，与市高院门户网站共享数据端口，在网站公示上海市各监狱罪犯减刑假释受理情况，并链接公示监狱的提请建议书。此外，由纪检部门对刑满释放、减刑、假释、暂予监外执行罪犯，开展出监谈话；每季度至少参与一次矫正小组的活动，每半年组织一次对暂予监外执行社区服刑人员的回访。积极推进实施案件日常检查监督和纪检执法专项监督相结合，每一起案件均由纪检部门及时跟进检查，对发现的问题及时纠正、追责，确保案件始终规范办理。

二、减假暂制约监督机制存在的短板和盲区

虽然近年来，上海市监狱系统不断健全完善减刑、假释、暂予监外执行制约监督机制，构建了监督预防的循环往复监督格局，但在实际操作中，仍

然存在一定的短板和盲区。

(一) 监督制约内容不全面

一是部分证据材料无法进行实质性监督审查。由第三方提供的，诸如罪犯户籍地民政部门或街道（村）开具的贫困证明材料，罪犯户籍地司法行政机关出具的调查评估意见，保外就医中社会医院出具的病情诊断资料等证明材料，没有相关部门对上述单位出具的这些证明材料真实性、反映内容的可靠性开展实质性监督审查，而由于监狱调查能力有限，只能进行书面审查或电话核实，存在一定的执法廉政风险。

二是存在监督内容缺项和制约弱化的情况。减刑、假释、暂予监外执行不但要严格把关，还要依法依规办理，体现“宽严相济”。但在实际中，存在监督内容缺项和制约弱化的情况。例如，在罪犯保外就医过程中，有时检察机关在没有要求监狱进一步出具有关证明，或另行安排省级人民政府指定医院开展病情再鉴定的情况下，通过非省级人民政府指定的检察机关内部文证审查机关出具结论，直接否定省级人民政府指定机构的鉴定结论，提出检察异议，而检察机关出具的这种审查结论没有部门予以制约监督。此外，部分在看守所羁押期间患有重病的罪犯，虽符合保外就医条件，但由于法院、公安机关办理罪犯保外就医积极性不高，仍向监狱进行交付执行，导致监狱新收押即病重、病危甚至死亡的罪犯人数较多。像这类体现人道主义，完全符合保外就医条件的情况，制约监督法院、公安机关依法办理的力度却相对较弱，相应的制约监督机制缺项。其次，对于一般罪犯的减刑、假释案件，由于提请权和办理权均在监狱，监狱上级机关也缺乏及时有效的监督。

(二) 监督制约标准不明确

要实施有效的监督，拥有科学、合理、合法的监督标准是形成客观、公正评价结论的前提和基础。近年来，上海监狱在没有出现违法违规办理案件，提请程序合法，案件办理全程留痕，狱内狱外同步公开透明的大背景下，检察机关针对罪犯减刑、假释、暂予监外执行案件，以财产性判项履行、社会影响及再犯风险等理由提出了一定数量的异议，特别是很多异议在监狱已经从严的基础上，提出更加从严的要求，对监狱当前公正执法的现实状况，评价不够客观。最主要的因素，还是因为被监督内容中罪犯财产性履行能力的认定、罪犯社会影响的评估和从严尺度的把握没有上位法的支撑，也没有统一明确的标准。

一是财产性判项认定难。财产附加刑的履行情况，是罪犯认罪悔罪的重要依据之一，而认罪悔罪评估情况又是罪犯计分考评等级评定的重要内容。对罪犯财产性判项履行能力的认定需综合考虑涉案赃款或非法所得钱款、家庭经济情况、大账收支情况这三方面因素，但在实际操作中，首先，部分判决书中对于财产性判项的具体金额不明确。如责令退赔、没收财产、民事赔偿等部分内容或损失以及物化的损失，判决书没有写明具体的履行数额，这给罪犯的履行带来了一定的难度。罪犯的家属前往法院履行时，没有具体的标准，法院不好办理，家属也不好操作，更不好认定履行态度。其次，共同犯罪的执行比例判断难。在判决书中大多数也未明确每个人应该承担多少比例的金额。这使得在罪犯履行时无法掌握履行金额，不知道自己该承担多少经济义务，法院又无具体明确的履行比例，故无法全部履行。再其次，附带民事赔偿的被害人寻找困难。罪犯在法院宣判时有民事赔偿，按照先履行民事赔偿、退赔退赃再履行罚金的顺序，因找不到被害人而无法履行任何财产性判项的情况越来越多。此外，财产性判项履行比例少。在实践中有一部分罪犯家属前往法院履行财产性判项，法院不接纳，主要原因都是涉众犯罪且金额较大，而家属上缴的金额比例太少，法院执行局接受后无法有效退赔给被害者也不能上缴国库，故出现了不接收的情况，就造成了罪犯和家属想表明自己的履行态度，但无从履行的现状。最为关键的是，在罪犯财产性判刑数额不明，履行渠道本就存在不畅通的情况下，财产性判项到底履行多少算达标，何为积极履行，上位法均无明确标准和指导性意见。而对于积极履行标准的理解，监狱、法院和检察机关认识也不一致，导致财产性判项履行情况的运用在减刑、假释中未能形成统一操作标准，因而对罪犯是否符合认罪悔罪，是否积极履行法定义务的监督产生了一定影响。

二是罪犯社会影响及危险性评估难。当前刑事法律政策要求，对罪犯减刑、假释、暂予监外执行，除符合法定基本条件外，还应对罪犯犯罪的具体情节、原判刑罚情况等因素综合考虑，评估实施减刑、假释、暂予监外执行后可能带来的社会影响。然而，如何界定和判断罪犯可能带来的社会影响，上位法没有制度支撑，相关政策也没有评判标准，监狱、检察院、法院也未达成内部一致意见。不同监狱、不同民警、不同检察机关、不同检察官、不同法院、不同法官、不同监督者之间对其的理解均有不同，全凭个人理解和判断。因此给减刑、假释、暂予监外执行案件办理，以及监督的有效性和准备性带来了不小挑战。此外，上位法对如何认定、评价罪犯的危险性和再犯罪风险程度，也没有明确的操作方法和标准，同样基于个人主观判断，论证过程可能存在不严谨，难以保证适用的准确性。为此，上海市监狱系统通过长期总结提炼，出台了《罪犯危险性评估工作办法》，对所有在押罪犯开展危险性评估，进行有益的探索与尝试。但截至目前，相关评估结果的运用还未得到检察院、法院的充分认可。

三是从严尺度不明确。法院、检察院对政策理解不同、异议多。虽然监狱已经对累犯、“三类罪犯”等从严对象在提请幅度、间隔期等方面进行了从严掌握，对罪犯的财产性判刑履行情况、狱内消费情况、社会影响等因素进行了综合考量，但检察机关在监督案件办理时进一步要求从严，而法院裁定时又在检察机关从严的基础上再从严，存在层层放大从严标准的情况。监狱及民警对于这种差异性显得十分无奈，首先检察机关、法院对于当前的案件几乎全部从严掌握，非“三类罪犯”的减刑、假释也受到波及；其次，在当前还没有上位法或者上级制度支撑财产性判刑履行、社会影响及危险性程度衡量标准的情况下，检察机关更改减刑幅度提出监督异议的比例大幅上升，自由裁量区间过大，使得监狱及民警在办理案件时到底要从严到什么程度才算从严较难理解和把握。

（三）监督制约责任不清晰

一是监狱被动超职权范围履职。监狱承担了过多法律没有要求、本不属于自身履职范围，且超出能力范围的工作。例如，对于罪犯是否具有财产性判刑执行能力，法院要求监狱进行评估；对涉及原犯罪事实中未退赃、返赃的情节，中级人民法院也要求监狱在呈报案件材料的同时，对罪犯财产情况进行调查；案件可能带来的社会影响也要求监狱开展综合评估等。由于法律没有赋予监狱执法调查权，监狱取证能力和手段非常有限，从监狱方要全面了解相关情况确有难度。而在此过程中，对本应由人民法院负责的罪犯财产性判刑工作却缺乏有效的制约监督，反而将监督对象转移到监狱方。

二是监督制约责任主体不明。在监狱提请的减刑、假释、暂予监外执行案件是一项涉及监狱、检察机关、法院，甚至地方司法行政机关、政府相关部门、社会医院等多机构的执法活动。对案件办理的制约监督，应当是对全链条所涉及部门的监督制约，而非仅仅针对监狱。然而，对于检察机关检察监督本身，例如保外就医中的文证审查否定鉴定结论，是否有第三方予以再监督，或者监狱是否有提出异议的途径和渠道？法律并没有明确规定。对贫困证明、社区调查评估意见等证据材料，部分回复周期较长，甚至有的地方根本不回复，还有的回复内容不客观、不具体，结论不明确，没有签发人等，以及社会医院的病情诊断资料，这些证据材料的真实性、反映内容的客观性、制作材料是否符合证据标准等问题，由谁来监督、反馈、督促整改？目前并没有明确的规定。

三是评价标准的异化。民警一直困惑，什么叫"不到位""不及时""不规范"？按照制度执行做到什么程度才叫"到位""及时""规范"，才能避免风险，可以免责？然而，目前很多工作没有标准，存在理解和操作上模糊空间，全凭结果导向，个人主观判断。甚至只要出了问题，民警就必然被追责，甚至被追究刑事责任。罪犯再犯罪，媒体不报道与监狱无关，媒体报道有影响了，哪怕尽职履职，仍然会以"不到位""不及时""不规范"等理由被追责，正常办理减刑、假释、暂予监外执行也负有责任，连带责任风险大，很多工作责任划分不明确，追责的情形"弹性空间"过大。

三、加强和完善减假暂监督制约机制的思考

（一）优化案件提请模式

如果减刑、假释、暂予监外执行工作维持现有提请模式，可以从立法层面增加立案制。监狱所有案件均需立案，立案均应提级经省级司法局审批同意后，监狱方可启动案件办理。设立立案制，由省级司法局从法治层面对监狱提请的所有案件开展立案审查，可以有效规避监狱内部自转给案件办理带来的风险。此外，由于现有模式，监狱既对罪犯实施改造管理，又对被管理的罪犯提请减刑、假释、暂予监外执行，"自己既当运动员又做裁判员"，根本上具有很大的廉政风险。因此，也可以从立法层面，根本改变现有提请模式，取消监狱提请权，改为重新设立独立第三方机关，由第三方机关提请，检察机关监督，法院裁定，监狱提供罪犯狱内改造材料的模式。不但可以有效规避民警在案件提请时的廉政风险，而且还可以防止罪犯通过对民警实施

威胁换取减刑、假释、暂予监外执行，使监狱工作回归教育改造罪犯的本位，全力以赴投入把罪犯改造成为守法公民的工作中。

（二）补齐监督制约事项的缺项和标准

完善监狱执法管理的法条缺项，特别是要完善和细化基层单位的各项操作性规定、制度，出台“监狱法实施细则”完善覆盖执法全过程的程序和流程，对执法工作进行指引，形成完整无缺的处置流程和可参照的执法依据，做到监督制约有法可依，有据可查。同时，应当出台科学、有效的罪犯社会影响、罪犯危险性评估有关认定操作标准，明确评估内容、评估方法、评估流程、评估结果等要素，实现可量化的操作模块，避免人为理解和判断，并且通过赋予第三方提请机关调查权，由第三方提请机关开展专业、全面的调查核实。此外，也应明确案件从严办理的情形，列明可量化的条件和因素，并与具体的幅度压缩空间、减刑间隔期、假释考验期等从严尺度一一对应，减少人为自由裁量区间给监督工作带来的影响。与此同时，法院应进一步拓宽罪犯履行财产刑判项的渠道，在判决时厘清罪犯的财产和责任，在判决中明确具体数额。各部门间应建立罪犯财产情况共享机制，使各环节都能掌握罪犯的财产情况，也为监狱协助法院做好罪犯财产性判项执行提供依据和参考。最为关键的是要出台制定统一的罪犯财产性判项执行标准，及履行情况认定评价标准，规范财产性判项履行，为减刑、假释、暂予监外执行案件监督制约的事项提供稳定的制度依据。

（三）建立证据办理核查交互系统

建立统一的全国罪犯财产性判刑履行、罪犯社会影响、罪犯危险性评估、身份信息等证据办理核查交互系统。监狱或者未来可能设立的第三方案件提请机关，可以在该系统内向需要核查罪犯情况的地方发出调查评估或核查请求，有关部门通过该网络收到请求后，在规定时间内，按系统内列明的核查要素开展核查，并回传调查情况给监狱或未来可能设立的第三方案件提请机关。监狱或未来可能设立的第三方案件提请机关，对符合证据标准的材料予以接收，对不符合规定或有瑕疵的予以退回，并可要求原核查部门重新核查。而整个过程当地检察机关均可通过该系统对核查结论开展监督检查。此外，各地方也可通过该系统快速办理和转递，罪犯假释、暂予监外执行后档案移交。这样不但理清了监督与被监督的关系，各部门相互监督制约，还能使减刑、假释、暂予监外执行案件办理中第三方出具的证明材料以及档案材料通过信息化手段快速办理和转递，全程网上留痕，纳入被监督范围，材料内容也更加客观真实。

（四）创立刑罚变更执行办案中心

办案中心隶属监狱刑罚执行科，但业务上独立运行，作为独立部门采取统一分案制，负责全监狱减刑、假释、暂予监外执行案件办理。办案中心民警负责对监区上报的材料，按要求进行审查核实并制作案件卷宗，上报刑罚执行科；对错误材料退回监区整改，整改完毕后报刑罚执行科立案审查；对刑罚执行科审核后提出的修改意见反馈监区，并督促监区及时做好整改上报工作。通过成立办案中心，办案民警脱离监区管理罪犯一线，不但可以凸显办案民警的专业性和独立性，还能有效杜绝案件办理中可能存在的干涉办案、徇私舞弊、权钱交易等腐败行为。

（五）理清各部门监督制约责任

全面梳理减刑、假释、暂予监外执行案件办理涉及各环节要素，以法条或制度的形式明确各环节的监督制约主体及责任范围，确保实现对全链条所涉及部门的监督制约。特别是要对财产性判刑履行情况、社会危险性评估、案件社会影响等监狱超职权范围的工作进行明确，到底由谁进行评估，并进一步明确监督的部门。此外，对作为减刑、假释、暂予监外执行案件办理中处于被监督单位的监狱或未来可能设立的第三方案件提请机关，法律也应当赋予其监督制约其他部门的权力，有权向第三方部门提出对检察机关监督内容不采纳的申诉，对法院、公安机关不及时办理暂予监外执行而交付执行，以及案件办理中有关部门不配合，相关证据材料有瑕疵等向第三方部门提出再行监督评判权的权力，以使得监督制约工作更加科学有效。与此同时，法律也应该赋予监狱或未来可能设立的第三方案件提请机关，外出开展对罪犯财产、社会医院诊断情况等与案件办理有关内容的调查权。

（六）进一步深化狱务公开

“阳光是最好的防腐剂”，当前监狱开展狱务公开工作，所依据的政策主要还是司法部下发的《关于进一步深化狱务公开的意见》，作为一个部门指导性意见，其并无法律上的强制力。因此，应当强化立法支撑，在《中华人民共和国监狱法》中确立狱务公开的重要地位，并出台全国统一性的实施细则，将公开内容、范围、形式等作出具体而明确的规定，防止各地差异过大。同时，要坚持标准化建设，通过对深化狱务公开建标准、学标准、用标准，加强对减刑、假释、暂予监外执行工作的监督制约，实现对各方知情权、监督权、参与权保障的最大化。

（七）健全监督制约评价机制

应当建立健全过错与处罚相适应的追责办法和制度，追责的内容应该具体明确，让民警知晓。同时，对于过错应该区分直接责任、间接责任，实事求是地分析问题的前因后果，客观区分责任主次。并按照党中央的精神，严格“三个区分开来”，即把干部在推进改革中因缺乏经验、先行先试出现的失误和错误，同明知故犯的违纪违法行为区分开来；把上级尚无明确限制的探索性试验中的失误和错误，同上级明令禁止后依然我行我素的违纪违法行为区分开来；把为推动发展的无意过失，同为谋取私利的违纪违法行为区分开来，实现有错当罚、尽职免责，切实保护好真心改革、真抓实干的同志们的积极性、主动性、创造性。

作者信息：

戴培胜：上海市监狱管理局刑罚执行处处长

张亮：上海市监狱管理局刑罚执行处一级主任科员

贯彻制约与监督理念 加快推进监狱“减假暂”执法监督体系建设的思考

梁海斌　向　敏　魏　鹏

摘　要：推进监狱执法监督体系建设，把制约与监督理念融入监狱减刑、假释、暂予监外执行的执法环节，解决传统执法监督中存在的不足，是提升监狱执法公信力、保证监狱执法司法公正的重要举措和必要保证。课题组对监狱减刑、假释、暂予监外执行专项倒查所发现问题进行归纳，从理论和现实角度，深入分析问题成因和执法监督存在的短板，提出完善执法监督体系的建议。

关键词：监狱　执法　监督　体系建设

2020年8月26日，政法领域全面深化改革推进视频会召开，会议要求认真学习贯彻习近平总书记重要指示精神，把加快推进执法司法制约监督体系改革和建设作为政法领域全面深化改革的重要抓手，加快构建与新的执法司法权运行模式相适应的制约监督体系，不断提升执法司法公信力。监狱作为我国执法司法运行环节的最基层一环，强化内部监督管理，健全减刑、假释、暂予监外执行的执法标准化体系，运用和完善智能化管理监督机制，已经提上了议事内容。为了加快推进监狱执法监督体系建设，真正把制约与监督理念融入监狱工作实践，本课题组结合当前开展“减假暂”专项排查工作发现问题，主要以理论分析的方法，厘清监狱减刑、假释、暂予监外执行监督存在的问题与不足，探讨推进监狱内部执法监督体系建设的思路和方法。

一、监狱“减假暂”的传统执法监督方式存在问题及原因

（一）监狱内部监督职能并不明确，未形成有力的执法监督合力机制

从监狱内部监督的发展历程来看，制约和监督是交织在一起的，当监狱

"减假暂"的执法工作未发生重大问题或政策变化时，更多是倾向于制约方面的发展，比如完善审查机构等，当发生重大问题和政策形势变化时，可能会指向某类问题的专项监督，归其原因是制约与监督理念的变化，带动着监督的变化。下表就是从近30年法规制度的变化来分析监狱"减假暂"传统执法监督存在的不足之处。

监狱"减假暂"业务的传统执法监督情况简要分析表

时期	法规制度	监督主体	监督形式	不足之处
1990年至今	历年刑法及司法解释规定	法院审批监督、检察院法律监督	外部监督	对监狱而言效率不高
1990年至今	行政监察、党内监督相关法规	监狱纪检监察部门	内部纪律监督	非专业监督
1997年至2005年前期	1997年《广东省监狱局关于罪犯减刑、假释、保外就医工作暂行管理办法》	监狱成立罪犯保外就医审查组（包含纪检监察部门）	内部监督（倾向于业务）	未区分业务办理与业务监督
2003年至2014年	2003年司法部令（第77号）《监狱提请减刑假释工作程序规定》	监狱和监狱局分别成立的减刑假释评审委员会	内部监督（倾向于业务）	未区分业务办理与业务监督
2014年	2014年，贯彻落实中政委〔2014〕5号精神，司法部修订司法部令第77号，发布《暂予监外执行规定》，广东省监狱局印发工作指引	广东省监狱局、监狱相关业务部门提出，纪检监察部门调查。加强狱务公开公示。	内部和外部综合监督	除指向三类罪犯的监督，其他罪犯未区分业务办理与业务监督
2016年之后	2016年，司法部印发《监狱暂予监外执行程序规定》	广东省监狱局、监狱成立暂予监外执行评审委员会	内部和外部综合监督	未区分业务办理与业务监督

自1990年至今，关于减刑、假释、暂予监外执行的制度中，对于"减假暂"监督机制的阐述主要包括法院的审判监督程序、检察院依法实行法律监督，而对监狱内部执法监督并不完善，比如广东省监狱系统于1997年曾对罪犯保外就医工作的执法监督提出监狱内部成立审查组，主要负责对保外就医情况进行审查和办理程序进行监督，审查组由监狱分管管教的副监狱长、主办业务科、纪监室等部门领导组成，但未明确对减刑、假释情况的内部监督

机制。2003 年司法部令第 77 号发布，对监狱提请减刑、假释工作程序规定予以明确，强调严格实行办案责任制，广东省监狱局和各监狱分别成立减刑假释评审委员会，由监狱分管领导和管教业务部门、政工、监察等有关部门负责人组成。在之后的 2014 年至 2016 年，司法部、省监狱局出台相关制度，从审核环节进一步严格规范提请减刑、假释及暂予监外执行工作，规范监区集体研究环节、监狱刑罚执行部门的审查、罪犯暂予监外执行的初审和鉴定、提请和审批等，以及完善了监狱和广东省监狱局减刑、假释、暂予监外执行评审会议制度，主要依靠的是狱务公开公示的内部和外部监督，以及刑罚部门自身发现问题及时上报，还有监狱纪检监察部门针对发现线索问题的事后查处。除此之外，监狱刑罚执行活动更多强调依法接受检察院的法律监督。

从制度机制上看，虽然随着时间发展，监狱从事刑罚执行活动不断得到规范，也确实不断使监狱执法更加规范和有章可循，减少了漏洞和错误。但业务职能与监督职能未能明确分开，使监狱的执法责任与执法监督在监狱执法的实践中不可避免地融为一体，造成干活的人与监督的人是一样的，“自己干的事情自己监督”，难以形成真正有力的监狱内部监督机制。从实践上看，监狱每年提请减刑、假释、暂予监外执行案件数量巨大，提请给罪犯服刑地的中级人民法院裁定时，对法院及检察院实施法律监督造成很大压力，有限的人力无法应对这种压力时，就可能使监督难以保障，无法及时发现和纠正存在的问题和漏洞。

（二）重考核结果，轻事中监督

这主要体现在监狱办理“减假暂”案件强调错案率、退案率、假释率等考核，对问题源头追溯不够。比如在当前开展的“减假暂”专项排查工作中，发现 2014 年以前某监狱疾病鉴定小组成员对罪犯办理保外就医延期审批，存在认识不足的问题，错误认为已经保外就医的罪犯，病情尚未好转即可继续保外就医，而无须鉴定是否符合保外就医疾病范围。此现象不仅仅是监狱疾病鉴定小组成员对法规制度学习理解存在问题，也是对罪犯暂予监外执行的事中监督缺乏有力手段的明显表现。值得庆幸的是制度不断完善，消除了这个问题继续出现的可能，2014 年《暂予监外执行规定》和《中华人民共和国社区矫正法》（以下简称《矫正法》）出台实施后，暂予监外执行的罪犯依法实行社区矫正，由社区矫正机构负责执行，相关问题对监狱而言得到了解决。同样是当前开展的“减假暂”专项排查工作中发现的另一个问题，涉及监狱对上级有关政策制度的理解失误，当监狱制定自己的具体实施细则时违反了上级规定，这个也是缺乏事中监督的表现。

（三）责任追究与监督管理未做到完全衔接

虽然1999年司法部出台了《监狱、劳教人民警察执法过错责任追究办法（试行）》，2008年广东省司法厅印发了《广东省监狱劳教人民警察执法过错责任追究实施办法（试行）》，2012年监察部、人力资源社会保障部和司法部出台《监狱和劳动教养机关人民警察违法违纪行为处分规定》等一系列的规章制度，以加强监狱执法监督管理。但由于以上制度主要适用于一些导致不良后果、造成严重影响的执法过错，而对我们监狱民警在日常执法管理过错中常常出现或容易触犯的问题，并未做到全面监督，比如法律文书制作不规范、执法程序不合法或者搞变通，没有相应的细致规定，由此可能产生可以通过后续补充手续和技术处理来解决问题的错误认识。长此以往，小问题可能长期得不到纠正，极易形成“顽瘴痼疾”，而且也使监督和制约落不到实处，不利于监狱内部执法监督的有效开展。

二、从思想上重视加强监狱“减假暂”执法的制约与监督

加快推进监狱内部执法监督体系建设，既要加强权力制约，从源头上、根本上预防和减少腐败现象，又要加强执法监督，从模式上、手段上增强和提高监狱综合治理能力和水平。

一是坚持提高政治站位，从认识改革和建设执法司法制约监督体系的高度，认识加快推进监狱内部执法监督体系建设的重要性。改革和建设执法司法制约监督体系，是党和国家监督体系的重要组成部分，事关社会公平正义，事关国家治理体系和治理能力现代化。监狱内部执法监督体系建设，同样是执法司法制约监督体系的组成部分，事关监狱治理体系和治理能力现代化，具有增强人民群众在政法领域的获得感、幸福感和安全感的重要意义。

二是坚持推进监狱内部执法监督制度和机制的完善。执法司法制约监督体系改革和建设，是涉及整个政法领域的工作，涵盖政法部门之间的制约监督，我们监狱系统在完善内部执法监督时，首先要从全局出发，积极配合检察机关的巡回检察制度、审批机关的“减假暂”案件办理执法标准化体系，

以及公安机关有关联的相关制度。其次结合监狱执法领域，进一步明确内部监督的组织架构，划分监督与业务的区别，同时进一步结合当前工作实际细化执法监督的方方面面，延伸至监狱日常执法管理的扣分、奖励、专项工种使用、罪犯处遇与调动、“减假暂”办案审批等各个环节，以及严格落实防止干预司法“三个规定”等工作要求，使监督的着力点与执法工作的关键点高度重合，进而提高发挥内部监督职能的有效性。

三是坚持深化监狱内部执法监督的资源、力量和手段整合。监狱“减假暂”业务主办科室要用直接、专业、及时的科室内部监督，构建防止执法过错的重要防线，监狱纪检监察部门要主动与业务部门、驻监检察室等加强沟通联系，突出抓早抓小，从小问题入手，运用智能化信息技术手段，全力做好早预防、早发现、早处置，以全局思维、系统思维，推动监狱内部执法监督的各项制度机制的配套衔接、系统集成，促进监督形成整体效应。

四是坚持强化监狱内部执法监督对完善监狱民警管理的促进作用。从目前开展“减假暂”专项排查工作实际情况来看，无论是哪个时代，加入监狱工作的新警从业初期是其本人的基础期，也是执法过错的潜伏期。在本次“倒查 30 年”的问题排查中，我们看到新警时期基础业务扎实的，监狱民警度过这段时期，今后执法工作出现问题的几率会较小；而基础业务不扎实的监狱民警，犯同样的错误或者长期保持错误认识的几率也相对较高。加强监狱内部执法监督，应该瞄准类似新警或者问题多、风险高的岗位民警，强化对监狱民警的教育引导和监督管理，以内部监督促进人才发展，发现问题尽早纠偏导正，从而为监狱民警队伍持续健康发展保驾护航。

三、构建和完善监狱“减假暂”执法监督体系的思路和对策措施

从整体上看，构建和完善监狱“减假暂”执法监督体系，应该从监督的对象来理清思路，包括“减假暂”的实体问题、程序问题和廉洁问题，传统监督模式为何效果不佳，一个重要的原因就是形式和手段单一，人力和物力有限，很难保障形成高效的监督体系。当前进入新的发展时期，各种信息化技术不断被开发出来，使监狱执法监督的一些思路可以变成现实，如以往的“谁签名谁负责”，隐患很多，签名的人不知道自己审核的内容是否真正符合条件，被问责才恍然大悟。通过电子信息化系统完成前期的条件审核，以及

电子系统的权利授予，可以实现“谁负责才谁签名”，签名的人即使是临时负责人，也不用对前期的条件审核承担过重的包袱。当然要运用科学技术带来变革，还要使思路变成具体的措施。

构建和完善监狱“减假暂”执法监督体系的思路

监督内容	传统监督	新的制约与监督体系	
		新的制约	新的监督
实体监督	审查或评审考核奖惩结果	延伸至监狱执法末端，包括罪犯考核、处遇、奖惩等对“减假暂”的影响。	使用信息化智能系统进行实时监督与提醒。
程序监督	审查呈报材料、谁签名谁负责	谁负责谁签名。	使用信息化手段记录移交、授予责任人的执法权力，全程责任留痕。
廉洁监督	举报线索查处	各个环节都探索深化与拓宽狱务公开的内容，主动接受社会各界监督。	线上线下举报信箱、“减假暂”听证等创新监督模式。

（一）优化监狱内部执法监督的智能化管理监督机制

监狱“减假暂”工作涉及大量的信息和数据，通过加快推进大数据办案平台建设与运用，实现与监狱执法内部监督的深度融合，实时发现常见违规问题，比如罪犯奖惩呈报工作中常见问题、罪犯会见购物等处遇问题、“减假暂”办案的实体或程序错误问题等，通过亲情电话语音转文字筛选关键词语收集廉洁问题线索，综合运用信息技术手段真正做到专人监督、专业监管、智能水平，才能帮助监狱实现内部执法监督的智能化、便捷化、常态化。

（二）建立科室、监区、分监区三级执法监督自查机制

监狱内部执法监督工作是一项系统性、全局性的工作，既离不开纪检监察部门的监督管理，也离不开管教部门、生产部门等业务部门的指导合作，监督质量的提高必然要求相关部门、监区的共同参与，以监狱执法监督的大格局，用各自有力的监督网络，覆盖全部执法行为，形成有力的执法监督机制。建立科室、监区、分监区三级执法监督自查机制，就是要建立“一把手”负责的执法监督自查机制。执法安全是监狱各科室、各监区的基础工程，其好坏将直接影响本部门工作效率、质量成绩以及队伍的凝聚力、战斗力。以

科室、监区、分监区“一把手”为主的执法监督自查机制，正是适应当前监狱工作新形势新要求，着眼于监狱内部部门执法主责质量提升的目标，提高监狱各级领导班子对执法行为的宏观把握能力。其作用既是对业务分管领导的制约监督，也是将监督的关口前移，及早发现问题，解决问题，落实自查自纠措施，真正做到从源头监督，把好监狱执法管理的“减假暂”三大业务关卡。

（三）严格责任追究和奖惩兑现

当前正在开展队伍教育整顿工作，着力解决监狱工作中的“顽瘴痼疾”，除了在加强教育学习提升思想认识基础上下功夫，还要严格责任追究和奖惩兑现。加快建设完善监狱内部执法监督体系，一要正确区分执法过错和执法差错的责任界定，既贯彻落实执法过错责任追究制度，又完善落实执法差错责任追究，对尚构不成执法过错的执法差错，加大监督和督促整改的力度，切实解决一些“屡犯屡纠、屡纠屡犯”的“顽症”。二要落实奖惩兑现，执法监督的过程是监督，结果是兑现，要探索试行执法过错、执法差错与部门和个人考核、职级晋升相挂钩的具体奖惩办法，使执法监督“严”的主基调长期坚持下去，合乎民心民意，又要做到“三个区分开来”，激励广大监狱民警担当作为。

作者信息：

梁海斌：广东省番禺监狱 纪委书记
向敏：广东省番禺监狱纪检与审计科科长
魏鹏：广东省番禺监狱纪检与审计科副科长

民警执法能力建设

新时代监区民警执法能力整体提升研究

李　环

摘　要： 监区作为监狱执法工作的最基础单元，监区民警作为执法链条上具体的点，是确保刑事处罚得以顺利执行的关键。在监狱治理现代化推进过程中，要以监区民警执法能力建设与提高作为目前及今后工作的重点内容，通过分析监区职能构成和现阶段监区民警执法困境，剖析存在问题的历史和现实原因，展望刑罚执行愿景，提出分层级衔接建设和提高监区民警队伍执法能力，全面落实习近平全面依法治国法治思想，推进监狱工作高质量发展，实现刑法惩罚犯罪、保护人民的目的。

关键词： 罪犯　健康权　行刑目的　监狱治理现代化

监区是监狱执法工作的最基础单元，监区民警的执法能力是决定行刑质量的关键。本文着重从监区一线工作实践的角度深刻分析现阶段监区民警执法能力存在的困难并剖析原因，思考加强监区整体战斗力的方法和途径，锻造一支高素质的监狱人民警察队伍，夯实全面推进监狱工作高质量发展的基础，践行习近平新时代法治思想，更好地实施党领导下的全面依法治国策略。

一、监区职能和监区民警执法能力概述

监区是中国监狱机关特有的内设机构，依法直接行使关押、管理、教育罪犯的刑罚执行权〔1〕。监区人员构成为一定数量比例的监狱民警和在押服刑罪犯，大部分监区下设分监区。

（一）监区的职能

监区作为承担监狱惩罚与改造罪犯工作的基层一线实战单位，主要有以

〔1〕 刑罚执行权，又称行刑权，是指刑罚执行主体依法所享有的对罪犯确定的刑罚付诸实施的权能。参见［意］贝卡里亚：《论犯罪与刑罚》，黄风译，中国法制出版社 2002 年版，第 9~10 页。

下六个方面的职能定位：

1. 基础安全。确保监区运行过程中的人员安全、消防安全、生产安全、监管场所安全、狱内风险化解与疫情防控安全等各个方面都处在最佳或者可控状态。

2. 民警队伍建设。包括监区党的建设、优良传统和工作惯例传帮带、警营文化建设、单警业务技能培养等，通过激发监区民警干事创业氛围，实现监区战斗力的整体提升。

3. 看押、管理、教育罪犯。这是监区最基础最直接的任务。既包括对罪犯在服刑期间的分押分管、处遇、通信、会见、生活、卫生、警戒、看守、考核奖惩等日常管理；也包括确保这些日常管理正常进行的安全防范、计分考核、狱内犯罪案件的侦查及处理、三大现场的管理等。

4. 罪犯刑罚变更和申诉控告的处理。包括对罪犯行政奖罚、法律奖惩、刑罚变更建议（加刑、减刑、假释等）、申诉控告检举等。

5. 组织罪犯的劳动生产。包括罪犯劳动能力评估、劳动定额制定、劳动项目选择等生产准备，也包括生产过程控制、产品检验和物流等劳动现场管理，还包括罪犯劳动报酬计算和发放等激励手段。

6. 保障罪犯的基本权利。罪犯由于其特殊的法律身份和监禁状态，其基本权利更加直观细密，并且深刻影响行刑效果。《中华人民共和国监狱法》（以下简称《监狱法》）及相关法规制度规定了罪犯的生活实物量标准、被服配发、居住条件以及医疗保健等基本权利问题，各省、市监狱还依据法律结合监管罪犯的要求，制定了一系列的规章，对罪犯的基本权利做出制度性保障。监区在严格按照这些制度执行的同时，结合罪犯的改造表现，对表现较好的罪犯给予稍高的生活物资奖励，如加菜、非制式衣鞋（篮球鞋之类）、零食等。

（二）监区民警执法能力要求

总体来说，监狱各项工作都是按照《中华人民共和国刑法》（以下简称《刑法》）、《中华人民共和国刑事诉讼法》（以下简称《刑事诉讼法》）的有关条款及《监狱法》执行，既包括对罪犯的收监、关押、行刑管理、刑务变更和释放安置等纵向流程，也包括了卫生管理、劳动改造、危机处置、矫正处遇等横向的具体内容，这些都是因罪犯而存在的执法活动，因此对直接承担这些执法职能的监区民警的执法能力主要有以下两个方面的要求：

1. 执法活动基本能力

（1）身体素质能力：主要指达到各年龄阶段的体能测试标准、较快的身体反应速度、值班执勤（夜班）能力、现场处置和控制突发事件的体能等。

（2）掌握器械与操控设备能力：主要指熟练使用警用器械、计算机设备、通讯设备、执法记录设备等能力。

（3）法律与业务知识运用能力：主要指行刑结构专业知识的运用、监区日常工作处置能力、执法相关业务等。

2. 改造罪犯的综合能力

（1）组织协调管理能力：主要指组织和管理罪犯能力、（罪犯）矛盾发现与处置能力、群体控制能力等，

（2）维护民警执法权威能力：主要指时刻守纪律意识、自我更新和提高渴望、爱护民警荣誉，特别是坚持公平正义意识等。

（3）语言表达能力：主要指用罪犯能领会理解的方式教育、引导、讲解给罪犯，使罪犯自觉熟悉并敬畏党的政策方针、法律法规；能用语言表达出清晰的指令、意图以处置或改善罪犯之间纠纷等能力。

二、现阶段监区民警执法困境

2020年我国国内生产总值（GDP）首次突破100万亿元[1]，稳居世界第二大经济体，我国进入了高质量发展时期。在这样的背景下，监狱作为国家的刑罚执行机构，必须更好地适应和服务国家大局，在国家治理体系中更好地履行自身的职责，从惩罚和矫正罪犯两个基本职能出发，更科学地监禁罪犯，更高效地改造罪犯，促进罪犯有效融入社会，降低重新犯罪率，提高亲社会的态度和能力，在成为守法公民的前提下能够更好地建设社会。但现阶段监区民警执法效果离新时期的刑罚执行目的实现尚有较大差距，存在的主要问题如下：

（一）监区民警对执法能力的困惑

1. 律法规制的操作性不强。在对民警执法能力的调研过程中，民警对执

---

〔1〕 参见“2020年中国GDP突破100万亿元，同比增长2.3%”，载人民网：http://finance.people.com.cn/n1/2021/0118/c1004-32003063.html，最后访问时间：2021年4月2日。

法的困惑主要体现在“做什么”“怎么做”“做到什么程度”方面，但由于目前的立法缺陷，这些属于工作实践中的疑问在法律法规和制度中是找不到标准答案的。尽管监区民警普遍习惯服从上级命令，也懂得整个监狱工作应在刑罚执行的大框架内实施，是在严格执行刑事法律裁判和裁判内容的原则下开展各项工作，但因为始终对执法能力的具体体现没有一个完整清晰的图景，因而缺乏系统的法治思维。

2. 惩罚程度的范围界定模糊。监狱是刑罚执行机关，“罚”的执行是监狱的法律职能。现阶段监狱把纪律约束和行为规训作为实现刑罚惩罚力的基本手段，也是矫正和改造罪犯的基本内容，并不断进行调整与完善，从而促使犯罪人实施改变。实践证明对罪犯的改造总是从行为改变开始，但现阶段对“惩罚”过程中对“度”不能有效把握，往往使民警畏手畏脚。

3. 执法能力养成氛围的缺乏。氛围在这里是指所有潜在影响民警执法能力达成目标的因素或力量，包括提高执法能力的内在与外在的客观条件。氛围影响执法能力发挥有效性，好的氛围应该是起到积极的促进作用。如现阶段监区民警在大量繁复的工作压力下，主要精力除用在确保安全、值班执勤、组织罪犯劳动等工作外，还有大量的迎检工作，真正能用于提高执法能力的培训、学习、实战训练少之又少，大部分监区民警每年只有一次培训的机会，而监狱工作内容却在随时变化，往往有落后时代的无力感。

（二）传统罪犯管理方式已不能适应罪犯结构的新变化

1. 涉黑涉恶罪犯的管理需要不断进行调研和实践。2018 年开展扫黑除恶专项活动以来，监狱的涉黑涉恶罪犯数量增速较大，相比普通刑事犯，这类罪犯的作案手段更加集团化、犯罪技术更加高科技专业化，犯罪或违规违纪更加隐蔽化，并且这类罪犯内心强大、情绪自控能力好，维权法治意识更强，经常抓住监区民警的执法瑕疵借机发作、煽动犯群不良情绪，监区对他们的管理时常陷入矛盾境地，既要把他们和普通刑事犯区别开来以防他们较强的教唆诱导、发展新的势力，又要从改造效果出发确保这类罪犯不因人为的隔离而更加紧密地快速抱团、影响改造，这需要不断研究新的管理方法，确保科学监禁这类罪犯。

2. 对普通刑事犯的管理改造难度增加。尽管大多数普通刑事犯认罪伏法、积极改造，但要清醒地看到，近年来监狱发生的大案要案主要是由普通刑事犯经过精心谋划实施的，由于监狱是集中关罪犯罪分子的场所，某一犯罪事件的首要分子或者头目在该事件中非常突出，但到了监狱后就成为众多犯罪分子之一，监狱当然不可能把每个罪犯都列为重点监控对象，而这类罪犯实施各种反改造行为的手段愈加隐蔽，一般不易被监管干警发觉，而一旦案发，在现阶段严厉的追责机制下，监区民警必须最先承担责任，因此在确保安全底线思维的前提下，监区民警对这部分罪犯的管理改造难度也相应增加。

（三）改造手段的客观乏力和改造质量高要求之间的不平衡

为实现刑罚执行目的，监区民警在刑罚执行过程中，需要通过各种改造手段促使罪犯顺利再社会化，能被社会接纳，能自食其力，不再犯罪。很多年轻民警，特别是从未与监狱系统有过接触的新警，接受了岗前培训后穿上警服，在起初面对罪犯时都有对其进行灵魂改造的想法，但工作一段时间后，发现中长刑期罪犯的想法大多只是想赶快把这几年牢坐完。这些罪犯没有真正地认罪悔罪，对学习劳动技能也没有太多热情，更没有应该了解更多法律红线的自觉。而重刑期罪犯的思想较难以捉摸，当然人都有趋利避害的本能，罪犯也不可能暴露出影响自己改造成绩的真实想法，使得民警时常感叹改造手段的理论和实践的差别，为了完成各项考核指标任务，默认了有效的改造就是让罪犯表现出驯服的状态，往往会把罪犯按统一规格来模塑，按统一要求来规训〔1〕，不再去思索和创新改造的方法，仅仅满足于罪犯的“听话”和“不闹事”。

与此同时，国家对改造质量有了更高的要求，但客观地说，改造质量实际上随着环境变化呈现出不确定性。曾经有人统计：一个监狱民警，按照22岁毕业参加公务员考试进入监狱系统工作，整个职业生涯大概是38年，以每5天3个班为标准，有23年时间直接面对罪犯，按每年因各种原因释放的罪犯占在押罪犯总数的30%比例，以一个监区200名在押罪犯，25名民警为例，这23年中总共释放1300人，由此推断一名监狱民警整个职业生涯真正由自己管理教育，并最终释放的人数大约为55人，平均每年3人（监区领导更

〔1〕规训的要义在于使肉体“可以被驾驭、使用、改造和改善”，参见［法］米歇尔·福柯：《规训与惩罚》，刘北成、杨远婴译，生活·读书·新知三联书店1999年版，第154页。

多)。[1]这结论也许并不准确，但这个统计结果阐明了一个事实，对罪犯的改造评价为“有成效”就意味着监狱民警要对这几十个人回归社会的行为负责，不但是要求罪犯在监狱内服刑期间要守法，回归社会后也要守法。[2]

(四) 监狱在亲社会能力和态度方面存在先天不足

罪犯是社会化失败的人，需要监狱在刑罚执行过程中，以罪犯成功社会化为改造的目标，但无论是监狱的历史还是现状都表明了，由于监狱特有的封闭性和工作性质，监区民警自身其实都不能很好地融入社会，也就无法积累更好的经验去引导罪犯，突出表现在：

1. 罪犯改造效果达不到持久性。从犯罪行为的演变轨迹看，从正常行为到违法行为及至犯罪行为，是一个不断从量变到质变的过程。行为作为一个人的外在表征，是个性特征的反映，可以直观地透视人的危险程度，基于这样的机理，罪犯在监狱服刑期间，外在强制力的程度能较为有效地保证罪犯改造质量，但一旦罪犯刑满释放离开监狱，在社会对更生保护制度尚未完善的情况下，刑释犯极有可能丢弃经长期因强制改造形成的良好习惯甚至可能重新犯罪。

2. 与周边环境、社会接触少。特别是随着新型冠状病毒肺炎疫情防控的形势严峻，监狱一年少有的几次警示教育、法律援助和“监狱开放日”等对外交流也基本停止，尽管智慧监狱建设的内容之一是通过高科技手段实现解决罪犯与社会隔离又要与社会紧密联系的矛盾，但真正有效的方法和技术还只在少数发达地区或者重点监狱试验中，向更广范围的监狱推广还需要对试验结果进行多次反复实践和论证。

3. 部分受害者家属对监狱的指责诘难引发民警的自我限制

从受害者的角度出发，希望实施犯罪的行为人受到最严厉的惩罚、最差的生活待遇，因而受害者家属对监狱给予罪犯的待遇方面非常关注并容易对他们所不能理解表面现象产生误解。

---

〔1〕 参见“一名监狱民警整个职业生涯要完成对多少罪犯的改造”，载 https://mp.weixin.qq.com/s/pnKKAxJZQXuG34fsKU-7XQ，最后访问时间：2021 年 3 月 7 日。

〔2〕 根据《监狱法》第 3 条规定，监狱对罪犯实行惩罚和改造相结合、教育和劳动相结合的原则，将罪犯改造成为守法公民。

三、监区民警执法能力存在主要问题的原因分析

国家法治实施要求监狱行刑更加现代化与管理精细化，建立具有中国特色的新型监狱和新的教育改造模式、方法与技术，使中国监狱成为领先世界，具有最安全、最人道、最具社会效能的监管改造场所，因此对监狱民警的执法能力也有了更深刻的要求，通过积极展开对现阶段监区民警执法能力存在问题和解决方法的思考和讨论，监区民警执法能力存在主要问题的原因分析主要集中在以下几个方面：

（一）刑罚执行相关法律方面

1. 执法依据的不足和立法滞后。监狱的刑罚执行过程具体涉及了监狱的组织结构、监狱民警的权利和义务、罪犯的权利和义务、监管和改造、刑罚变更等一系列内容，而我国目前没有一部专门的刑罚执行法，监狱刑罚执行的法律依据主要来源是《监狱法》，以及：①司法行政部门制定经人大常委会审核颁行的有关行刑与改造的细则、规则、条例等行刑法规；②《刑法》《刑事诉讼法》有关刑罚适用的条款；③司法部、最高人民法院、最高人民检察院、公安部等国家机关联合或单独制定颁布的有关刑罚执行、监狱设置与建制、狱政管理的规定、指示、批复、决议、通知等规范性文件。这些法律法规都是指导性的，对刑罚执行任务的顺利实施造成较大影响。特别是现行的《监狱法》自 1994 年出台至今仅在 2012 年作过一次修订，而上位法《刑法》和《刑事诉讼法》不断修改，这就造成了《监狱法》中的部分条款与《刑法》及相关法律相矛盾冲突。而规定了民警执法依据的《中华人民共和国人民警察法》（以下简称《警察法》），可以说是一部“公安机关法”，监狱虽然被提及，但整部法没有根据监狱民警的特殊性作相应特殊的规定。在实践中，各地监狱管理部门都有出台相应的执法规定，但规范性各有不同，标准无法统一，民警的执法权规定过于简单、笼统，对如何处理应对新形势下监狱出现的各种问题也没有明确规定。

2. 现阶段刑罚执行目的隐性弱化。刑罚执行目的有特殊预防目的及一般预防目的。特殊预防目的指防止罪犯重新犯罪，特殊预防的对象只能是罪犯，即实施了危害社会的行为，依法应当承担刑事责任的人。一般预防目的是指防止尚未犯罪的人走上犯罪道路，即威慑警戒。保持刑罚威慑儆戒是监狱机

关的重要职责，任何一个程序之中降低或者灭失了刑罚威慑儆戒都将使刑罚目的和作用大打折扣，甚至消失。因此刑罚执行的理想效果应该是除了极少数生活无着落想把监狱当做养老机构的年老体弱的人以外，大多数罪犯刑释后应当遵守法律、过上正常生活，不敢也不想再回到刑罚执行场所接受惩罚。但实际情况是，惯犯累犯不断增多，并且把在监狱服刑当作犯罪应当承担的风险或代价。

3. 刑事执行各机关的效率后果由监狱民警承担。目前的中国刑事执行各机关中，客观存在着刑事执行制度、主体和程序壁垒，因而出现刑法结构“严而不厉”和“厉而不严”的问题，由于行刑效率的呈现是在政治方针和政策确定之后，由刑事执行程序以及程序执行机关的协同和协同效率所决定，在程序粗糙和机关协同不畅的情形下，效率和效益均会偏离理论设想。而监狱处在刑事执行的末端，则过多地承受了行刑效率的后果。如监狱对罪犯减刑的提请、公示到最终得到法院的裁定往往需要好几个月的时间，使得罪犯从满腔期待的欢喜到长久不见回应的失落并把负面情绪归到监区民警身上，尽管监区民警也会尽量做好解释工作，但实际上这种情况长久下去，监狱与其他部门之间的衔接会存在问题累积并影响刑事一体化进程。

（二）个体的监区民警执法能力存在的问题

1. 对理论认知和掌握能力缺乏引发的教育罪犯底蕴不足。监区的重要执法内容之一是教育改造罪犯。目前监狱罪犯的文化构成中初中以下文化程度占了绝大比例，而监狱民警的学历要求至少是大专学历，并由于监狱经常性开展各种教育活动，监区民警也自认为通过不断组织政治学习已经熟练掌握党的政策、国家法律法规，对党中央的决策部署有更为宏观和深刻的认识，因而对罪犯的教育管理并不需要更多理论实践和运用的积累就足以完成对罪犯的教育改造；同时监区因为监管改造压力大，事务性工作多，对理论的认识更着重于具有实际操作性的要求上，因而监区民警普遍认为：理论是由更高层次的思维格局和晦涩文字组成并对日常工作并无太多用处的论述与文章。但现实情况是，恰恰是因为罪犯群体文化水平低、认知能力差、思维固执化，监区民警具备深厚理论基础和素养才能对党的政策、方针进行深刻解读并化为浅显说理，对罪犯才有极强的引导性，且需要反复强调方能固化思维。

2. 优良传统和工作惯例的断层现象。优良传统和工作惯例是执法能力的重要构成之一。中国监狱一直秉承党的“传帮带”的民警个体培养传统，以诲人不倦的精神，高尚的思想境界和高度的责任心，将自己的本领无私地传授出去。这也和当时的民警构成有关，从新中国的监狱成立至20世纪末，战场上的解放军直接转为看守改造罪犯的第一代监区民警，20世纪80、90年代，既有子承父业的情况，也有司法警校培养的毕业生，以及工人提干和军队转业的民警，他们的共同特点是对监狱有着深厚的渊源或者情感，能认同优良传统和工作惯例。但到了21世纪初，监狱对外招录公务员后，民警结构发生了较大变化，一方面司法警校的毕业生不能直接分配到监狱工作，使得警校从原来重点对基层民警进行能力的培养转为更适合应考（公务员招录考试）或者其从事其他行业的培养，使警校学生不能从毕业就直接胜任监区一线改造工作；另一方面，从社会各种专业招录的大学生进入监狱工作后，因为对监狱缺乏理解和认同，加上现阶段的监禁状态和工作要求，使得监狱民警如同社会企业职业人般按时打卡上下班，缺乏足够的时间和空间利用观察、比较、分析的方法，对罪犯做细致的剖析并采取相应的教化方式。

（三）各种不利条件下的执法权威弱化

1. 警囚关系紧张。监区民警执法是保障法律得到有效实施的最有利的手段之一，在监狱这样一个“强制性封闭的人造单性社会组织”[1]里，民警是特殊的感召者和引领人，作为感召者和引领人，理想的警囚关系应该是这样：民警代表公平正义的国家权威形象并被罪犯所信赖依靠，而罪犯是发自内心希望洗心革面、重获新生。但现在的警囚关系却不容乐观，如罪犯从原来对民警执法的敬畏转为轻视，常常出现阻碍民警执法的行为，不但降低执法效率，损害执法结果，甚至威胁到民警个人的人身安全。

2. 罪犯过度维权。罪犯在监狱服刑期间因犯罪接受惩罚而被剥夺的权利已经提前由法律明确规定，不可随意增加或减少，因此罪犯在监狱内服刑过程中的维权主要是“其他未被依法剥夺或者限制的权利”[2]，使得现实中罪

---

〔1〕 参见涂发中、郭明主编：《监狱学基础理论》，金城出版社2003年版，第69页。

〔2〕《监狱法》第7条规定，罪犯的人格不受侮辱，其人身安全、合法财产和辩护、申诉、控告、检举以及其他未被依法剥夺或者限制的权利不受侵犯。罪犯必须严格遵守法律、法规和监规纪律，服从管理，接受教育，参加劳动。

犯的过度维权主要集中在监狱民警的管理方式、医疗和处遇上，也有少部分是自认为“冤狱”的罪犯，他们的过度维权行为以信访、家属来监狱哄闹、违反监狱规定、拒绝伏法认罪甚至拒绝减刑等形式，给监狱正常秩序造成影响，也误导其他罪犯。他们的大部分行为在监狱民警看来是无理取闹，但又恰好处在法律的空白期，不能用权威的解读来压制，社会关注集中在罪犯是弱势群体的焦点上，大部分罪犯过度维权是以双方最后和解但实际上是监狱或者监狱民警利益受损的状态作为结束，并引来社会公众和媒体恶性追逐，最终使得直接管理罪犯的监狱对罪犯维权的厌恶、戒备和漠视。

3. 封闭环境的快速传播性。从社会学角度来说，监区的人口密度大，限制空间内的社会交往频繁，因而正面情绪和负面情绪的扩散也就越快，并且倾向于深度的心理影响，即长期性和固化性，由于罪犯时刻关注直管民警的情绪，而监狱民警是个正常的社会人，在于社会接触时不可避免会出现负面情绪，这都会极大影响民警个体所面对的犯群心理。

四、全面推进依法治国要求下监区民警执法能力提升思考

全面推进依法治国是我们党顺应历史潮流和人民意愿作出的必然选择，是在坚持中国共产党的领导下，建设中国特色社会主义法治体系，一体化建设法治国家、法治政府、法治社会，推进依法治国、依法执政、依法行政同步实施。监狱是法治政府的重要组成部分，承担着法治国家、法治社会的政治、法律职能，必须在刑罚执行过程中实现党的领导和党的意志。全面加强高效公正权威的司法建设，突出司法公正的价值取向〔1〕，这也是新时代监狱工作努力的方向。监狱要通过刑罚执行，努力让人民群众在每一个司法案件中都能感受到公平正义，全面推进依法治国任务繁重，监狱的职责同样艰巨。监狱及监狱民警特别是监区民警因此要结合国情、省情、舆情、狱情、警情、犯情等各因素深刻分析存在这些问题的原因和背景，以实现对相关问题的提前预判和谋划相应的措施。

（一）顶层设计层面

监狱行刑执法的过程和结果都必须依赖于国家刑法意志。但刑罚执行的

〔1〕参见李林：《建设法治强国》，人民出版社2020年版，第343页。

政治、经济、法律与社会效益并非监狱所能够独立承担，需要在国家政治的统一下，着力于经济社会发展情势和国家治理的实践需求，实施社会化统筹。

1. 遵循科学立法原则。即指导监狱工作的法律在设计过程中尽可能复杂化，把所有可能的情况都考虑进去，而具体的监狱执法活动，也就是运用过程则尽可能简单化，便于操作，现阶段关于监狱工作方法的设计和使用混在一起，使得本来较为简单却需要大量身体力行的执法事务显得较为复杂，不符合科学的发展进步。

2. 体现司法公正的内涵。司法公正是新时代法治思想的核心内涵，也是刑罚执行的基本前提和质量保证。行刑公正是刑事实体法的“罚当其罪”，程序法上的“法律面前人人平等”。从执行人角度，公正即为在各个环节落实人人平等；从受刑人角度，则是只有完全履行了刑罚义务，执行机关才能给予其相应的法律待遇。因而以刑罚执行立法的方式规定监狱、监狱民警、罪犯三者相应的权利义务，即明确罪犯的权利义务能使监狱民警合理依法地执行刑罚权，尊重罪犯的权利不去侵害，也使罪犯明确必须履行的义务。采取把罪犯权利和义务用列举的方式规定下来，也规定相应的惩罚措施和救济途径。法律对监狱民警每项权利的确认，即在宣告罪犯必须履行的义务，为罪犯的权利设置禁止范围，同时，对罪犯每项权利的确认，也等于为监狱民警宣告义务履行的禁区地带，能使双方都能遵守自己的义务和保护自己的合法权益。

3. 对罪犯的改造质量的评估结合我国现实状况。刑罚执行中的罪犯改造与刑事初期的公安机关侦查拘捕、检察机关起诉和法院裁定判决有极大的不同，在把罪犯送往监狱服刑前的各环节均能对犯罪后果分层级进行量化判定，因为犯罪造成的伤害能呈现出外在的不同程度，而罪犯的改造则是内在的。如果由监区民警对罪犯改造质量评估会在量表基础上带有一定主观判断，因此，对罪犯的改造质量评估应由第三方作出，即由检察官、法官、心理学家、社会工作者等专家组成，并最终由司法鉴定机构作出最终裁定结果。

（二）监狱层面

作为国家的政治机关，监狱应充分认识新时代法治社会中监狱的社会角色及其角色职能，不任意扩大监狱的职能和职责，不追求监狱职责以外其他社会职能部门的法定任务，依照法律规范在法定范围和法定程序中，努力克服存在的困难，专注于实施监狱职能要求，把监狱角色职能做好。

1. 制定执法工作手册。因为监狱执法的各环节都涉及严格的法定程序，法的执行程序是保障民警执法能力顺利实施的基础要件，唯有执法过程按照程序执行才能充分体现制度制定者的意志，在监狱的执法实践中，约束执行者执行的只能是条文化的法律法规和规章制度，执法者只要严格按照相应的条文和其中体现的精神来执行管理制度，就能实现刑法目的。因此，监狱需要把民警的执法内容形成工作手册，包括一日工作流程、教育罪犯内容、组织罪犯劳动程序、计分考核的使用等。

2. 创造良好的执法氛围。监狱民警的职业特征是在国家和法律授权下，对刑罚执行公权力的独占使用，因而必须实现社会公平正义价值，使社会公众对法律，乃至政府的信任程度达到法律实施的预期。符合党和人民要求地把权力关进笼子里，依法设定权力、规范权力、制约权力、监督权力，让权力在阳光下运行〔1〕，牢记监狱工作的宗旨，牢记惩罚、挽救、改造人的艰巨任务，勇于担当，积极作为，用科学的理念、长远的眼光、务实的作风谋划事业，直面一切艰难险阻，保持艰苦奋斗的斗争精神，一往无前〔2〕。只有有情怀的人才能干出大事业，要努力培育监狱民警这种执着的事业情怀。

3. 关注个体民警的职业心理。监狱民警的职业心态、职业操守与职业意志力等是职业心理的各要素。职业心态是指监狱民警从事监狱工作的初心目的、现实态度和职业规划。良好的职业心理是监狱民警做好监狱工作的思想基础和能力依靠，也是执法公信力重要的考量指标。具体表现在监狱民警不好高骛远，坚持中国监狱良好传统和工作惯例，借鉴外来先进技术，坚持认真负责的精神，反复研究和实验，提炼出经得起实践检验的工作方法和手段，增强职业信心和规划，不断在实践上创新。

4. 做好应对新罪的准备。增设新罪在很长时期内仍然是立法上的核心任务，是对转型社会所产生的某些特殊问题的回应。每一次特殊的公共事件的

---

〔1〕 参见中共中央宣传部编：《习近平新时代中国特色社会主义思想学习问答》，学习出版社、人民出版社 2021 年版，第 218 页。

〔2〕 参见习近平：《习近平谈治国理政》（第三卷），外文出版社 2020 年版，第 523~524 页。

发生或事件的升级，都可能催生新罪的立法，监狱要加强监区民警的业务培训和知识积累，不但要鼓励监区民警对常规的犯罪行为和犯因性[1]问题进行思考，也要对这些新罪进行认真研读并进行有关知识储备，以便针对这些罪犯构成变化采取科学的个别化教育改造。

5. 加强处突能力培养。监狱的安全事件多具有突发性，如罪犯在难以适应监禁性过程中存在明显的焦虑情绪，使得其更倾向于用暴力来解决警囚、囚囚冲突，往往是因被误解、捉弄、挑衅等突然爆发激情暴力行为，这需要极具有专业技术能力的民警去解决，狱内侦查[2]工作就显得非常重要，需要监区民警与时俱进，借鉴公安工作方法，提高对狱情的预判和分析的结果运用，可以通过监地协作形式把监区中狱侦民警排到地方派出所跟班学习，学习治安讯问、询问技巧、搜查、训练、现场处置等单警能力。

（三）监区层面

1. 努力提高监区党建工作成效。充分发挥监区基层党组织具体管理到个人的优势，因为熟悉和了解每个人的长处和短处，能充分发扬民警个体的长处并规避短处，就有利于各项资源的充分利用，远远超出简单的物理总和。这需要把监区可能出现的各种情况提前预判，做好预案，明确每个成员的分工、设置 AB 岗位，在能处理好自己的职责前提下，尽量协助他人尽快解决处理事件，完成整体的任务要求。

2. 多采用案例分析方法培养单警业务素质。监区一线民警的执法能力主要体现在完成常规内容和处置各类事件，因而在培养监区民警的法律素养方面要着重于民警解决实际问题的能力，结合法律条文对个体的罪犯进行分析，从而掌握执法活动一般性、普遍性的规律，主要是通过大量详实的案例分析来培养个体民警的观察能力、适应新情况能力、执法水平和操作能力。

3. 着力树立监区典型模范。具有监狱民警的形象气质，即外形要身姿

---

[1] “罪犯改造的优先顺序……首先应当进行最需要、最迫切的罪犯改造活动，解决最严重的犯因性缺陷……”，参见吴宗宪：《罪犯改造论——罪犯改造的犯因性差异理论初探》，中国人民公安大学出版社 2007 年版，第 280 页。

[2] 狱内侦查是监狱机关采取公开管理和隐蔽斗争相结合的手段，用以防范和打击在押罪犯中又犯罪活动的一项专门工作，是稳定监管改造秩序，保障监管改造工作顺利进行的重要手段。参见吕雅萍等：“当前狱内侦查工作存在的问题及完善对策”，载《法制博览》2016 年第 9 期。

挺拔、身体素质较强，在转化罪犯、组织罪犯劳动生产等业务能力上具有自己的独特的优势，这种身边的默默无闻的英雄，既值得推崇，也更容易学习。

4. 加强对后进民警的管理方法研究。要加强对后进的同志和负能量较多的少数老民警的约谈。监区支委会要在岗位职责绩效的考核上，注重量化指标的公平公正，才能激励先进、鞭策后进。有很多监区已经开展实行民警的双向选择，目前看来，由于在选择中注意了各年龄层比例的搭配，有能力和服从命令的民警几乎不用担心岗位问题，但后进民警则担忧过大，甚至引发极端事件，不利于监区民警队伍建设。

5. 为民警分类做好探索实践。从监区职能的要求来看，民警的分类势在必行，可以从年龄结构、业务水平、理论素养、技术特长等几个方面对监区民警进行分类和组合，找到契合激发民警内在的潜力，以实现有限警力范围的优化和提升。

（四）民警个体层面

监区民警的要求和从前相比更为严格，因而民警个体要从以下几个方面着力提升自己的执法能力。

1. 在执法实践中自觉维护法律的尊严。监区民警作为刑罚的执行者，要怀着敬畏之心去认真实践刑法条文，使得某些粗看起来似乎有一些瑕疵的立法在实践中能够合理、有效地运行，以形成可推而广之的经验把刑法解释得没有漏洞，维护法律的尊严、权威和统一性。

2. 身体能力。现阶段监区民警的工作内容主要是管理罪犯，管理罪犯主要是带押、现场管理巡查、谈话、组织学习等，都需要民警大量的步行、观察环境、集中精力处置等，这需要较好的身体素质才能适应，这需要民警首先养成一个健康的身体。

3. 公文能力。随着智慧监狱政务平台的推广，对监区民警的理论素养和思辨水平要求会更高，特别是现阶段监区工作即便开展得很好，但经验的总结提炼仍需要用语言文字表述，而监区民警大多数存在实践经验丰富、文字表达欠缺的情况，还不能把监区工作的亮点用文字材料的形式如实反映出来，以供监狱党委分析判断决策是否具备普遍性意义，由于监区民警的文字材料、建议意见都是通过报告、请示、申请、说明等公文形式呈现，加强这方面的自我训练对提高执法能力有很大效用。

作者信息：

李环：贵州省遵义监狱一级警长

民警执法能力建设存在的问题及对策研究

慕庆平　刘文臣

摘　要：加强法治建设、致力改革创新是推进新时代监狱事业高质量发展的必由之路。目前监狱民警执法能力建设中，还存在尊法学法自觉性不高、守法观念不强、用法能力不足、支持系统不完善等薄弱环节；要坚持以习近平法治思想为指导，加强依法治监制度建设，加强监狱法治文化建设提升监狱民警用法治思维和法治方式解决问题能力，全面提高监狱民警执法能力，推进监狱治理体系和治理能力现代化，助力监狱发挥服务新发展格局职能的实效。

关键词：监狱民警　执法能力　习近平法治思想　依法治监

法治是治国理政的基本方式，是国家治理体系和治理能力的重要依托。监狱机关是政治机关、法治部门，监狱民警是纪律部队，在全面依法治国中承担着重要职责任务。加强法治建设、致力改革创新是推进新时代监狱事业高质量发展的必由之路，建设法治监狱、全面依法治监势在必行。新形势下，监狱民警需要自觉运用法治思维和法治方式分析解决问题，坚持以法治化为引领，弥补短板、补齐弱项，全面提高执法能力建设，推进监狱治理体系和治理能力现代化。

一、监狱民警执法能力建设存在的薄弱环节

近年来，随着社会形势的发展变化和监狱工作法治化、规范化、智慧化、社会化水平的提升，监狱民警法治思维和法治能力不断增强，执法公信力明显提升，但部分民警运用法治思维和法治方式开展工作仍存在薄弱环节。

（一）尊法学法自觉性不够高

少数民警法治意识不强，对法律法规理解不透彻，学习深度不够，崇尚法律的氛围不浓。部分民警学法动力不足，学法积极性不强，有的缺乏学习

意识，有的面对内容丰富的中国特色社会主义法治体系，不知道怎么学，存在不愿学、不会学的现象，不能较好深入学习和理解。

（二）守法观念不够强

个别监狱民警意志力不坚定，受社会不良思潮侵蚀，存有消极思想和侥幸心理，敬畏法律的观念不强，在管理罪犯时方法陈旧简单，甚至以权代法；极个别监狱民警受利益驱动，利用办理罪犯减刑、假释和调整改造岗位等职务之便收受罪犯及其亲属的钱物，出现违规违纪违法行为。

（三）用法能力还不足

有的监狱民警未能严格依照法定职权和法定程序行使职权、履行职责，存在不作为现象；对法律法规掌握不熟练，对执法流程不熟悉，执法随意性大，存在滥作为现象；对钻法规漏洞、找管理缺陷的“茬子型”罪犯，蓄意挑衅民警、公然对抗改造的“钉子型”罪犯，“大错不犯、小错不断”的“油子型”罪犯，“行政处罚不怕、刑事处罚不够”的“赖子型”罪犯管理办法不多，依法治监能力存有短板。

（四）执法压力较大

随着我国社会文明程度的进步和法治建设的推进，监狱刑罚理念由传统向现代、专政向法治、强制向文明转变。这些深刻变化，促使监狱工作必须改变传统的、固有的思想观念、思维方式、工作方法，对监狱民警执法工作提出更高要求。同时，罪犯畸形维权、无理缠诉时有发生，监狱民警维护执法权威面临严峻挑战，执法风险日趋增大。

（五）支持系统不完善

监狱民警执法得到的各方面支持力度不够。比如，社会关注度低、舆情不客观等。另外，在党中央、国务院下发专门文件，强调加强智库建设，注重顶层设计，号召科研先行、创新为先，以文载道、以文传声、以文化人的形势下，监狱理论研究呈现弱化趋势，监狱民警共有的文化标识和精神记忆日益淡薄。这些支持系统的不完善，使得监狱民警执法能力提高遇到更多的困难。

二、提高监狱民警执法能力的必要性

监狱民警作为依法治监的主体，其法律素质如何，直接关系依法治监的进程和效果。打造一支过硬的执法队伍，是推进依法治监的关键。监狱机关必须教育引导监狱民警，提高运用法治思维和法治方式分析解决问题的能力。

（一）维护监狱稳定的需要

维护监狱持续安全稳定，是监狱工作的底线和首要任务。监狱民警树牢法治思维，依法办事，按程序办事，有利于树立执法权威和执法公信力，更好地维护监狱安全。部分罪犯不服管理、抗拒改造，一个重要原因是其个人认为个别民警执法管理不公。监狱民警处理罪犯各种矛盾的过程中，能够依据法律、规章和制度，凡事注重是否合法、是否有法律依据，凡事讲究是否合规、是否符合规章制度，必然会促使罪犯对民警管理信服、认可和接受，稳定罪犯思想，保持监狱持续安全稳定。

（二）提高依法改造罪犯质量的需要

监狱对罪犯实施惩罚和改造，将罪犯改造为守法公民，履行监狱机关的法定职责，预防和减少重新犯罪，增进社会和谐，才能实现监狱在社会分工中的职能作用。将罪犯改造为守法公民，很重要的一方面是要培养罪犯的规则意识，让他们知晓法律的内容，认识法律、规则对于社会和个人的重要性；培养罪犯的权利义务意识，让他们懂得权利和义务是法律规范的实质核心，个人既享有权利，又必须履行义务，从而增强守法守规守纪的意识。监狱民警在日常管理和改造罪犯中，身体力行运用法治思维和法治方式依法办事，让罪犯在改造中感受到法治的存在，感受到公平正义，感受到法治教育，从内心建立起对法律、规则和法治的敬畏，通过改造建立起遵规守法思维，回归社会后成为遵规守法的公民。

（三）提高树立良好形象的需要

从监狱机关的外部关系看，提高监狱民警运用法治思维和法治方式分析解决问题的能力，有利于树立良好执法形象。监狱的封闭性，以及监狱民警执法权力的法定性、强制性等特征，使得监狱机关的权力运行成为备受社会关注的问题。强化监狱民警法治思维，自觉运用法治方式来管理和改造罪犯，有利于塑造新时代监狱平安、法治、文明的形象，有利于塑造新时代监狱民警公正执法形象，回应社会公众对监狱治理能力水平提升的新期待。

（四）更好融入社会治理新格局的需要

全面依法治国，必须着力建设一支忠于党、忠于国家、忠于人们、忠于法律的社会主义法治队伍。监狱民警队伍是全面依法治国的重要力量，加强监狱民警执法能力建设，有利于监狱切实贯彻新发展理念，更好发挥法治固根本、稳预期、利长远的重要作用，用法治服务构建新发展格局，为制度之治提供最基本最稳定最可靠的保障，为推动高质量发展保驾护航。

三、新时期提高监狱民警执法能力建设探讨

当前，监狱系统正处于深化改革、转型发展的关键期。立足新发展阶段、贯彻新发展理念、构建新发展格局、政法队伍教育整顿常态化疫情防控等，给监狱发展尤其是民警队伍建设提供指引，也提出了新的更高的要求。要坚持以习近平法治思想为指导，加强依法治监制度建设，加强监狱法治文化建设，提升监狱民警用法治思维和法治方式解决问题能力，全面提高民警执法能力。

（一）坚持以习近平法治思想为指导，提高民警政治坚定性

要深入学习宣传贯彻习近平法治思想，完整准确全面理解习近平法治思想的科学内涵、精神实质、实践要求，不断完善中国特色社会主义监狱制度体系，把科学理论转化为依法治监的生动实践，确保监狱工作始终保持正确的政治方向。要以习近平法治思想为指导，以党建为引领，全力服务和保障党和国家工作大局，锁定目标，强化保障，着力固根基、扬优势、补短板、强弱项，全面加强监狱民警执法能力建设。

（二）大力加强依法治监机制建设，以制度规范民警执法

1. 健全权利义务运行保障机制。《中华人民共和国监狱法》（以下简称《监狱法》）对保障罪犯权利的规定是充分的，除列举罪犯需要特别保护的权利，如人格不受侮辱，人身安全不受侵害，合法财产不受侵占，辩护、申诉、控告、检举等权利外，同时规定其他未被依法剥夺或者限制的权利不受侵害。但实践中有两种倾向：一是单纯把罪犯看作“义务主体”，二是无原则地放大罪犯权利，这两种倾向都是错误的，需要在监狱法治化进程中进行矫正。从监狱民警的角度看，在监管改造罪犯的同时，很大程度上失去了与社会广泛交流的机会，知识很难得到及时更新。特别是疫情以来，长期封闭执勤使监狱民警承担了多种职能，既要克服生活中的巨大困难，又要完成工作中的艰巨任务，许多人身心俱疲。同时，与从严治警比较起来，体现从优待警的法

律规定偏少，监狱法治化建设中尤其要重视对监狱民警的权利保障。

2. 提升监狱民警履职尽责标准机制。明确民警工作职责，依据现有警力资源，规范岗位设置，明确工作标准，理顺办事程序，实现任务到岗、责任到人。强化职业道德规范，培养民警职业情感，增强民警职业道德规范和职业道德修养。严肃职业纪律，健全落实责任追究制度，把查处案件转化为最有效的预防教育，促使民警时刻保持高度警惕。加快专业化建设，依照监狱工作专业实际需要，划分综合管理类、教育矫治类、专业技术类、行政后勤类等岗位，实行分类管理、分开考核、分线评比。

3. 规范执法工作程序机制。着力解决罪犯减刑、假释、暂予监外执行等方面的执法腐败问题，规范监狱执法工作程序，让权力在阳光下运行。坚持法律至上原则，按照规范的执法程序要求，制订完善监狱执法工作制度，做到公平、公正、公开。推行阳光执法工程，增强监狱执法透明度，实现刑罚执行工作协调、规范、科学、有效运行。进一步严密监狱执法工作程序，制订执法工作流程和规则，促使监狱执法工作真正做到有法可依、有法必依、执法必严、违法必究。

4. 全面推行狱务公开机制。狱务公开是依法治监的客观要求，是依法执法的基本保证和具体体现，是从源头上预防和治理腐败的重要措施。立足执法实务，把刑罚执行、执法管理、选人用人、财务管理等工作依据和程序进行公开，通过公开的方式达到公平公正的效果。同时，狱务公开不能仅公开了事，应跟踪了解执法情况如何、执行效果怎样、存在哪些问题等，做到次次有着落、件件有回声，促进依法治监工作。

5. 加强执法制度建设机制。制定监狱民警执法管理标准化手册等制度规范，依法界定每项执法工作的执法权限和程序，对执法依据和工作流程进行统一规范，明确工作职权和责任，形成权责明确、各司其职、相互配合、相互监督的监狱执法权力制约机制，做到精准执法。制定监狱民警执法细则，突出严格、公正、文明、廉洁，对涉及罪犯劳动岗位分配、计分考核奖惩、会见管理等监狱敏感执法环节的内容予以刚性规定。

6. 建立执法协同机制。建立与公安机关密切配合机制，有利于开展依法收押和依法释放工作，有利于出现罪犯脱逃、转押、外诊等情况时及时得到配合。建立与检察机关密切联系机制，有利于监督监狱执法工作，确保执法公平、公正、公开，有利于及时发现和纠正监狱执法环节中的偏差，促进执法工作健康有序开展。与人民法院建立紧密联系机制，能够根据罪犯改造表现的情况，依法对罪犯进行有效的行政、刑事奖励，为罪犯减刑、假释提供法律依据，调动罪犯改造积极性，维护监狱安全稳定。

7. 完善执法监督机制。建立目标考核制度，将监管执法、干部选用等关键事项列入权力运行跟踪重点，纳入日常考核和年终绩效考核内容，以目标化管理督促引导监狱民警规范行使职责权力。健全执法执纪制度，建立计分考核听证、监检双方执法合议、危重罪犯管控、警务督察、内部控制监督等各类执法执纪制度，督促监狱民警审慎用权。引入社会监督机制，邀请人大、政协及有关部门不定期对监狱执法工作进行监督检查，邀请执法监督员、罪犯家属等对监狱执法工作进行咨询评议，做到兼听则明。

（三）加强法治文化建设，以文化氛围来浸润和熏染

要按照中共中央办公厅、国务院办公厅印发的《关于加强社会主义法治文化建设的意见》要求，培育监狱法治文化，通过文化特有的力量，建立良好的法治价值取向，形成崇法、信仰法治的良好氛围，提高民警法治素养和道德素质，为依法治监提供坚强思想保证和强大精神动力，促进监狱法治建设行稳致远。监狱法治文化建设的核心是树牢依法治监理念，规范民警执法行为，厘清罪犯权利边界，防范涉访涉诉风险，稳妥处置涉狱法律纠纷，营造“办事依法、遇事找法、解决问题用法、化解矛盾靠法”的良好法治环境和法治氛围。

（四）提升监狱民警用法治思维和法治方式解决问题能力

1. 在法律地位方面，确立法律至上理念。法治精神、法治意识、法治理念是监狱法治建设的内在思想动力。实现依法治监、推进法治监狱建设，不仅要树立一般意义上的法律意识，而且要树立法律至上的权威。要通过坚持不懈的教育，清除民警头脑中存在的法律虚无主义错误思想，尤其要防止以权代法、以权压法等现象，使法律法规在监狱工作中不折不扣得到执行。

2. 在法律价值方面，形成权利保障格局。法律是建立在尊重人格、尊严、自由、平等基础上的，无论是监狱民警，还是罪犯，都是权利义务的统一体，没有权利就无所谓义务，反之亦然。罪犯作为社会的特殊公民，既有特殊的权利，又有特殊的义务，权利和义务是相互依存的。推进依法治监，监狱民

警首先要彻底摒弃陈旧观念，以全新的思想认识看待监狱工作、看待罪犯，依法保障合法权益，督促履行法定义务。

3. 在法律运作方面，建立规范科学机制。监狱法治化的最终实现，仅有法律观念是不够的，必须建立规范科学的机制，规范民警的执法行为。监狱工作自身有独特规律，依法治监也有科学运行系统。要从大局出发，理顺监狱法律体制和工作体制，充分发挥职能作用。比如，常态化疫情防控期间，多项工作叠加，监狱工作面临的种种挑战，都需要监狱民警应对和解决。这既要靠规范科学的体制机制来解决，更要依法依规，在新形势下推进监狱事业高质量发展。

4. 在法律实践方面，扎实开展“三基”建设。政法队伍教育整顿活动开展以来，监狱执法大审查活动中，共发现各类问题 10 552 件，主要集中在罪犯减刑、假释、暂予监外执行适用政策依据不准确，罪犯计分考核奖罚适用不恰当，执法程序和执法文书材料不规范等问题上，折射出民警队伍存在业务水平和能力短板的严重问题。要提高对照新时代监狱工作面临的难题和考验，聚焦民警队伍建设业务方面的短板弱项，开展基层基础建设，在“聚焦基层、夯实基础、提升基本功”三大方面持续发力，促进民警精学政治理论、深学专业知识、广学新生事物、善学他山之石、勤学基层实践，在监管改造的最前沿、改革发展的主战场、安全稳定的第一线经受考验和锻炼，在风雨考验中增长本领、提升能力、培养才干。

作者信息：

慕庆平：山东省监狱学会主任

刘文臣：山东省潍北监狱一级警长

监狱警务辅助人员队伍建设刍议

——以湖南省监狱系统为例

周升华

摘　要：监狱警务辅助人员队伍建设势在必行，是解决监狱警力严重不足的现实需要，是推进职工队伍改革的重要措施，警务辅助人员队伍建设探索实践为监狱辅警队伍建设提供了借鉴。监狱警务辅助人员队伍建设的风险挑战：民警、辅警与职工关系如何协调，辅警法律劳动关系如何确定，辅警责任感归属感如何增强，辅警工资待遇如何保障。监狱警务辅助人员队伍建设的路径选择有：辅警招聘、组织管理、培训管理、表彰激励、工资待遇、岗位设置。

关键词：监狱　辅助　队伍

《中华人民共和国监狱法》（以下简称《监狱法》）规定，监狱是国家的刑罚执行机关。监狱对罪犯实行惩罚与改造相结合、教育和劳动相结合的原则，将罪犯改造成为守法公民。监狱的职能定位以及监企合一的历史发展决定了我国监狱工作人员队伍以监狱民警为主，以少量职工为辅的组织结构形式。随着监狱体制改革的深入发展，以及监狱工作需求与民警队伍警力不足的矛盾日益凸显，广大监狱民警对建立规范监狱系统警务辅助人员队伍的呼声越来越高。立足监狱实际，构建具有监狱特色的警务辅助人员队伍，将是大势所趋。本文结合湖南省监狱系统工作实际，谈些粗浅看法。

一、监狱警务辅助人员队伍建设势在必行

近年来，随着社会的发展，以及监狱体制改革的深入，监狱工作要求和任务发生了深刻变化，现有的监狱民警队伍警力现状、用警模式，已经无法满足当前需要。

（一）警务辅助人员队伍建设是解决监狱警力严重不足的现实需要

1. 民警编制不足。根据司法部关于创建现代化文明监狱的标准和实施意见，监狱民警编制按监狱所关押罪犯总数的18%配备，基层罪犯单位的警囚比需达到75%。但从实际情况来看，不少单位达不到这个标准，有的单位民警实际人数长期低于16%，警囚比也低于75%。因长期缺编，有的工作岗位常年超负荷运转，有的同志经常身兼数职，常常是才下“火线”，又上“战场”，忙得“连轴转”，因长期处于疲劳作战状态，工作压力很大，亚健康状态者居多。

2. 警力相对不足。一是监狱工作精细化管理导致的警力相对不足。近年来，监狱工作分工越来越细，标准越来越高，要求越来越严，如监狱值班模式的改变，特别是“瞪眼班”的推行，原来每天只需3名警力，1名值班领导、2名值班民警；现在需要5名民警力，1名值班领导、4名民警，其中2名总值班，2名晚上“瞪眼班”。又如：信息化建设虽然在一定程度上提升了监狱执法水平，但由于信息化程度不高，以及配套制度的不完善，占用了大量警力。以湖南省某监狱为例，监控室建设启用后，监控指挥中心必须确保24小时有人值守，每天需安排4名民警值班，特别是分控室的启用，每晚需安排十几名民警轮值。二是监狱工作职能的调整导致的警力相对不足。如为适应罪犯教育改造，特别是罪犯心理健康，湖南省监狱系统将心理健康教育从原教育改造部门剥离，单独成立心理健康指导中心，从而占用了部分警力。又如为了更好地促进罪犯刑释顺利回归社会，有的监狱拓展了原有职能，强化了罪犯劳动技能培训和出监前模拟社会适应性指导功能。三是罪犯结构的变化导致的警力相对不足。随着《中华人民共和国刑法修正案（八）》［以下简称《刑法修正案（八）》］和《中华人民共和国刑法修正案（九）》［以下简称《刑法修正案（九）》］的实施，监狱关押的限制减刑、死缓等长刑犯不断增多，客观上在一定程度上造成了老病残犯的增多，带罪犯外诊的压力很大。特别是“应收尽收”政策的实施，使得原分散在各公安看守所的病犯集中关押监狱，短期内监狱老病残犯人数剧增。2020年，湖南省某监狱连续两个月收押的尿毒症病犯就多达10余名，每周需带病犯到社会医院透析2次，每次需动用警力几十名。四是临时性急难任务导致的警力相对不足。如2021年教育整顿查纠整改环节，全面筛查1990年来减刑、假释、暂予监外执行几十万案卷，各监狱专班民警全力投入清查工作，放弃双休日，每天连续工作10小时以上。特别是某监狱人少案多，自2021年4月中旬起集中抽调83人全脱产开展清查工作，至4月30日晚11时全面完成筛查任务，共清查案件5万余件，平均每人每天工作近15个小时。

3. 警力结构不足，主要指警力知识结构。虽然监狱民警招录模式经过改革与完善，警力知识结构与能力结构得到了很大改观，但由于多种原因，要么招录难，要么留人难，导致警力知识结构存在局部短板。如信息化人才，不仅数量上与打造“智慧监狱”的要求相差较远，更尴尬的是高端人才的匮乏。这种情况下，监狱不得不采取购买服务的方式，解决软件开发以及信息化日常维运问题。

（二）警务辅助人员队伍建设是推进职工队伍改革的重要措施

1. 激发职工动力。职工队伍整体是好的，为监狱建设改革发展做出了重要贡献。但也有少数职工主人翁意识不强，工作积极性、主动性不高。实行辅警制，特别是辅警在招录公务员时使用优惠政策，一方面可起到激励作用，另一方面在一定程度上给职工无形压力，从而倒逼职工自我加压，奋发进取。

2. 整合职工资源。当前，湖南省各监所职工少则十几人，多的达几百甚至上千人。随着监狱办社会职能的剥离，一定程度上监狱职工过剩。实行辅警招聘模式，部门职工充实到协助执法执勤和机关工勤岗位，便于现有职工岗位的调整优化，激发职工队伍活力。

3. 解决“工退”之忧。实行监狱企业体制改革后，监狱职工全部由监狱移交监狱企业管理。随着监狱管理体制改革的深入发展，为解决好监狱监社分离后续管理问题，2010年前后监狱除接受安置少量转业退伍军人外，不再招聘、调入职工，现有的职工通过退休等方式逐步退出，若干年后，监狱不再有编制内职工。但从目前来看，由于警力紧张，面对急难险重任务时，职工仍然是不可或缺的重要力量。如2020年疫情防控期间，监狱全封闭执勤模式下，警力呈现严重不足，在此情况下，监狱不得不临时抽调得力的职工与民警一同备勤执勤，进行物资运输、协助卫生防疫等工作。职工退出后，在警力编制没有增加情况下，实行辅警制无疑是缓解警力不足矛盾的积极之举。

（三）警务辅助人员队伍建设探索实践为监狱辅警队伍建设提供了借鉴

1. 有据可依。2012年，公安部印发了《公安机关警务辅助人员管理办法》，对警务辅助人员进行了定义，并对警务辅助人员的监督管理、招录管理、职责定位、工资福利、装备配置、教育培训、责任追究及其日常管理等进行了规定。2016年国务院办公厅印发了《关于规范公安机关警务辅助人员管理工作的意见》（以下简称《意见》），从管理体制、岗位职责、人员招聘、管理监督、职业保障等方面对警务辅助人员管理工作进行了进一步规范。2020年11月27日，湖南省第十三届人民代表大会常务委员会第二十一次会议通过了《湖南省警务辅助人员条例》。同年，湖南省司法厅印发《关于开展监狱戒毒所警务辅助人员试点工作的通知》。2021年，全国辅警管理改革工作全面拉开序幕。

2. 有经可取。从系统外看，公安、法院等政法单位已有多年的管理经验，特别是公安机关从20世纪90年代开始招聘警务辅助人员，经过二十余年的发展，已经形成一整套相对成熟的管理经验，各项管理制度越来越完善。如随着公安机关辅警制度改革的不断推进和深化，各地逐步设立辅警警衔等级与辅警职务、职级层级，建立辅警晋升通道，确定工资待遇。截至2020年，江苏省、四川省、河北省、湖南省、湖北省等地先后为辅警定级授衔，实施层级化管理。戒毒系统近年来，也积极推进警务辅助人员建设，如山东省、四川省、河北省、广东省等省戒毒所招聘辅警，就取得了较好效果。就在2021年4月23日，湖南省株洲市强制隔离戒毒所发布了招聘辅警37人的公告。

3. 有样可学。从监狱系统看，2019年6月云南省监狱系统在云南司法警官职业学院举办警务辅助人员专场招聘会；云南省第一女子监狱、大理监狱、官渡监狱、玉溪监狱、元江监狱等均面向社会招聘人数不等的警务辅助人员，从事监控值守、巡逻处突、医疗卫生管理等工作。同年内蒙古赤峰监狱、呼和浩特第二监狱均面向社会招聘警务辅助人员。这些监所在探索警务辅助人员队伍建设及管理上先行一步，也为后来者提供了学习借鉴的经验。

二、监狱警务辅助人员队伍建设的风险挑战

从警务辅助人员队伍建设实践来看，在党和国家的高度重视下，辅警改革取得了系列成功经验，但也暴露出一些问题与矛盾。笔者认为，在监狱系统顺利推进辅警制度，必须重视正确处理以下问题：

（一）民警、辅警与职工关系如何协调

监所引进辅警制后，监狱工作人员将在相当长一段时期内由民警、职工、辅警组成。这三类人员的管理与协作关系如何科学统筹，事关队伍的稳定以及各类人员职能作用的充分发挥。具体而言，就是要处理好身份定位、岗位职责、薪酬待遇、监督管理等问题。关于辅警身份问题，国务院办公厅印发《意见》和《湖南省警务辅助人员条例》（以下简称《条例》），已经作出明确规定。但由于历史原因，监所在一定时期，职工仍是监狱工作人员重要组成部分，而且招聘辅警不可能将职工排除在外，这就使得辅警与职工的关系更趋复杂。如待遇问题，当辅警岗位工作强度、执勤风险比监狱辅助管理岗位（机关工勤）大，而待遇又低于后者时，辅警与职工的矛盾将凸显出来。又如同样是辅警，从社会招聘与从职工中招聘的，待遇如何平衡，也是值得关注的问题。如果，从职工中招聘的辅警与职工没有区别，则职工不愿报考，或从事辅警工作但积极性调动不起来；如果工资水平高出其他辅警太多，又会出现辅警与辅警之间的矛盾。

（二）辅警法律劳动关系如何确定

辅警的法律劳动关系，对于辅警正确履行职责，防范规避监狱执法执勤风险，充分调动辅警工作积极性，具有重要的现实意义。相当一段时间，辅警给群众的印象大多停留在“临时工”上，辅警是否拥有执法权、拥有何种程度上的执法权仍然众说纷纭。导致辅警缺位、越权现象频发，影响了辅警积极作用的发挥，甚至会影响人们对辅警的信任度。国务院办公厅印发《意见》和《条例》，虽然进一步规范了辅警相关制度，特别是对辅警定义进一步明确，并明确了不得从事的工作。但主要是针对公安机关，并没有把监狱纳入其中。而且监狱工作具有特殊性，不能简单套用公安做法。同时，辅警来源和招录方式的不同，也会影响其法律劳动关系，以及具体管理责任主体，特别是辅警协助工作过程中发生的涉法涉诉案件，具体法律法规的运用。比如辅警在工作过程中因不服从安排或擅自越权发生了涉及国家赔偿法问题应如何处理，这些必须提前弄清楚，并在签订劳动合同时予以明确。

（三）辅警责任感归属感如何增强

警务辅助人员的使用在我国公安工作中历史由来已久，在其不断实践和发展中也存在以下问题：一是队伍综合素质不高。过去辅警门槛较低，招收条件比较宽松，加之受教育水平不高，法治观念较为单薄，造成辅警队伍素质参差不齐。二是一些地区对辅警队伍的考核和培训重视不够，相关制度不够健全，实际培训时间较短，甚至未经过培训就直接上岗，以工代训。三是福利保障体系不健全，队伍不稳定。辅警不属于编制人员，薪酬福利比较低，但工作责任和风险并不小，受此影响，其工作积极性较低。据了解，2018 年湖南省大多数辅警工资在 3000 元左右，最低每个月只有 1800 元。不少辅警人员表示没有更好的工作才选择了辅警，将这份工作作为一个暂时落脚点和避风港。

（四）辅警工资待遇如何保障

国务院办公厅印发《意见》要求，要将警务辅助人员相关经费列入本级财政预算予以保障，依法保障警务辅助人员在工资福利、社会保险、劳动用工、劳动保护等方面的合法权益；《条例》第一章第 4 条规定，县级以上人民政府应当将警务辅助人员队伍建设纳入本地经济社会发展相关专项规划，并将所需经费列入财政预算。从目前湖南省监狱系统的实际来看，上述文件并没有明确监狱招聘辅警财政保障。能否顺利实现监狱辅警财政保障，还是个未知数。同时，省直监狱和市州监狱财政保障属省级财政和市州财政，涉及保障标准平衡问题。这些都必须提前做好应对。

三、监狱警务辅助人员队伍建设的路径选择

（一）辅警招聘

1. 招聘渠道

鉴于监狱实际，可分两步走。第一阶段：从现在起至 2040 年，以从单位职工中招聘为主，向社会招聘为辅。单位职工较少的，如后勤事务管理所、星城监狱等，可根据实际情况灵活调整。第二阶段：从 2041 年起，以面向社会招聘为主。

一是从社会上招聘。对职工较少、无法满足警务辅助岗位需求的单位，或对于特殊专业（如心理学、信息、护理等）警务辅助岗位，本单位职工没有符合条件的，宜向社会公开招聘。

二是从监所内招聘。监狱职工队伍为监狱的建设改革发展做出了积极贡献，具有深厚的感情，同时对监狱工作比较熟悉，从监所职工中招聘：①有

利于辅警尽快熟悉和适应工作岗位；②监狱对职工情况比较了解，可以说是知根知底，有利于保障招聘质量，以及更合理安排工作；③体现出对职工的关心与厚爱，为他们晋升与发展提供机会；④有利于推进监狱体制改革，加快实现“工退”目标；⑤有利于重新整合职工岗位，促进职工轮岗交流，激发职工动力。

2. 招聘条件

这方面，《意见》《条例》作出了比较全面明确的规定，我们应当遵照执行。同时，结合监狱实际，应增加以下限制条件：一是心理不健康，有人格缺陷或具有偏执性人格等的；二是本人及家庭成员、近亲属参加非法组织、邪教组织或者从事其他危害国家安全活动的；三是家庭成员及近亲属被判处刑罚的；四是被依法列为失信联合惩戒对象或有个人不良信用记录的。

3. 招聘方式

主要有三种方式：

一是向社会力量购买服务。医疗、护理、心理、教育、通信技术等专业性强的岗位，建议采取这种方式。招聘流程：用人单位提出招聘需求与条件——选定劳务派遣公司——委托劳务派遣公司招聘并组织岗位培训——用人单位再次面试并政审，正式确定招聘人员——劳务派遣公司与被招聘人员签订劳动合同，劳务派遣公司向用人单位派遣被招聘人员。近年，湖南省部分监狱招聘男护士，就普遍采取了此做法。劳务派遣工在用人模式上省去了很多没必要的麻烦，但值得注意的是，不管是《劳务派遣暂行规定》还是《中华人民共和国劳动合同法》（以下简称《劳动合同法》）都明确规定，劳动派遣工的数量不得超过用人单位所有职工总和的10%。

二是依法签订劳动合同。从长远看，这种形式是主体，具体由用人单位组织实施。招聘流程：需求摸底——制订方案——报上级主管机关备案——发布招聘公告——报名资格审查组织考试（含笔试、面试、体能和心理测试、体检）——组织考察——依法签订劳动合同。

三是聘用合同。一般用于单位职工内部招聘。招聘流程：需求摸底——制订方案——报上级主管机关备案——发布招聘通知——报名资格审查——组织考试（含笔试、面试、体能和心理测试、体检）——组织考察——解除与原监所部门签订的招聘合同——与现上岗的监所部门签订招聘合同。

（二）组织管理

建议在省监狱管理局成立辅警招聘工作领导小组，由党委书记、局长任组长，党委副书记、政治委员，集团公司总经理任副组长；下设办公室与政治部，党委委员、政治部主任兼任办公室主任，党委委员、公司副总经理兼任副主任；成员由政治部、劳动人事部、财务处、财务部相关人员组成，并明确专班（不少于 2 名工作人员）负责日常联络协调。各监所单位也应成立相应机构，明确专人负责。条件许可的单位，也可成立辅警管理办公室（简称“辅警办”）。

省监狱管理局应当主动会同省机构编制工作主管部门以及财政、人力资源和社会保障等部门，制定警务辅助人员用人额度管理办法，报省人民政府批准后实施。

各监所应当根据监狱工作实际、警力配备情况、职工队伍状况等，科学配置并严格控制警务辅助人员规模。招聘方案应当报省监狱管理局备案，并在核定的警务辅助人员额度内进行。

（三）培训管理

1. 岗位培训。为确保警务辅助人员尽快适应岗位，用人单位应对新招聘人员进行不少于一周的岗前培训。为整合培训资源，提高培训成效，也可视情况委托上级主管部门按照分类施教的原则，统一组织岗前培训。

2. 晋升培训。普通辅警、辅警长晋升，必须经过不少于 10 天的晋衔培训，以确保衔级晋升的同时，能力与素质同步提升。重点加强忠诚教育和职业道德教育，强化法律知识、业务技能、纪律作风训练。

3. 岗中培训。每年根据辅警队伍建设实际，一方面开展知识更新培训，及时掌握所从事工作必需的新理念、新知识、新技术、新要求。另一方面，针对辅警工作中存在的短板，及时开展强化培训。

（四）表彰激励

1. 考核激励。对辅警实行二级考核，重点工作、重点活动的考核，由政治部门或辅警管理服务科负责。日常的考核管理，推行民警与辅警“捆绑管理”，用工单位对辅警“动态管理”“辅警办”“督导管理”的三级联管和考核机制，实现对辅警全方位、全过程、无死角管理。每年评选优秀辅警，在绩效奖方面予以一定倾斜，并作为衔级晋升的重要依据。连续三年被评为优秀辅警的，在同等条件下，可提前半年晋升一级衔级。

2. 衔接管理。将辅警划分为“文职辅警”和“勤务辅警”两个职位，设立辅警、辅警长两个职位序列，其中辅警从低到高分为四个等级：四级辅警、三级辅警、二级辅警、一级辅警。辅警长从低到高分为三级：三级警长、二级警长、一级警长。辅警的工资待遇与个人职级和衔级挂钩，以扩大辅警的晋升空间，充分调动辅警的工作积极性和主动性，增强归属感。

3. 其他激励。对在本职岗位表现突出、有显著成绩和突出贡献的，按照国家有关规定给予表彰。特别优秀的警务辅助人员报考监狱人民警察职位，开辟定向的辅警招录“绿色通道”。

（五）工资待遇

第一种情形，向社会购买服务方式，警务辅助人员实质上属于劳务派遣员工，员工的劳动关系存在于派遣公司，员工的管理由劳务派遣公司负责，由劳务派遣公司负责员工薪资的发放和“五险一金”的缴纳等。警务辅助人员由用人单位直接招聘，其管理由用人单位负责，包括薪资的发放和五险一金的缴纳等。

1. 发放标准。具体要结合当地经济社会发展情况、财政状况以及全省监狱系统职工工资平均水平来确定，并建立动态增长机制。建议分三种情况：

①普通辅警。基本工资 1500 元/月，职级工资 300 元/月，绩效工资 600 元/月（人均），加班工资 700 元/月，缴纳“五险一金”，个人应缴部分从工资中代扣代缴（购买服务的，由劳务派遣公司代扣代缴）。每晋升一个衔级，职级工资增长 300 元/月。专业技术类辅警，按照初、中、高三个级别，绩效工资分别为 800 元、1000 元、1200 元/月。

②辅警长：基本工资 1500 元/月，职级工资 600 元/月，绩效工资 600 元/月（人均），加班工资 700 元/月，单位为其缴纳五险，个人应缴部分从工资中代扣代缴（购买服务的，由劳务派遣公司代扣代缴）。专业技术类辅警，绩效工资与普通辅警同等对待。每晋升一个衔级，职级工资增长 600 元/月。

③监所内部招聘的辅警。因这部分人员的身份仍然是监所编制内员工，其薪酬待遇以及相关福利原则上与其他职工同等对待。这部分职工招聘为辅警后，其基本工资、职级工资、绩效工资、加班工资等与身份转变前应保持一致，其他福利待遇，如文明创建奖等保持不变。同时，可享受衔级后的职级工资增长待遇。

2. 经费来源。一是争取财政全额保障；二是财政保障不到位之前，参照职工管理办法，由省监狱局统筹40%，监所自筹60%。

（六）岗位设置

根据国务院办公厅《意见》，警务辅助人员岗位主要分为两大类：

一是勤务辅警。主要负责协助监狱执法岗位民警开展执法执勤和其他勤务活动。如监控值班、现场巡查、应急处突、心理辅导、医务护理、会见登记、罪犯押解、罪犯外诊值守等工作。

二是文职辅警。主要负责协助监狱非执法岗位民警从事行政管理、技术支持、警务保障等工作。如通信维运、安全保卫、综合文秘、信访维稳、小区纠纷调处、宣传助理、文化艺术等工作。

警务辅助人员不得从事下列工作：技术侦查、反邪教、反恐怖等工作；与罪犯谈心谈话、工种安排、计分考核、AB门监管；办理未经批准的涉及国家秘密的事项；案件调查取证、出具证明报告；罪犯就医诊断；作出行政处罚、民警职工考核、会计管理；减假暂案件审核、呈报；保管武器、警械；警服和警用标识管理；法律、法规规定必须由监狱民警从事的工作。

参考文献：

1. 国务院办公厅《关于规范公安机关警务辅助人员管理工作的意见》
2. 公安部《公安机关警务辅助人员管理办法》
3. 《湖南省警务辅助人员条例》
4. 戴艳玲："对监狱工作人员队伍分类建设的构想"，载《中国司法》2008年第11期。
5. 沈欣："严格规范'辅警'管理使用"，载《现代世界民警》2017年第1期。
6. 林翔："我国警务辅助人员管理制度探析——以《关于规范公安机关警务辅助人员管理工作的意见》为指导"，载《法制博览》2017年第24期。

作者信息：

周升华：湖南省怀化监狱政治处副主任

监狱新民警执法能力规范化建设

——以福建省某监狱为例

许　军　梁煌昆

摘　要： 随着时代的更迭发展，作为公务员民警队伍中不可或缺的重要组成部分，民警队伍不断涌入新生力量，监狱新民警在监狱未来的建设和发展中起着承前启后的作用，而执法能力建设是维护监狱安全稳定必备的基础性、保障性的重要工作。根据新民警的基本情况及心理行为特征基础，对新民警法治意识、规章制度执行力、个人教育能力、执法的心理状态、狱情收集能力等作进一步分析，为探索研究新民警执法能力规范化建设提出相应的建议和对策。

关键词： 监狱新民警　执法能力　规范化

近几年，通过公务员考试渠道录用的监狱新民警人数较之前几年数量有较大的增加，给监狱注入了新生力量。如何夯实、提升新民警最基本的执法能力，使之能够迅速胜任监狱执法工作，做到“执法公正”，促进监狱工作事业可持续发展，已成为非常迫切的重要任务。本文采取访谈及问卷调查的形式对采集所得数据进行整理、分析，研究新民警心理、行为特征和执法能力现状，对新民警执法能力规范化的建设提出对策。本次调查研究时间为 2021 年 3 月 ~ 5 月，目标人群是福建省某监狱 2018 年 ~ 2019 年部分新招录民警，人数共 33 名，合计共发放 33 份调查问卷，取得 33 份有效问卷。

一、新民警基本情况与心理行为分析

（一）新民警基本情况

福建省某监狱 2018 年 ~ 2019 年部分新招录民警平均年龄 24.9 岁，本科学历占 100%，其中监狱学相关专业人数占 63.64%，非监狱学相关专业人数占 36.36%，较多人毕业于警察学院，工作专业对口。党员、预备党员人数占

15.15%。入警前有工作经历的人数占39.39%。从事一类岗位狱政、刑罚管教的人数占比为33.33%，从事二类岗位分队长、狱侦、教育、机关等的人数占比为66.67%。有66.67%的人认为在监狱工作虽然辛苦，但是值得付出，9.09%的人想坚定不移地做好监狱事业，极个别新民警认为自己不适合这份工作，想换行业。

（二）新民警心理行为特征

1. 部分新民警对监狱的认知不够全面、透彻

54.55%的新民警认为监狱管理严格，制度森严，30.3%的新民警认为监狱管理文明，不存在暴力执法，36.36%的新民警认为罪犯管理过于松散，该部分新民警对罪犯的管理方式认识较片面，需进一步认识管理制度。

2. 装备检查、使用情况不到位，安全意识不够充分

66.67%的新民警在值班时能够完整佩戴八件套、执法记录仪和警哨，剩余新民警大部分时间能够佩戴完整。72.73%的新民警佩戴装备时经常会检查装备完整度和能否使用情况，15.15%的新民警每次都会检查，12.12%的新民警偶尔检查。在处置罪犯违规和带罪犯急诊时，78.79%的新民警会全程开执法记录仪，18.18%的新民警有时会开，极个别新民警没有操作过。

3. 岗位学习动力足，进取心强烈

尽管有相应的“传帮带教”制度，但是从问卷中得知，实务中有真正意义的带教师傅的比例是69.7%，30.3%的新民警有师傅，但是效果一般，但是该类民警会主动向领导和同事们请教工作方法。96.97%的新民警想多学工作技能，18.18%的新民警目前或者有意备考研究生、资格证书，或是其他工作。体现出新民警渴望提高自身能力，胜任更好的岗位，争取更好的工作。

4. 正义感强烈

96.97%的新民警参加过志愿者、献血等公益活动；下班期间遇到违法犯罪行为时，51.2%的新民警会上前制止，48.8%的新民警选择报警；96.97%的新民警在街上遇到有人晕倒时，会选择拨打120急救电话，等待救护车，42.42%的新民警会采取急救措施，体现出新民警正义感强烈。

二、新民警执法能力现状分析

（一）规章制度执行力较强

根据调查显示（如图1），新民警在研究罪犯扣分决定时，93.94%的人会

综合考虑罪犯情况，酌情扣分，3.03%的人认为应当严格按照扣分制度执行，3.03%的人不了解扣分制度，不想参与罪犯扣分研究。

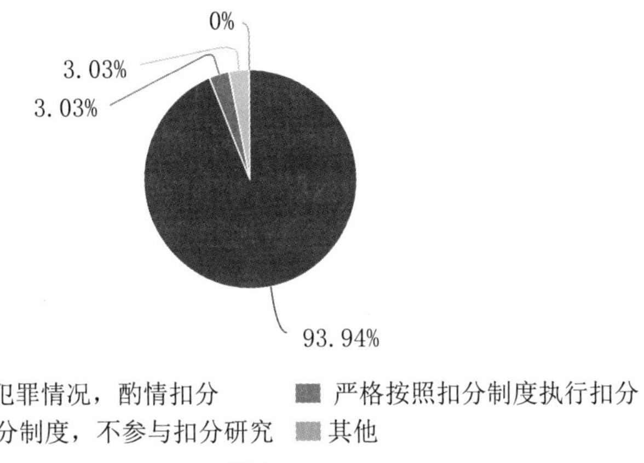

图1

(二) 个人教育能力较弱

在管教罪犯时（如图2），75.76%的新民警认为应当严格按照规章制度执行，24.24%的新民警按照自己的思路和方式管教罪犯。当有罪犯言语顶撞民警时（如图3），96.97%的新民警会警告罪犯，24.24%的新民警会下指令制止违规的罪犯，3.03%的新民警会言语威胁罪犯，9.09%的新民警会教育罪犯前往谈话室谈话。

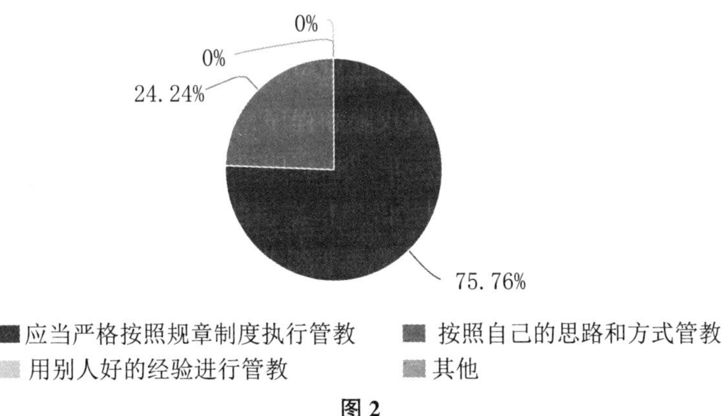

图2

选项	小计	比例
警告罪犯	32	96.97%
下指令制止违规罪犯	8	24.24%
教育罪犯前往谈话室谈话	3	9.09%
言语威胁罪犯	1	3.03%
不予理会	0	0%
本题有效填写人次	33	

图 3

（三）执法时的心理状态较为紧张

当处理罪犯违规时（如图 4），60.61%的新民警会出现紧张的心理状态，48.48%的新民警会冷静处置，39.39%的新民警无畏罪犯违规，少部分新民警会出现兴奋、刺激等心理活动。

选项	小计	比例
紧张	20	60.61%
冷静	16	48.48%
无畏	13	39.39%
兴奋	4	12.12%
刺激	2	6.06%
害怕	0	0%
胆怯	0	0%
本题有效填写人次	33	

图 4

（四）狱情收集能力较弱

关于新民警狱情收集能力方面，45.45%的人了解大部分罪犯的基本情况，39.39%的人对此了解一半，15.15%的人了解一小部分；30.3%的人经常与重点犯、顽危犯谈话了解情况，69.7%的人偶尔会去了解；大部分新民警会翻阅档案资料、查看电子资料、从其他罪犯口中了解罪犯动态，36.36%的新民警还会从罪犯耳目中了解其他罪犯（如图 5）；42.42%的新民警有布控耳目，其中18.18%的人有布控2个以上的耳目；57.58%的人未布控耳目；新民警的狱情收集能力从数据来看总体较弱。

选项	小计	比例
查看电子资料	33	100%
翻阅档案资料	30	90.91%
从罪犯骨干口中了解其他罪犯动态	25	75.76%
自己排查	25	75.76%
耳目报告	12	36.36%
不想了解	0	0%
其他 [详细]	0	0%
本题有效填写人次	33	

图5

三、新民警执法能力规范化对策建议

（一）开展执法理念教育，提高新民警对监狱工作的认知水平

法律的权威和公信力，最终要落在每一位执法者每一次执法行动中，因此执法不能不拘小节。[1]执法规范化建设既是监狱的重要工作，也是监狱人民警察管理罪犯的必经道路。只有“拘泥”细节，将其收束到依法轨道内，执法才不会走偏。

1. 坚持以习近平新时代中国特色社会主义思想为指导，深入开展党史学习教育，引导新民警学习革命先烈事迹、传承历史使命意识，加强新民警社会主义法治理念教育，进一步提升新时代政法工作能力和水平，贯彻落实“十六字方针”，铸牢忠诚警魂，打造政法铁军。

2. 严格遵守党的组织纪律，持续巩固深化落实中央八项规定精神成果，教育新民警时刻与罪犯划清界限，不与罪犯及其亲属发生经济往来，不“吃”“拿”“卡”“要”，不收受罪犯及其亲属馈赠的礼品，不以权谋私，加强对“八小时”以外的自律。

---

〔1〕 参见西坡：“民警执法不能‘不拘小节’”，载《新京报》2016年6月12日，第A2版。

3. 执法风险必然存在，监狱外看平静如水，实则暗流涌动。新民警在岗在位：一要谨防罪犯违规行为造成的执法安全风险，养成执法安全首位意识；二要掌控严格执法与文明执法之间的把控度，在严格执法的同时要注意文明执法；三要保全执法中的证据，随着公民素质的逐渐增强，罪犯及其亲属的投诉量呈正相关增长，新民警要养成平时保留执法的相关材料，学会利用相关执法证据证明自己公正文明执法。

（二）持续优化执法理论培训

教育和培训是新民警执法能力建设的有效手段，是提高新民警整体素质和业务能力的重要途径。[1]依照相关法律的规定，新民警培训主要包括初任培训、任职资格培训、业务知识培训等不同阶段及不同类别的培训。通过不同培训，使新民警树立规范执法的观念，学习了解与监狱工作相关的法律法规及相关政策，培养规范执法能力。具体而言：一要持续优化培训主体结构。民警培训基地应把规范执法的培训列入对新民警培训项目，涵盖初任培训、任职培训、业务培训的全过程。新民警培训基地要把规范执法培训列入对新民警各种形式的培训过程中去，认真组织实施，努力增强培训效果；二要持续优化培训方法。在教学方法上既要重视理论法律法规学习，又要重视监狱的执法工作案例教学和案例分析，使新民警更清楚地认识到执法规章制度的规范、程序、留证等；三要进一步完善执法培训的高质量教材，根据培训实际，每年对新民警进行一次法律知识测试。

（三）执法规范化实战演练

从本次调查各项数据结果来看，新民警在非执法类的工作能力上都有不错的表现，但是在执法工作上的能力却有所欠缺，特别是遇到突发事件时，难以保持头脑冷静，按规范程序执法。每个新民警的个人能力和素质有所不同，仅是入警初任培训难以让部分新民警完全吸收所有培训课程，狱情处置实操、个人教育能力、执法时内心活动的调整、狱情收集等都是新民警较为薄弱的方面。本文认为，要让新民警确实在执法能力方面过关，需要掌握新民警的薄弱项目以及培训需求等，做到有的放矢，做到理论与实践相结合，并制定素质强警三年规划，长期、定期给新民警理论学习巩固知识和实战演

[1] 参见刘振军等："法治政府背景下民警执法能力建设探析"，载《教育现代化》2018年第15期。

练强化提升，构建长效机制。

1. 切实做好狱情处置实战训练工作，调整好新民警执法时的心态。一要全面加强新民警狱情处置实操训练，确保基础打牢、扎根扎底。将狱情处置实战训练制度化，安排民警教官定期前往民警培训基地培训学习，而后教官再对新民警进行定期、由易至难、阶梯式的狱情处置实战培训教学。可按季度进行培训，做到三年规划有序进行，学成后定期检查培训效果，反复巩固提高。确实保证狱情处置达到正确、公正、文明和保证自我安全的要求，胜任本职岗位，维护监狱监管安全；二要训练新民警在处置狱情时要保持良好心态。根据本次调查数据显示，新民警在处置狱情时普遍存在紧张的心理状态；三是教官在给新民警做狱情处置训练的同时，也要训练新民警保持良好心态，根据教官教学的动作要领、执法语言的规范，将各类狱情处置做到按程序有序执行，全程冷静处置，降低错误率。

2. 加强个人教育能力培训。一是由教官组织训练新民警在面对不同罪犯时的教育管教能力，主要针对以下罪犯的分类管教训练：精神病犯、老弱病残犯、重刑犯、顽危犯、三涉犯（涉黑、涉恶、涉毒）、短刑犯等较特殊的罪犯。加强新民警对重点罪犯的日常管控工作意识，让其掌握管控重点罪犯的基本执行操作，执勤时要清楚各类重点罪犯的近期思想动态、岗位情况以及包夹情况，发现异常应当立即汇报，与其他民警一同处置。二是由“传帮带教”的师傅在新民警日常执勤工作中遇到罪犯需要做教育工作时，在新民警身旁传授教育经验，在每次的教育工作结束后进行经验总结指导。三是因材施教，根据新民警个人实际能力、按照新民警执法能力高低等制定具体计划，抓短板，强技能。

3. 狱情收集教学要全面。由“传帮带教”的师傅负责传授新民警狱情收集方式与方法，罪犯耳目布控要到位，每名新民警至少布控一名罪犯耳目。确保每个新民警都悉知掌握，定期将狱情规范地反馈在狱情收集平台，并详细注明狱情收集途径。

（四）建立健全新民警成长机制

1. 新民警目标规划。监狱可通过开设讲座等方式对新民警职业生涯目标规划进行指导，激发新民警自我提高的强烈意愿，引导新民警设立自己的成长目标，规划职业人生。

2. 老民警“传帮带教”。建立并落实师傅带徒弟的工作模式，老民警为新民警“传帮带教”，签订协议，明确具体职责及规范，加强工作管理，严格检查督促，尽力在短时间内提高新民警的执法能力，并且结合徒弟的考核分数按比例兑现师傅的绩效月考核分。建章立制，建立相应的带教优秀民警奖励制度。

3. 建立责任机制。建立新民警成长成才的责任机制，将各单位新民警培养成才开展情况及成效与各级政工工作业绩挂钩。由监狱政工部门负责安排工作，监区部门负责落实具体项目，涵盖筛选“传帮带教”师傅，带教的目标任务和考核奖惩。

（五）开展岗前任职测试，提升民警履职能力

开展任职前资格测试，考试科目涵盖岗位知识测试、执法能力、体能测试、身体健康和抗压程度，考试成绩与今后晋升、提拔任用挂钩，让新民警从“要我做”变成“我要做”实际转变。通过公平、公正、透明化的岗前任职测试，将各项考试成绩公布至监狱内网，不断提升新民警各项工作水平、业务水平、执法能力，进一步树立良好用人导向，为今后选人用人、晋升、提拔任用奠定扎实的良好基础。

（六）建立健全新民警激励机制

1. 组织激励：吸引人才，调动工作积极性，如职务晋升，薪资奖励，人才入党等，为人才提供大舞台，让其发展，鼓励发展，最大限度地推动监狱事业发展。

2. 文化激励：运用丰富的监狱文化激励新民警，陶冶情操，让新民警拥有共同建设监狱的欲望，激发新民警工作干劲和持续的动力。

3. 目标及任务激励：明确目标，对完成目标的新民警给予鼓励、表扬甚至表彰，使每个青年民警都有一个明晰的奋斗目标，让他们看到自己的发展态势，从而达到鞭笞和激发青年民警工作积极性、创新性的目的。完成由监狱、监区单位布置的任务，单位结合实际给新民警分配更多的资源奖励，使资源得到最公平、最大化的分配。

（七）新民警心理健康保护工作

监狱民警长期从事着高危险、高压力、高应激的工作，肩负着巨大的责任，

导致监狱民警的心理问题日益增多且日趋严重。[1]研究结果表明，监狱青年民警和其他民警的职业倦怠相比较，情绪衰竭、成就感低落和总倦怠程度均较高。[2]激发新民警工作热情，使其持续放热，提高监狱人民警察社会地位、经济待遇等方面的问题，切实解决民警类职业同工不同酬问题，对监狱事业稳定发展起着潜移默化的作用。

1. 少数民警过分看重与其他公务员、其他警种在政治、经济、社会影响、人际交往等方面的差距，心态失衡，不能安心本职，甚至有个别民警受到不良价值观影响和诱惑，利用手中管理权限和执法权力寻租，使“严格执法”柔化为“妥协执法”，异变为“关系执法”“人情执法”。如何化解这一矛盾，需要注意两点：一要做好新民警关于这些方面的思想和心理工作。让新民警知晓与其他公务员、其他警种在政治、经济、社会影响、人际交往等方面的差别，让其权衡利弊，心中有数，才能脚踏实地地干好本职工作，执法果断，做出业绩。二要适当解决同地区同工不同酬问题，提高监狱民警的“含金量”。近年来不论监狱的文明程度，还是监狱民警的工作压力、执法风险、工作量等都大大增加，薪酬体制存在优化的必要。首先基础保障要牢靠，留住人才，降低择业率、离婚率，提高家庭幸福度；再从社会方面进行正面宣传，社会评价自然逐渐上升，从而使监狱拥有持续吸引新鲜血液输入的魅力。

2. 加强监狱对新民警的社会宣传工作，激励新民警。可通过诸如网络平台、电视、广播、报刊、杂志等主流媒体广泛宣传新民警工作亮点、先进事迹，全方位多层次立体化地正面宣传，消除群众对监狱的隔阂误解，传播正能量，呼吁社会共同关注、关心新民警群体。

3. 关心新民警，开设心理咨询项目及活动。关心新民警的身心健康，创设和谐的组织环境，建立心理互助的支持团体，既是增加彼此工作经验和感情交流的机会，又是预防职业倦怠的可行方法。根据新民警实际需要组织开展心理健康测评、心理辅导讲座以及团体辅导等活动，通过互动交流的方式，提升新民警心理健康意识以及心理健康水平，帮助新民警缓解生活工作压力，和谐民警家庭关系，解决负面情绪困扰，使其以更加积极乐观的心态和更加

---

〔1〕 参见王伟：“我国监狱人民警察队伍建设问题研究”，南京航空航天大学2014年硕士学位论文。

〔2〕 参见龚才华：“监狱青年民警队伍能力建设研究”，苏州大学2014年硕士学位论文。

饱满的精神状态投入工作生活中。

四、结语

执法能力的提升不是一朝一夕的功夫。适时加强顺应社会经济发展的民警在职培训，不断调整改善新民警的执法教育培训方式，提升新民警执法能力。通过短期的“传帮带教”与长期、定期的理论培训实战演练操作方式，构建长效机制，建章立制，并加入新时代发展的元素，与时俱进，不断提升监狱的总体执法水平。

参考文献：

1. 西坡：“民警执法不能‘不拘小节’”，载《新京报》2016 年 6 月 12 日，第 A2 版。
2. 刘振军等：“法治政府背景下民警执法能力建设探析”，载《教育现代化》2018 年第 15 期。
3. 王伟：“我国监狱人民警察队伍建设问题研究”，南京航空航天大学 2014 年硕士学位论文。
4. 龚才华：“监狱青年民警队伍能力建设研究”，苏州大学 2014 年硕士学位论文。

作者信息：

许军：厦门监狱二监区副教导员
梁煌昆：厦门监狱二监区狱政管教

民警执法能力建设存在的问题及对策研究

李虹州

摘　要： 从当前监狱的执法大环境来看，监狱的执法总方向、总目标是向文明、公正、规范发展，但由于现阶段正处于传统的监管改造理念向现代监管改造理念转型发展的攻坚时期，监狱民警在具体的执法活动过程中普遍感觉到来自社会舆论、监狱、罪犯以及民警自身方面所带来的执法压力，本文主要立足于这一问题，探索通过创新监狱执法方式、加强罪犯监管力度、提高民警自身执法水平等具体措施，使监狱民警走出执法困境，有效地推进监狱工作法制化进程。

关键词： 执法　困境　措施

党的十八届四中全会审议通过的《中共中央关于全面推进依法治国若干重大问题的决定》明确指出要深化司法体制改革，完善司法制度，实现依法治国。监狱作为国家刑罚执行的司法机关，在这一过程中必然担当着不可或缺的重要角色，在形成公正、规范、文明的执法环境，提高民警的执法水平上有着不可推卸的责任。而作为被法律赋予刑事执行权，承担着管理监狱、执行刑罚、教育改造罪犯神圣职责的监狱民警[1]，在执法活动中面临着多重困境，严重地影响了监狱工作法制化和执法规范化进程。

一、监狱民警执法困境概述

随着监狱执法公正化、文明化、规范化工作的不断推进，特别是“以人为本”和公正执法理念不断深入人心，监狱的执法环境出现了较大的变化，也取得了可观的成绩，为推进司法体制改革和依法治监创造了一定条件。但现阶段监狱执法状况依然处在传统的监管改造理念向现代监管改造理念的衔

〔1〕 参见陈连喜主编：《监狱人民警察概论》，中国政法大学出版社 2010 年版，第 3~7 页。

接时期，监狱民警在具体的执法活动中出现了诸多执法困境，严重影响了监狱的安全稳定。

（一）执法高难度

目前，监管改造环境日益复杂，执法高难度成为监狱民警执法困境的一大体现，民警普遍感觉到执法越来越困难，执法高难度主要表现在以下方面：

第一，从罪犯结构变化来看，近几年来，一种情形是“三涉”和“四史”类罪犯、“二进宫”和“多进宫”类累惯犯、团伙类罪犯的数量所占比例逐渐增大。在这样的罪犯结构变化下，监狱民警增加的执法难度主要体现在：这些类型的罪犯往往反改造的能力很强，对当前的监管改造环境、监狱的执法方式、规章制度比较熟悉，他们无时无刻不在观察监狱民警的管理模式和执法立场，不把改造自己放在首位，而是把全部心思放在与监狱民警斗智斗勇上，以逃避改造，极大地增加了监狱民警的执法难度。

第二，从当前罪犯意识上来看，当前的罪犯意识弱化的现象较为严重。在监狱服刑期间，罪犯只注重自己应享有的权利，而忘却自己应尽的义务，往往表现出消极改造、规避管理、胡搅蛮缠等行为，甚至出现对抗管理、顶撞刁难民警、威胁挑衅民警、栽赃诬赖民警的情况，其影响极其恶劣，极大地增强了监狱民警的执法难度。

（二）执法高风险

监狱民警作为国家刑罚执行的具体实施者，承担着管理、教育、改造罪犯的重任，随着当前监狱执法环境的不断变化，监狱民警的执法高风险也是执法困境的一大体现，具体表现在以下两个方面：

第一，监狱民警职业本身的高风险。监狱工作历来被形容为“炸药库”“火山口”，监狱民警每天都要去面对和管理形形色色的犯罪分子，其人身安全受到了极大的挑战，特别是当前随着大量涉恐、涉黑、涉毒、涉枪、涉暴、团伙犯罪、累惯犯等危险程度较高的罪犯被收押，一些罪犯可能将对社会的仇视心理转嫁到监狱民警身上，甚至为了逃避改造而采取暴力袭警、杀警越狱等极端手段，给监狱民警及其家庭造成了巨大伤害，作为执法主体的监狱民警连其基本的人身安全都很难保障，这足以证明其执法风险之高。

第二，在监狱民警具体的执法活动中存在的高风险[1]，这种高风险集中体现在监狱民警执法活动中出现的责任倒追。首先，体现为执法活动中出现被动的责任倒追，何为被动的责任倒追？就像对于罪犯的自伤、自残、自杀行为一样，这些行为本来就是难以控制的，就算在监狱外面的普通公民也都会出现这样的行为，唯一不同的是普通公民出现这样的行为是没有人负法律责任的，而如果是监狱罪犯出现了这样的行为，监狱执法民警就要受到被动的责任倒追，被追究其连带责任，轻则受行政处分，重则被追究刑事责任。这样的执法风险导致一些民警在执法活动中提心吊胆，不知道哪一天自己所负责的监组罪犯会出什么事情，导致自己被追究责任；其次，体现为合法执法活动中出现的责任倒追，这种责任倒追主要是指监狱民警依法合理的执法行为产生了不可控的后果而导致的责任倒追，一定程度上也造成了监狱民警执法高风险。

二、监狱民警执法困境成因分析

当前在监狱的执法活动中，监狱民警面对执法困境，往往感到十分困惑，究其原因无非是来自社会舆论、监狱、罪犯及民警自身方面的因素，要顺利走出困境，保障监狱安全稳定，就必须从以下几个方面因素着手，深入分析执法困境成因。具体论述如下：

（一）罪犯因素

1. 当前罪犯结构的复杂化。由于近年来罪犯构成发生了显著变化，从罪犯案情上看，暴力加剧，作案手段残暴；团伙罪犯、涉黑涉恶突出；邪教组织蔓延，毒品犯罪严重。从罪犯的文化、年龄、住地、职业看，文化程度高，年龄大，智能型犯罪和职业犯罪相对增多。从罪犯刑期看，刑期长、二进宫以上累犯、团伙犯增多。[2]在这样的罪犯结构情况下，罪犯自身的心态、思想、行为向畸形冲动恶变，具有极强报复性、突发性、欺骗性和两面性，改造难度加大，安全隐患较多，狱内犯情日趋复杂，造成了监狱民警执法高难度、高压力、高风险。

2. 罪犯过度维权。随着刑罚执行理念和行刑方式的重大转型，监狱执法

---

〔1〕 参见孟浩："山东监狱基层民警执法实务研究"，山东大学2011年硕士学位论文。

〔2〕 参见程颖："关于监狱安全稳定常态化的理性思考"，载《中国司法》2011年第9期。

的监督体系逐步完善，罪犯维权的渠道增多，罪犯通过各种手段和途径保障自己的权利，维权意识逐渐增强。但是，由于部分罪犯对权利保护的曲解，一些罪犯在主张和诉求基本权利时，不切实际地扩张和滥用自己的权利，直接导致监狱民警执法难度增强。首先，罪犯对于维权行为的思想不够清晰，哪些权利应当享有，哪些权利应受到限制，认识还不够清楚；其次，过度强调权利，漠视义务意识，罪犯在行使权利时表现得积极，履行义务时，表现尤为消极，把监狱依法、严格管理视为对罪犯权利的侵犯，把监狱对罪犯权利的依法保护视为“让步”。他们更多地将注意力转移到其他所谓“权利”的维护上，混刑度日、消极抗改的现象十分突出，对监狱日常的计分考核扣分处理、警告、记过处理没有任何畏惧，而监狱对这部分罪犯缺乏必要的惩罚和强制约束措施，民警的执法权受到了极大的挑战。部分罪犯时常因维权与民警发生矛盾，影响监管改造秩序，有的在减刑、假释、保外就医等方面与民警纠缠不清，有的甚至打着维权的幌子，公然挑衅民警。面对这一现象，许多基层民警由于担心违反文明执法的底线，出现了不敢管、不愿管的现象。罪犯这些片面强调自己的权利，不愿履行该履行义务的过度维权行为，直接造成监狱民警执法高难度的困境。

（二）民警自身因素

1. 民警队伍构成复杂。随着监狱人民警察纳入公务员序列，各类大专、本科院校的毕业生通过公务员考试进入了监狱工作，他们虽然都经过高等教育，但知识结构各不相同，有的人对监狱工作毫无了解，很难适应监狱工作。在民警队伍构成相当复杂的背景下，由于执法活动缺乏一定的标准，各类监狱民警的知识构成、文化背景、个人经历大不相同，所以在具体的执法活动中各有特色，对罪犯的教育改造也各有不同，一定程度上造成了执法困境。

2. 民警法律意识和执法素养欠缺。目前，监狱民警的执法思想主流是好的，但部分民警在执法的法律意识和执法素养方面还有一定的欠缺。首先，从监狱民警的法律意识来讲，部分监狱民警的法律意识淡薄，在具体的执法过程中，有法不依，仅凭经验去执法，带有很大的随意性，严重阻碍了监狱的法制化建设；其次，从监狱民警执法素养上来讲，部分监狱民警执法观念陈旧落后，公平正义理念缺失，人权保障思维欠缺，导致在对罪犯执法的过程中奖惩不明，好坏不分，对待执法行为不够严肃认真，视执法工作为儿戏，进而影响了执法工作的正常秩序。这样的民警法律意识和执法素养给监狱民警执法造成了困境。

三、具体措施及意见建议

（一）监狱执法方式的创新

创新是发展的不竭动力，监狱民警执法要走出困境，就必须寻求在执法方式上的创新，运用新思维、新方式解决当前执法困境，不断完善、深化、改革，以促进监狱事业的长远有序发展。

第一，全面推行狱务公开。首先，加大监狱公正、文明、规范执法工作的宣传力度，创造积极的社会舆论环境，在保守国家秘密的前提下，把现有条件下能公开的内容完全公开，包括罪犯的日常考核、奖惩、减刑、假释、暂予监外执行等执法活动的所有依据、程序、标准等。其次，对狱务公开的内容，利用专栏、报纸、自动查询系统、刊物等多种工具和手段，尽可能使每名罪犯和罪犯家属都能知晓，要充分重视对外宣传，积极加强舆论处置和新闻宣传能力，建立良好的监狱公共关系，营造良好的执法环境，消除社会对监狱的误解。最后，要大力宣传监狱民警改造罪犯工作的艰巨性和在保卫公民及社会方面发挥的重要作用，大力宣传长年累月在岗位上为监狱事业辛勤工作的监狱民警，大力宣传他们的先进事迹，从而引导社会形成爱警护警的良好舆论环境，使监狱民警彻底走出社会舆论高压力的困境。[1]

第二，规范罪犯维权，引导罪犯合理维权。首先，要通过加强对罪犯权利义务观的教育，引导罪犯合理合法地保护自身的权利，同时积极地为罪犯开辟有效的权利救助途径，如开展法律援助、法律咨询等，从而有效化解民警与罪犯的执法矛盾，避免恶意维权现象的产生。其次，监狱民警针对罪犯的维权意识问题，必须使罪犯明确“没有无义务的权利，也没有无权利的义务”，民警自身要明确罪犯依法受保护的权利的状态，可以享受权利的种类等问题，在从事罪犯管理中，有一个清晰的尺度，该保护的权利必须依法保护好，而对于那些由于犯罪被剥夺而无法实现的权利，则应向他们多讲解相关规定，加强教育引导，晓之以理，冷静对待和处理，应针对诉求找到正确的

---

〔1〕 参见汤力勃：“试论监狱民警权益的保障”，湘潭大学 2008 年硕士学位论文。

应对措施，对那些不履行义务的罪犯，必须强制其履行；对那些打着维权幌子破坏监管改造秩序的行为，必须坚决依法予以打击。

（二）对罪犯监管力度的加强

首先，在当前的执法困境当中就必须要加强对罪犯的惩罚力度，使监狱民警走出罪犯管理高压力的困境。毕竟监狱不是养老院，也不是学校，如果缺乏惩罚功能这一要素，那就等于在放纵犯罪，监狱是维护国家安全稳定的暴力机构，虽说现在罪犯的产生是人民内部矛盾所致，但从国家的安全稳定来讲，监狱必须严格执行刑罚，保障法律制裁的有效性，实现预防犯罪的功能。监狱作为国家机器，作为刑罚的执行机关，作为制裁罪犯的最后一道关口，一定要发挥应有的震慑作用，但是在现在的执法环境下，确实有一部分罪犯很难管，因此监狱必须形成对罪犯反管理、反改造活动积极有效的应对措施，维护监狱执法活动的规范性和严正性，摆脱执法高难度的困境。

其次，创新管理方法，完善罪犯监管执法方式。比如：对混刑度日的罪犯怎么处置，对有劳动能力而逃避或拒绝劳动的罪犯采取什么措施，对短刑期罪犯违法违纪行为如何及时有效进行处置，针对这些情形，就要充分借鉴现有的监管改造经验，不断创新、完善执法方式，坚决避免出现不敢管、不愿管等不作为的现象，或者执法乱作为的现象。

（三）民警自身执法水平的提高

打铁必须自身硬，监狱民警作为刑罚执行的具体实施者，要更好地履行职责，就必须全面提升监狱民警执法综合素质，培养法律思维和良好的执法素养，提高执法风险防范水平 。

第一，全面提升监狱民警执法综合素质。民警的业务知识和岗位技能是执法的基础，应组织民警参加业务类的专题学习，以提高监狱民警的业务知识和岗位技能，达到岗位技能真正增强，坚持“学有所长，学有所专，学有所用”的知识更新原则，力争使监狱民警具备法律知识全面、业务素质高、岗位技能强的综合工作能力。同时，经常举办执法方面的交流、培训，单位内部互相学习，外部要向先进执法理念比较学习，采取多动互访，补己之短的方式提升监狱民警执法的综合素质。

第二，注重培养法律思维意识和良好的执法素养。监狱民警要在具体的执法实践中养成较强的法律思维意识，能够视法律法规为根本，不越职权，不违法违规，一言一行有依据，一言一行不逾规，时时守法，事事合法。同时，在培养良好的执法素养方面，要提高对刑罚的执行力，规范执法行为，慎重、正确地行使执法职权，通过正义文明的执法素养感召和引导罪犯遵守监规纪律，不断提高监狱依法管理和规范执法的能力和水平。

第三，提升执法风险防范水平。[1] 由于监狱民警职业的特殊性，民警既要清醒地看到执法风险的客观存在，同时更要坚信执法风险的可控性。首先，必须要强化执法风险意识和自我防护意识，通过开展警示教育活动，教育民警要从现实的和潜在的执法风险事故中吸取教训，深刻认识到监狱工作的艰巨性、复杂性、危险性，消除麻痹松懈思想；其次，教育民警在出现可能威胁到自身权益的风险时，要积极行动起来，采取有效措施，及时化解风险，实现自我保护，争取把风险消灭在萌芽状态；最后，要加强岗位练兵，抓好民警警体技能训练，强化面临危机和突发事件时的应变反应能力，以减少执法风险，避免个人素质和技能的不足造成权利受到侵害，切实走出执法高风险的困境。

参考文献：

1. 陈连喜主编：《监狱人民警察概论》，中国政法大学出版社 2010 年版，第 3～7 页。
2. 孟浩：“山东监狱基层民警执法实务研究”，山东大学 2011 年硕士学位论文。
3. 程颖：“关于监狱安全稳定常态化的理性思考”，载《中国司法》2011 年第 9 期。
4. 汤力勃：“试论监狱民警权益的保障”，湘潭大学 2008 年硕士学位论文。
5. 邱荣辉：“试论基层监狱民警执法的风险性”，载《法制与经济》2010 年第 6 期。

作者信息：

李虹州：青海省门源监狱四级警长

〔1〕 参见邱荣辉：“试论基层监狱民警执法的风险性”，载《法制与经济》2010 年 6 月中旬刊。

图书在版编目（CIP）数据

监狱法学论丛/中国监狱工作协会监狱法学专业委员会编. —北京：中国政法大学出版社，2022.10

ISBN 978-7-5764-0789-1

Ⅰ.①监… Ⅱ.①中… Ⅲ.①监狱法-法的理论-中国-文集 Ⅳ.①D926.7-53

中国版本图书馆 CIP 数据核字(2023)第 018264 号

出 版 者　中国政法大学出版社

地　　址　北京市海淀区西土城路 25 号

邮寄地址　北京 100088 信箱 8034 分箱　邮编 100088

网　　址　http://www.cuplpress.com (网络实名：中国政法大学出版社)

电　　话　010-58908285(总编室) 58908433（编辑部） 58908334(邮购部)

承　　印　北京旺都印务有限公司

开　　本　720mm×960mm　1/16

印　　张　21

字　　数　342 千字

版　　次　2022 年 10 月第 1 版

印　　次　2022 年 10 月第 1 次印刷

定　　价　95.00 元